轨道交通

概论

主　编　刘剑飞　戴联华

副主编　袁清武　王郁葱　范　刚

中南大学出版社
www.csupress.com.cn
·长沙·

编委会

/ 前 言 /

　　交通运输是兴国之器、强国之基。2017 年 10 月,中国共产党第十九次全国代表大会作出了建设交通强国的重大战略决策。2019 年 9 月,中共中央、国务院印发《交通强国建设纲要》(简称《纲要》),制定了"到 2035 年,基本建成交通强国"的发展目标。

　　在国家战略的引领下,我国的轨道交通事业进入了飞跃式的高速发展阶段。为了推动轨道交通运输高质量发展,打造世界一流的现代化综合交通体系,《纲要》明确提出现阶段的重要任务是"建设城市群一体化交通网,推进干线铁路、城际铁路、市域(郊)铁路、城市轨道交通融合发展"。这意味着"十四五"规划期间,国家急需大批懂得轨道交通建设、运营、管理和操作的复合型技术技能人才。为了适应新时代轨道交通行业的人才培养需求,我们组织编写了这本《轨道交通概论》。

　　本书是一本轨道交通类院校的通识教材。因此,我们坚持"应知、必需、够用"的编写原则,对整个轨道交通学科涉及的专业知识进行了梳理和重构,系统、精炼地介绍了传统铁路、城际轨道、城市轨道相关的基本常识,并通过融合出版技术建立了教材配套的知识图谱和在线题库,希望让同学们通过学习不仅对轨道交通学科的知识体系有一个全面的认识,还能基本掌握综合理解和初步运用轨道交通专业知识的基础能力,为下一步深入学习专业课程奠定基础。此外,我们在落实学校课程思政建设,发挥教材育人功能方面也做了一些创新探索,在教材中设置了"课程思政"栏目,讲述了我国在轨道交通事业发展历程中取得的重大成就和艰辛探索,力图让同学们在拓宽专业视野、提升专业素养的同时,自觉树立"铁肩担道"的轨道交通人意识,担负起交通强国的历史重任。

本书由湖南铁路科技职业技术学院党委书记、研究员、高级工程师刘剑飞，院长、教授戴联华担任主编，袁清武教授、王郁葱教授、范刚副教授担任副主编。本书模块一由范刚编写，模块二由谢喜峰编写，模块三由田宇璐编写，模块四由江利国、陈宏媛、李志平、邢湘利编写，模块五由褚衍廷、张灵芝、张敏海编写，模块六由吴廷焰编写，模块七由易斌编写，模块八由王燕蕾编写，还有许多默默耕耘在轨道交通专业教学和科研一线的专家学者为本书的编写和出版付出了辛勤的努力。同时，为了保证教材内容的思想性、科学性、适宜性，能够更准确地反映当今轨道交通领域最新的理论成果和行业动态，我们特别邀请了中国铁道科学研究院研究员禹志阳，上海申通地铁集团有限公司教授级高级工程师葛世平，中南大学轨道交通学院教授雷定猷担任本书的主审，他们亦为本书的编写提供了许多宝贵的建议和资料，在此表示诚挚的谢意。

　　由于编写人员的理论水平与教学经验有限，书中纰漏之处在所难免，恳请专家同仁批评指正。欢迎广大师生提出宝贵意见，以便再版修改时完善。

编　者

2020 年 10 月

/ 目　录 /

模块一
认识轨道交通

知识图谱

📖 概述导语

轨道交通是指运营车辆需要在特定轨道上行驶的一类交通工具或运输系统。常见的轨道交通有传统铁路(国家铁路、城际铁路和市域铁路)、地铁、轻轨和有轨电车,新型轨道交通有磁悬浮轨道系统、单轨系统(跨座式轨道系统和悬挂式轨道系统)和旅客自动捷运系统等。

轨道交通是我国国民经济的命脉和交通运输的骨干网络,在促进我国资源输送、加强经济区域交流、解决城市交通拥挤等方面发挥了巨大作用。本模块通过轨道交通发展历史与现状、铁路交通系统、城市轨道交通系统等方面的介绍,让学习者能整体认识轨道交通,为进一步具体认识轨道交通提供指引。

📝 学习目标

1. 能力目标
(1)能认识中国国家铁路集团有限公司;
(2)能认识中国铁路广州局集团有限公司;
(3)能明确城市轨道交通的类型及特点。

2. 知识目标
(1)了解轨道交通发展历史;
(2)了解我国轨道交通现状与规划;
(3)了解轨道交通企业组织架构。

3. 素质目标
(1)具有严谨求实的工作作风;
(2)具备团结协作精神;
(3)具有精益求精的工匠精神;
(4)具有良好的职业道德素养。

在线测评

项目一 了解轨道交通发展历史与发展现状

一、铁路发展历史

(一)蒸汽机车时期

蒸汽机车是一种火车机车。它的优点是结构简单、成本低,缺点是热效率低、体形笨重。

1814 年,英国人乔治·斯蒂芬森研制的第一辆蒸汽机车"布拉策"号试运成功;1825 年 9 月 27 日,斯蒂芬森亲自驾驶他同别人合作设计制造的"旅行者"号蒸汽机车(图 1-1-1)在新铺设的铁路上试车,并获得成功。蒸汽机在交通运输业中的应用,使人类迈入了"火车时代"。

1881 年唐胥铁路通车时,唐山开平矿务局工程处中国工人凭借时任工程师的英国人金达(Claude Willia m Kin der, 1852—1936)的几份设计图纸,利用矿场起重锅炉和竖井架的槽铁等旧材料,试制成功了中国第一辆简易蒸汽机车(图 1-1-2)。

图 1-1-1 "旅行者"号蒸汽机车

图 1-1-2 "0-3-0"型蒸汽机车

(二)内燃机车时期

内燃机车是以内燃机为原动力,通过传动装置驱动车轮的机车。我国铁路上采用的内燃机绝大多数是柴油机。内燃机车的优点是启动迅速、马力大、热效率较高;缺点是构造复杂,制造、维修费用高,同时造成的污染严重。

1924 年,苏联制成一台电力传动内燃机车,并交付铁路使用。同年,德国用柴油机和空气压缩机配接，利用柴油机排气余热加热压缩空气代替蒸汽，将蒸汽机车改装成为空气传动内燃机车。

1925 年，美国将一台 220 kW 的电传动内燃机车投入运用，从事调车作业。

1958 年 9 月 9 日，中国第一台内燃机车"巨龙"号（图 1-1-3）于北京长辛店机车车辆厂研制成功，自重 60 吨，机车牵引力为 600 马力，最高时速 85 公里，机车的三万多配件全部是中国制造。

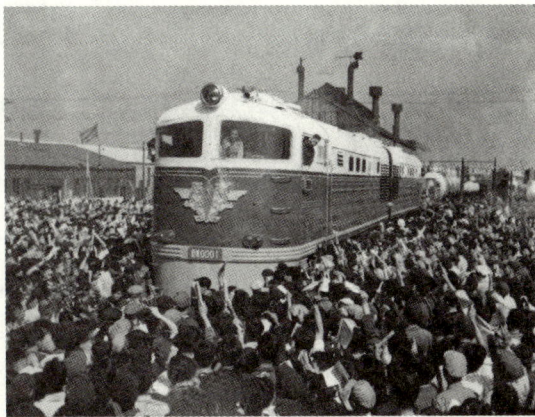

图 1-1-3　"巨龙"号内燃机车

(三) 电力机车时期

电力机车是一种非自带能源的机车。电力机车的优点是热效率比蒸汽机车高一倍，功率大、过载能力强、牵引力大、速度快、整备作业时间短、维修量少、运营费用低，便于实现多机牵引，能采用再生制动以及节约能量，而且不会造成空气污染，噪音小。

1890 年，英国伦敦首先用电力机车在一段长达 5.6 公里的地下铁道上牵引车辆，这是世界上第一辆电力机车。英国作为第一次工业革命的主要发生地，在蒸汽机车和电力机车的研发过程中都有着至关重要的地位。

我国最具代表性的有直流传动韶山型电力机车（图 1-1-4）和交流传动和谐型电力机车（图 1-1-5）。

图 1-1-4　韶山型电力机车

图 1-1-5　和谐型电力机车

(四) 高速列车时期

高速列车的优点是快捷舒适、平稳安全、节能环保。

20 世纪 50 年代初，日本首先提出了高速铁路的设想，并最早开始试验工作。1964 年 10 月 1 日东京奥运会前夕，连接东京与新大阪之间的东海道新干线正式运营，列车最高速度 210 km/h，从此开启了高速铁路的时代。

2010 年 12 月 3 日，"和谐号" CRH380A 电力动车组在京沪高速铁路上创下 486.1 km/h 试验速度记录。2014 年 1 月 16 日，中国 CIT500 型高速列车在实验室内试验速度达 605 km/h。截至 2019 年，中国高速铁路列车最高运营速度 350 km/h，居全球首位。

我国最具代表的有和谐号动车组(见图 1-1-6)和复兴号动车组(见图 1-1-7)。

图 1-1-6　和谐号动车组

图 1-1-7　复兴号动车组

(五)磁浮列车时期

磁浮列车是一种现代高科技轨道交通工具,它通过电磁力实现列车与轨道之间的无接触的悬浮和导向,再利用直线电机产生的电磁力牵引列车运行。磁浮列车可分为超导和常导两种。

1922 年,德国工程师赫尔曼·肯佩尔(Hermann Kemper)提出了电磁悬浮原理,继而申请了专利。20 世纪 70 年代以后,随着工业化国家经济实力不断增强,为提高交通运输能力以适应其经济发展和民生的需要,德国、日本、美国等国家相继开展了磁悬浮运输系统的研发。

2003 年 1 月,中国第一辆磁悬浮列车在上海开始运行;2015 年 10 月中国首条国产磁悬浮线路长沙磁浮线成功试跑。2016 年 5 月 6 日,中国首条具有完全自主知识产权的中低速磁悬浮商业运营示范线——长沙磁浮快线开通试运营。该线路也是世界上最长的中低速磁浮运营线。2018 年 6 月,我国首列商用磁浮 2.0 版列车在中车株洲电力机车有限公司下线。

二、城市地铁轨道交通系统发展历史

(一)20 世纪 60 年代前有轨电车时代

我国有轨电车是最早出现的城市轨道交通系统,北京的有轨电车早在 1900 年就出现了。最初从德国引进的有轨电车,修建了一条有轨电车线路,从马家堡到永定门,全长 7.5km。后来,城市轨道交通缓慢发展,上海、沈阳、天津、哈尔滨等市陆续修建了有轨电车。有轨电车虽然为市民出行带来了方便,但其自身却存在着一定的缺陷。如轨道影响翻修路面和市政建设,容易造成交通拥堵、速度慢、噪音大等。鉴于存在的这些问题,我国相继拆除了有轨电车,目前仅剩大连还存在有轨电车。这一阶段,可以说是我国轨道交通系统的萌芽期。

(二)20 世纪 80 年代前的初建期

受限于经济实力和技术水平,我国大运量城市轨道交通建设起步较晚。北京市是我国最早建设地铁的城市。新中国第一个五年计划期间,国务院就决定修建北京地铁。1969 年 9 月 20 日,长 23.2km 的北京地铁 1 号线正式通车。20 世纪 80 年代以前,我国地铁的规划与建设,除了实现城市客运的功能之外,更重要的则是考虑了战备的要求。

(三)20 世纪 90 年代的发展期

进入 20 世纪 90 年代以后,为适应城市快速发展的需要和缓解城市交通的紧张状况,我国政府加大了对城市交通基础设施的投入,开始强调轨道交通对城市交通系统的引导和城市发展的作用，发展大运量轨道交通系统的理念开始显现，上海、广州、深圳、大连等市开始了轨道交通项目建设。

（四）21 世纪高速发展阶段

进入 21 世纪以来，随着中国经济的飞速发展和城市化进程的加快，城市轨道交通也进入大发展时期，目前已有 35 座城市拥有了自己的轨道交通系统，运营里程共计 4000 余公里。目前，我国每年城市轨道交通的建设投资约数百亿元。各城市修建轨道交通的呼声也十分强烈。

三、中国铁路交通发展现状及规划

依据《中长期铁路网规划》和《"十三五"铁路网规划》，到 2020 年，我国铁路网布局优化完善，装备水平先进适用，运输安全持续稳定，运营管理现代科学，创新能力不断提高，运输能力和服务品质全面提升，市场竞争力和国际影响力明显增强，适应全面建成小康社会需要。

（一）路网建设

全国铁路营业里程达 15 万公里，其中高速铁路 3 万公里，复线率和电气化率分别达 60% 和 70% 左右，基本形成布局合理、覆盖广泛、层次分明、安全高效的铁路网络。

（1）高速铁路扩展成网。在建成"四纵四横"主骨架的基础上，高速铁路建设有序推进，高速铁路服务范围进一步扩大，基本形成高速铁路网络。

（2）干线路网优化完善。东部路网持续优化完善，中西部路网规模继续扩大，西部与东中部联系通道进一步拓展，区域内部联系更加紧密，中西部路网规模达 9 万公里左右。对外通道建设有序推进，与周边国家铁路互联互通取得积极进展。

（3）城际、市域（郊）铁路有序推进。经济发达、人口稠密、城镇密集地区形成城际、市域（郊）铁路骨架网络，其他适宜区域因地制宜、量力而行布局建设，城际和市域（郊）铁路规模达 2000 公里左右。

（4）综合枢纽配套衔接。建成一批设施设备配套完善、现代高效的综合交通枢纽，建设支线铁路约 3000 公里，铁路与其他运输方式一体衔接效率明显提升，基本实现客运"零距离"换乘和货运"无缝化"衔接。

（二）运输服务

（1）覆盖范围更为广泛。全国铁路网基本覆盖城区常住人口 20 万以上城市，高速铁路网覆盖 80% 以上的大城市。

（2）旅客出行更为便捷。动车组列车承担旅客运量比重达 65%，实现北京至大部分省会城市之间 2~8 小时通达，相邻大中城市 1~4 小时快速联系，主要城市群内 0.5~2 小时便捷通勤。

(3)货物运输更为高效。货运能力基本满足跨区域能源、资源等物资运输需要，重载、快捷及集装箱等专业化运输水平显著提高，"门到门"、快速送达的全程物流服务体系初步形成。铁水、铁公、铁空等多式联运比重大幅提升。

(三)信息化建设

(1)客货服务网络化。客运网上售票比例达 80%，实现货物受理、电子支付、物流追踪等货运业务网上办理。

(2)运输组织智能化。以铁路地理信息平台为依托，服务铁路建设运营管理的数字化铁路基础框架加快建设，调度指挥智能化水平进一步提高，基本实现运输生产全过程信息化。

(3)安全监控自动化。集监测、监控和管理于一体的安全监管信息系统基本建立，实现安全生产动态信息的实时监测监控，提升铁路运输安全监测专业化、自动化水平。

(四)"十三五"铁路发展主要指标(表 1-1-1)

表 1-1-1 "十三五"铁路发展主要指标

指标	2020 年	五年增加值	年均增长率/%
营业里程/万公里	15	2.9	4.8
#高速铁路营业里程/万公里	3	1.1	11.6
复线率/%	60	7	>2.0
电气化率/%	70	9	>2.5
客运量/亿人	40	14.6	9.5
货运量/亿吨	37	3.4	2.0
#国家铁路货运量/亿吨	30	2.9	2.1
旅客周转量/亿人公里	16000	4040	6.0
货运周转量/亿吨公里	25780	2030	1.7
#国家铁路货运周转量/亿吨公里	23500	1902	1.8

四、中国城市轨道交通现状

截至 2020 年 5 月 1 日，中国已开通的城市轨道交通(以首条轨道交通开通时间排序)有 62 个，分别是：大连有轨电车、长春有轨电车、北京地铁、港铁、天津轨道交通、上海地铁、台北捷运、广州地铁、长春轨道交通、大连地铁、武汉地铁、重庆轨道交通、深圳地铁、南京地铁、高雄捷运、上海有轨电车、沈阳地铁、成都地铁、佛山地铁、西安地铁、苏州轨道交通、昆明轨道交通、杭州地铁、哈尔滨地铁、沈阳浑南现代有轨电车、郑州地铁、长沙轨道交通、宁波轨道交通、无锡地铁、南京有轨电车、苏州高新有轨电车、广州有轨电车、青岛地铁、南昌地铁、淮安现代有轨电车、青岛现代有轨电车、福州地铁、东莞轨道交通、南宁轨道交通、合肥轨道交通、桃园捷运、石家庄地铁、武汉有轨电车、银川轨道交通、珠海现代有轨电车、深圳有轨电车、贵阳轨道交通、厦门地铁、乌鲁木齐地铁、新北捷运、成都有轨电车、三亚有轨电车、温州轨道交通、济南轨道交通、兰州轨道交通、常州地铁、徐州地铁、宜宾智轨、澳门轻轨、呼和浩特地铁、佛山高明有轨电车、天水有轨电车。

截至 2019 年 12 月 31 日, 中国内地已开通城轨交通线路长度共计 6730.27 公里, 其中地铁 5187.02 公里、轻轨 255.40 公里、单轨 98.50 公里、市域快轨 715.61 公里、现代有轨电车 405.64 公里、磁浮交通 57.90 公里、APM10.20 公里。

项目二　了解铁路交通系统

铁路是国民经济大动脉、关键基础设施和重大民生工程, 是综合交通运输体系的骨干和主要运输方式之一, 在我国经济社会发展中的地位和作用至关重要。加强现代化铁路建设, 对扩大铁路运输有效供给, 构建现代综合交通运输体系, 建设交通强国, 实现"两个一百年"奋斗目标和中华民族伟大复兴的中国梦, 具有十分重要的意义。

一、认识中国国家铁路集团有限公司

中国国家铁路集团有限公司(简称"国铁集团")是经国务院批准、依据《中华人民共和国公司法》设立、由中央管理的国有独资公司。经国务院批准, 公司为国家授权投资机构和国家控股公司。

(一)内设机构(27 个)

办公厅(党组办公室、董事会办公室)、发展和改革部、企业管理和法律事务部、财务部、科技和信息化部(总工程师室)、人事部(党组组织部)、劳动和卫计委、国际合作部(港澳台办公室)、经营开发部、物资管理部、运输统筹监督局(总调度长室)、客运部、货运部、调度部、机辆部、工电部、建设管理部、安全监督管理局、审计和考核局、监察局(与党组纪检组合署办公)、宣传部(党组宣传部)、党组巡视工作领导小组办公室、中华全国铁路总工会、全国铁道团委、直属机关党委、离退休干部局、川藏铁路建设工程建设总指挥部(领导小组)办公室。

(二)直属机构(3 个)

工程管理中心、工程质量监督管理局(工程管理中心、工程质量监督管理局实行合署办公)、资金清算中心(与中国铁路财务有限责任公司为一个机构两块牌子)、档案史志中心。

(三)派出机构(12个)

安全监督管理特派员办事处(6个):分别在沈阳、北京、武汉、上海、成都、兰州各设1个。

审计特派员办事处(6个):分别在沈阳、北京、武汉、上海、成都、兰州各设1个。

(四)国务院授权管理机构

铁路公安局(目前铁路公安管理体制正在改革当中)。

(五)所属企业

(1)铁路局集团公司(18个)。

中国铁路哈尔滨局集团有限公司、中国铁路沈阳局集团有限公司、中国铁路北京局集团有限公司、中国铁路太原局集团有限公司、中国铁路呼和浩特局集团有限公司、中国铁路郑州局集团有限公司、中国铁路武汉局集团有限公司、中国铁路西安局集团有限公司、中国铁路济南局集团有限公司、中国铁路上海局集团有限公司、中国铁路南昌局集团有限公司、中国铁路广州局集团有限公司、中国铁路南宁局集团有限公司、中国铁路成都局集团有限公司、中国铁路昆明局集团有限公司、中国铁路兰州局集团有限公司、中国铁路乌鲁木齐局集团有限公司、中国铁路青藏集团有限公司。

(2)川藏铁路有限公司。

(3)专业运输公司(3个)。

中铁集装箱有限责任公司、中铁特货物流股份有限公司、中铁快运股份有限公司。

(4)其他企业(12个)。

中国铁路投资有限公司、中国铁道科学研究院集团有限公司、中国铁路经济规划研究院有限公司、中国铁路信息科技有限责任公司、中国铁路设计集团有限公司、中国铁路国际有限公司、铁总服务有限公司、中国铁道出版社有限公司、《人民铁道》报业有限公司、中国铁路专运中心、中国铁路文工团、中国火车头体育工作队。

(六)事业单位(3个)

铁道党校、中国铁道博物馆、铁道战备舟桥处。

二、认识铁路局集团有限公司(以广州局为例)

中国铁路广州局集团有限公司,是中国国家铁路集团有限公司管理的大型铁路运输企业的18个铁路局之一,简称"广铁",成立于2017年11月。其前身是原广州铁路(集团)公司。

广铁集团主要管辖广东、湖南、海南三省铁路,截至2017年10月底,总营业里程达9000公里,居全路第四,其中时速200公里及以上的铁路达3457公里,居全路第一。管内共有车站570个,其中客运营业站228个,每日开行旅客列车1063对,其中动车组列车 840 对,日均发送旅客 114.9 万人,最高日发送旅客 209.1 万人;货运营业站 224 个,每日开行货物列车 918 对,日均装车 4413 辆,最高日装车 5428 辆,日均发送货物 24.1 万吨,最高日发送货物 30.1 万吨。

(一) 集团公司机关

(1)职能机构 28 个。分别是:办公室(董事会办公室)、企业管理和法律事务部、科技和信息化部(总工程师室)、运输部、客运部、货运部、机务部、车辆部、工务部、电务部、供电部、安全监察室(铁路安全监督管理办公室)、设备监造部、计划统计部、财务部(收入部)、人事部、劳动和卫计委、审计部、建设部、物资部、经营开发部、职工培训部、土地房产部、保卫部(人民武装部)、社会保险部、离退休管理部、对外合作部、监察处(与集团公司纪委合署办公,列党群系统编制)。

(2)附属机构 29 个。分别是:机辆检测所、工电检测所、客票管理所、统计和节能环保所、机要通信室(保密室)、档案史志室、法律服务所、安全监察大队(长沙、怀化、深圳、惠州、肇庆、海口、广州、衡阳、株洲、张家界、娄底)、收入稽核大队、资金结算所(财务集中核算管理所)、人才交流培训站、职业技能鉴定指导站(劳动力调剂站)、审计室(广州、长沙)、铁路客户服务中心、货运受理服务中心、工程质量监督站、概预算审查所、卫生监督所(广州、长沙、海口)、物资设备采购供应所、房产管理所(土地管理办公室)(广州、长沙)、战备所(武器库)、合资铁路管理办公室、护路联防办公室、广州社会保险管理办公室、离退休人员管理办公室、运输施工管理办公室、防洪指挥部办公室(绿化办)、资产运营监督所、自轮运转特种设备和防火安全办公室。

(3)生产机构 1 个:调度所。

(4)派出机构 8 个。分别是:长沙铁路办事处、海口铁路办事处(与海南公司、海口工程建设指挥部一个机构)、九龙办事处、株洲机车监造项目部、广州车辆监造项目部、株洲车辆监造项目部、株洲(时代)机车监造项目部、江门车辆监造项目部。

(二) 运输站段 (65 个)

(1)国铁运输站段 35 个。分别是:株洲站、株洲北站、长沙站、长沙南站、衡阳车务段、长沙车务段、娄底车务段、怀化车务段、张家界车务段、长沙客运段、株洲机务段、长沙机务段、怀化机务段、广州机车检修段、株洲车辆段、长沙车辆段、广州动车段、长沙供电段、怀化供电段、衡阳供电段、长沙高铁工务段、娄底工务段、长沙工务段、衡阳工务段、怀化工务段、张家界工务段、永州工务段、广州工务大修段、广州大型养路机械运用检修段、长沙电务段、怀化电务段、衡阳电务段、广州通信段、长沙货运中心、怀化货运中心。

(2)合资公司运输站段 30 个,具体如下。

广深股份公司 18 个。分别是:广州站、广州南站、广州东站、江村站、深圳站、深圳北站、广州车务段、广州机务段、广州车辆段、广州北车辆段、广州南高铁工务段、广州工务段、广州电务段、广州供电段、深圳供电段、广州客运段、广九客运段、广州货运中心。

广梅汕公司 5 个。分别是：惠州车务段、龙川机务段、惠州工务段、惠州电务段、惠州货运中心。

三茂股份公司 4 个。分别是：肇庆车务段、肇庆工务段、肇庆信号水电段、佛山货运中心。

海南铁路有限公司 3 个。分别是：海口车务段、海口综合维修段、海口机辆轮渡段。

(三) 运输辅助单位(5 个)

(1)国铁单位 2 个。分别是：长沙房建公寓段、怀化房建公寓段。

(2)合资公司 3 个。分别是：广州房建公寓段(隶属广深股份公司)、惠州房建公寓段(隶属广梅汕公司)、海口房建公寓段(隶属海南铁路有限公司)。

(四) 非运输企业(16 个)

广东羊城铁路实业有限公司、广州铁路物资有限公司(广州物资供应段)、广东铁青国际旅行社有限责任公司、广州铁路站车服务有限公司、广州瑞威经济发展有限公司、广东广铁华南建设监理有限公司、广州铁路文化广告有限公司、广州北羊信息技术有限公司、深圳广铁土木工程有限公司、广州铁路地产置业有限公司、长沙铁路实业发展有限公司、湖南铁路联创技术发展有限公司、广州铁道车辆有限公司、中国铁路(香港)控股有限公司、启文贸易有限公司、广州铁路科技开发有限公司。

(五) 其他直属单位(20 个)

(1)职工培训基地 4 个。分别是：广州、衡阳、株洲、怀化职工培训基地。

(2)疾病预防控制所 2 个。分别是：广州、长沙疾病预防控制所。

(3)工程建设管理机构 8 个。分别是：工程管理所、长沙工程建设指挥部、怀化工程建设指挥部、广州工程建设指挥部(佛山西站工程建设指挥部)、深圳工程建设指挥部、江门工程建设指挥部、海口工程建设指挥部、职工住房建设指挥部。

(4)其他单位 6 个。分别是：融媒体中心、信息技术所、机关事务部、派驻湖南省护路联防办公室、驻琼护路联防办公室、广州城市管理大队(广州市城市管理综合执法局铁路分局)。

(六) 合资铁路公司

(1)运营合资铁路公司 15 家。分别是：广深铁路股份有限公司、三茂铁路股份有限公司、广梅汕铁路有限责任公司、石长铁路有限责任公司、海南铁路有限公司(海口铁路办事处、海口工程建设指挥部)、厦深铁路广东有限公司、沪昆铁路客运专线湖南有限责任公司、赣韶铁路有限公司、广东广珠城际轨道交通有限责任公司、广珠铁路有限责任公司、茂湛铁路有限责任公司、湖南城际铁路有限公司、贵广铁路有限责任公司、南广铁路有限责任公司、深圳平南铁路有限公司。

（2）在建合资铁路公司12家。分别是：广东珠三角城际轨道交通有限公司、怀邵衡铁路有限责任公司、黔张常铁路有限责任公司、广东深茂铁路有限责任公司、荆岳铁路有限责任公司、广州南沙港铁路有限责任公司、广东梅汕客运专线有限责任公司、广州东北货车外绕线铁路有限责任公司、中铁(惠州)铁路有限公司、中铁(阳江)铁路有限公司、中铁(罗定岑溪)铁路有限责任公司、广东广汕铁路有限责任公司。

（3）其他参股合资公司1家：广州电力机车有限公司。

项目三　了解城市轨道交通系统

城市轨道交通系统是指在城市中使用车辆在固定导轨上运行并主要用于城市客运的交通系统。在中国国家标准《城市公共交通常用名词术语》中，将城市轨道交通定义为"通常以电能为动力，采取轮轨运输方式的快速大运量公共交通的总称"。

一般包括地铁、轻轨，以及现代有轨电车。

一、城市轨道交通体系构成

城市轨道交通是属于集多专业、多工种于一身的复杂系统，通常由轨道路线、车站、车辆、维护检修基地、供变电、通信信号、指挥控制中心等组成。城市轨道交通的运输组织、功能实现、安全保证均应遵循有轨道交通的客观规律。在运输组织上要实行集中调度、统一指挥、按运行图组织行车。在功能实现方面，各有关专业如线路、车站、隧道、车辆、供电、通信信号、机电设备及消防系统均应保证状态良好，运行正常。在安全保证方面，主要依靠行车组织和设备正常运行，以此来保证必要的行车间隔和正确的行车线路。

为了保证列车运行安全、正点，在集中调度、统一指挥的原则下，行车组织、设备、车辆检修、设备运行管理、安全保证等均由一系列规章制度来规范。列车运行是一个多专业、多工种配合工作，围绕安全行车这一中心而组成的有序联动、时效性极强的系统。

轨道交通系统中，采用以电子计算机处理技术为核心的各种自动化设备，从而代替人工的、机械的、电气的行车组织、设备运行和安全保证系统。如 ATC(列车自动控制)系统可以实现列车自动驾驶、自动跟踪、自动调度，SCADA(供电系统管理自动化)系统可以实现主变电所、牵引变电所、降压变电所设备系统的遥控、遥信、遥测和遥调，BAS(环境监控系统)和 FAS(火灾报警系统)可以实现车站环境控制的自动化和消防、报警系统的自动化，AFC(自动售检票系统)可以实现自动售票、检票、分类等功能。这些系统全线各自形成网络，均在 OCC(控制中心)设中心计算机，实现统一指挥、分级控制。

二、技术特性

（一）城市轨道交通有较强的运输能力

城市轨道交通由于高密度运转，列车行车时间间隔短，行车速度快，列车编组辆数多而具有较强的运输能力。单向高峰每小时的运输能力最大可达 6 万~8 万人次（市郊铁道），地铁达 3 万~6 万人次，甚至达 8 万人次，轻轨达 1 万~3 万人次，有轨电车达 1 万人次，城市轨道交通的运输能力远远超过公共汽车。据文献统计，地下铁道每公里线路年客运量可达 100 万人次以上，最高达 1200 万人次，如莫斯科地铁、东京地铁、北京地铁等。城市轨道交通能在短时间内输送较大的客流，据统计，地铁在早高峰时 1 小时能通过全日客流的 17%~20%，3 小时能通过全日客流的 31%。

（二）城市轨道交通具有较高的准时性

城市轨道交通由于在专用行车道上运行，不受其他交通工具干扰，不产生线路堵塞现象并且不受气候影响，是全天候的交通工具，列车能按运行图运行，具有可信赖的准时性。

（三）城市轨道交通具有较高的速达性

与常规公共交通相比，城市轨道交通由于运行在专用行车道上，不受其他交通工具干扰，车辆有较高的运行速度，有较高的启、制动加速度，多数采用高站台，列车停站时间短，上下车迅速方便，换乘方便，从而可以使乘客较快地到达目的地，缩短出行时间。

（四）城市轨道交通具有较高的舒适性

与常规公共交通相比，城市轨道交通由于运行在不受其他交通工具干扰的线路上，城市轨道车辆具有较好的运行特性；同时，车辆、车站等装有空调、引导装置、自动售票等直接为乘客服务的设备，城市轨道交通具有较好的乘车条件，其舒适性优于公共电车、公共汽车。

（五）城市轨道交通具有较高的安全性

城市轨道交通由于运行在专用轨道上，没有平交道口，不受其他交通工具干扰，并且有先进的通信信号设备，极少发生交通事故。

（六）城市轨道交通能充分利用地下和地上空间

大城市地面拥挤、土地费用昂贵。城市轨道交通由于充分开发了地下和地上空间，不占用地面街道，能有效缓解由于汽车大量发展而造成的道路拥挤、堵塞，有利于城市空间的合理利用，缓解大城市中心区过于拥挤的状态，提高土地利用价值，改善城市景观。

(七)城市轨道交通的系统运营费用较低

城市轨道交通由于主要采用电气牵引,而且轮轨摩擦阻力较小,与公共电车、公共汽车相比节省能源,运营费用较低。

(八)城市轨道交通对环境低污染

城市轨道交通由于采用电气牵引,与公共汽车相比,它不产生废气污染。随着城市轨道交通的发展,还能减少公共汽车的数量,从而进一步减少汽车的废气污染。由于在线路和车辆上采用了各种降噪措施,一般不会对城市环境产生严重的噪声污染。

三、主要类型

城市轨道交通按运能范围、车辆类型及主要技术特征可分为有轨电车、地下铁道、轻轨道交通、市郊铁路、单轨道交通、新交通系统、磁悬浮交通七类。

(一)有轨电车

有轨电车(图1-3-1)是使用电车牵引、轻轨导向、1~3辆编组运行在城市路面线路上的低运量轨道交通系统。

图1-3-1 有轨电车

有轨电车是最早发展的城市轨道交通之一，一般在城市中心穿街走巷运行，具有上下车方便的特点。

(二)地下铁道

地下铁道简称地铁(图 1-3-2)，是城市快速轨道交通的先驱。地铁是由电力牵引、轮轨导向、轴重相对较重、具有一定规模运量、按运行图行车、车辆编组运行在地下隧道内，或根据城市的具体条件，运行在地面或高架线路上的快速轨道交通系统。

图 1-3-2　地铁车辆

(三)轻轨交通

轻轨(图 1-3-3)是在有轨电车的基础上改造发展起来的城市轨道交通系统。轻轨是反映在轨道上的荷载相对于铁路和地铁的荷载较轻的一种交通系统。轻轨是个比较广泛的概念，公共交通国际联会(UITP)在关于轻轨运营系统的解释文件中提到：轻轨是一种使用电力牵引、介于标准有轨电车和快运交通系统(包括地铁和城市铁路)，用于城市旅客运输的轨道交通系统。

图 1-3-3　轻轨车辆

(四) 市郊铁路

所谓市郊铁路,指的是建在城市内部或内外结合部,线路设施与干线铁路基本相同,服务对象以城市公共交通客流,即短途、通勤旅客为主。如长株潭城际铁路(图 1-3-4)。

图 1-3-4　长株潭城际铁路动车组

(五)单轨交通

单轨也称独轨(图1-3-5),是指通过单一轨道梁支撑车厢并提供导引作用而运行的轨道交通系统,其最大特点是车体比承载轨道要宽。根据支撑方式的不同,单轨通常分为跨座式和悬挂式两种:跨座式是车辆跨座在轨道梁上行驶,悬挂式是车辆悬挂在轨道梁下方行驶。

图1-3-5 单轨交通车辆

(六)新交通系统

新交通系统(automated guideway transit,AGT)是一个模糊的概念,不同国家和城市对此有不同的理解,目前还没有统一和严格的定义。广义上认为,AGT是那些所有现代化新型公共交通方式的总称。狭义上则认为,新交通系统是由电气牵引,具有特殊导向、操作和转向方式的胶轮车辆,单车或数辆编组运行在专用轨道梁上的中小运量轨道运输系统。如株洲智能轨道交通系统(图1-3-6)。

(七)磁悬浮交通

磁悬浮交通(图1-3-7)是一种非轮轨黏着传动,悬浮于地面的交通运输系统。磁悬浮列车是利用常导磁铁或超导磁铁产生的吸力或斥力使车辆浮起,用以上的复合技术产生导向力,用直线电机产生牵引动力,使其成为高速、安全、舒适、节能、环保、维护简单、占地面积少的新一代交通运输工具。

图 1-3-6 株洲智轨列车

图 1-3-7 长沙磁悬浮列车

模块二

认识轨道交通线路

📖 概述导语

　　轨道交通线路包含普速铁路、高速铁路和城市轨道交通线路，是轨道交通最为重要的基础性固定建筑物，是轨道交通系统的基本组成部分。轨道交通线路直接承受着机车车辆的车轮传来的压力，为了保证列车能在允许的最高速度内安全、平稳和不间断地运行，轨道交通线路的各组成部分包括路基、桥隧、轨道等工程建筑，其建筑标准必须与轨道交通线路等级标准匹配。

　　通过本模块的学习，了解轨道交通线路的组成、轨道交通线路的等级、分类，掌握轨道交通线路的线下工程路基、桥梁、涵洞和隧道的组成和分类。掌握普铁、高铁、城市轨道交通的轨道构造，并能区分它们的相同点与不同点。

📝 学习目标

1. 能力目标

(1) 能到现场认识轨道线路的组成及分类；

(2) 能区别轨道交通线路的等级划分；

(3) 能认识轨道交通线下基础的路基、桥梁、涵洞和隧道结构物；

(4) 能够认识普铁、高铁、城市交通轨道的构造，并区分其不同；

(5) 能够认识工务段的基本组成及典型岗位职能。

2. 知识目标

(1) 了解轨道交通线路的组成及分类；

(2) 熟悉中国轨道交通线路的等级；

(3) 掌握轨道交通线路的路基、桥梁、隧道工程的组成及分类；

(4) 掌握普铁、高铁、城市交通轨道的构造及特点；

(5) 了解工务段的主要职能和岗位。

3. 素质目标

(1) 具有严谨求实的工作作风；

(2) 具备团结协作精神；

(3) 具有精益求精的工匠精神；

(4) 具有良好的职业道德素养。

项目一　初识轨道交通线路

一、轨道交通线路组成

轨道交通线路一般由路基、桥梁、隧道、轨道等组成。其中，路基、桥梁、隧道属于轨道交通线路的线下工程，轨道属于轨道交通线路的线上工程。

二、轨道交通线路的等级

我国普速铁路线路共分为四个等级，即Ⅰ级、Ⅱ级、Ⅲ级和Ⅳ级，如表2-1-1所示。

表2-1-1　普速铁路线路等级划分统计表

线路等级	在铁路网中的作用	近期年客运量/Mt
Ⅰ级铁路	在铁路网中起骨干作用(例如京广铁路、怀邵衡)	≥20
Ⅱ级铁路	在铁路网中起联络、辅助作用(例如文竹至茶陵联络线)	<20且≥10
Ⅲ级铁路	为某一地区或企业服务	<10且≥5
Ⅳ级铁路	为某一地区或企业服务	<5

注：(1)近期指交付运营后10年，远期指交付运营后20年。

(2)年客运量为重车方向的货运量与客车对数折算的货运量之和。每天1旅客列车按1.0Mt货运量折算，Mt=百万吨。

(3)本表不含高铁和城市轨道交通。

我国高速铁路和部分城市轨道交通线路等级如表2-1-2所示。

表2-1-2　高速铁路和城市轨道线路等级划分统计表

铁路类型	线路等级	设计速度/(km·h^{-1})	备注
高铁线路	高铁级	250	客运专线标准
		300	中国高速铁路标准
		350	
磁悬浮	中低速	100	长沙磁悬浮-自主
	高速	430	上海磁悬浮-常导
	真空磁悬浮	1000以上	未来研究方向
地铁线路	Ⅰ级	80	广州地铁最快达120 km/h
	Ⅱ级铁路	60	

三、轨道交通线路的分类

轨道交通线路按其用途可分为正线、站线、段管线、岔线及特别用途线。

正线是连接车站并贯穿或直股伸入车站的线路。绝大多数正线均设计为复线，即分为上行线和下行线。国家铁路规定列车运行朝着北京方向的线路为上行线，反之为下行线。具体如图 2-1-1 所示。

站线是办理列车到达或出发的线路，包括到发线、调车线、牵出线、货物线及站内指定用途的其他线路。具体如图 2-1-2 所示。

图 2-1-1　正线

图 2-1-2　到发线

段管线是指机务、车辆、工务、电务、供电等段专用并由其管理的线路。

岔线是指区间或站内接轨并通向内外单位的专用线路。

特别用途线是指安全线和避难线。

四、认识工务段

工务段，是铁路系统的基层单位，负责铁路线路及桥隧设备的保养与维修工作。工务段实行段、车间、班组三级管理制度，下设若干线路车间、桥隧车间、重点维修车间、综合机修车间等专业车间。铁路巡道、铁路道口的看守，都属于工务段职责范围。

线路车间：负责铁路线路及相关设备的日常保养与维修。

桥隧车间：负责桥梁、隧道、涵洞的保养与维修。

重点维修车间：负责铁路线路的大中维修施工作业。

综合机修车间：负责机具检修、配件修理、辅助加工等。

每个车间下设若干作业班组。

项目二　认识轨道交通线路的线下工程

一、认识路基

路基作为轨道交通线路下最基础的土工建物，它的作用是直接承受轨道的重量和列车车辆及其荷载的压力。"基础不牢，后患无穷"，加强和提高路基土工建筑物的承载能和工程质量，显得越来越重要了。关于路基工程，简单说是在已测定好的路线路经由之地(即线路位置)上，对高低不平的天然地面，按照线路设计的高程，低处用土或石填高，将高出的部分铲低，使其连接成一条符合线路设计纵坡要求的长条土工建筑物。

路基由路基本体和路基附属设施组成。

(一) 路基本体

路基本体包括路肩、路基顶面、路基边坡。具体如图 2-2-1 所示。

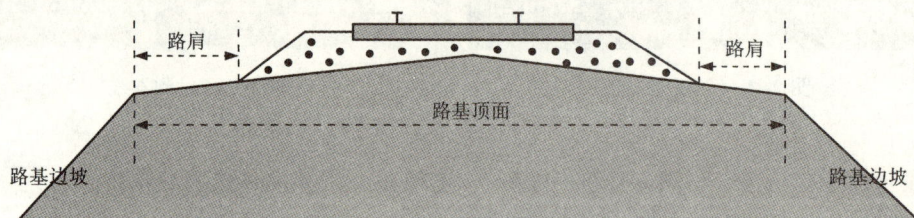

图 2-2-1　路基本体的组成

路基顶面即路基的顶部，是铺设轨道的工作面。路基顶面的形状可分为有路拱、无路拱两种形式。路是指路基顶面两侧无道床覆盖的部分。路基边坡指路肩边缘以外的斜坡。路基顶面的宽度是指从路基一侧的路肩边缘到另一侧路肩边缘之间的距离。具体如图 2-2-2、图 2-2-3、图 2-2-4 所示。

图 2-2-2　有路拱路基断面

图 2-2-3　无路拱路基断面

在铁路路基面以下受到列车动荷载作用和受水文、气候四季变化影响的深度范围称为基床，可分为表层和底层。基床土承受列车荷载产生的动应力，在它的长期重复作用下，基床容易发生破坏或是产生过大的有害变形，从而影响正常的铁路运输。具体如图 2-2-5 所示。

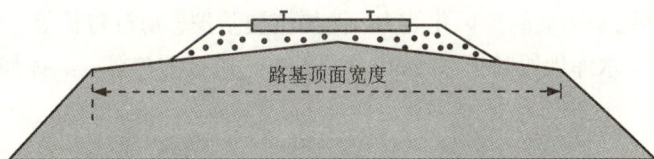

图 2-2-4　路基顶面宽度示意图

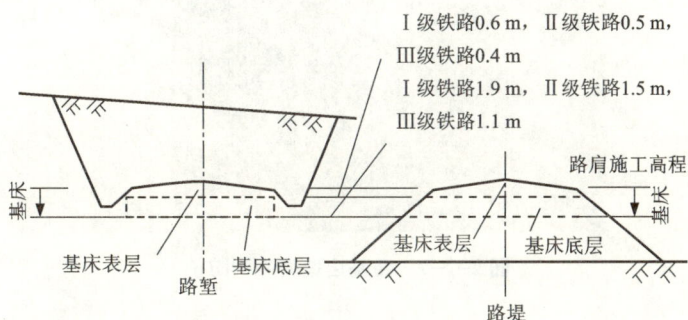

Ⅰ级铁路0.6 m，Ⅱ级铁路0.5 m，Ⅲ级铁路0.4 m

Ⅰ级铁路1.9 m，Ⅱ级铁路1.5 m，Ⅲ级铁路1.1 m

图 2-2-5　基床结构图

(二) 路基附属设施

路基附属设施的作用是保证路基的强度与稳定，它主要包括排水设施和防护措施。

1. 排水设施

排水措施有地面排水设施和地下排水设施。地面排水设施是指汇集地表雨水，将之引到路基以外，如排水沟、截水沟等。地下排水设施主要是截断、疏导地下水，排出路基。具体如图 2-2-6 所示。

图 2-2-6　地面排水设施

2. 防护设施

防护措施包括路基边坡坡面防护措施和路基边坡冲刷防护措施。路基边坡冲刷防护措施目的是为了增强路基边坡的抗风化能力，例如植被防护、砌石防护等。路基边坡冲刷防护用于滨河、河滩、水库地段防护，例如，植被防护、抛石防护等。具体如图2-2-7所示。

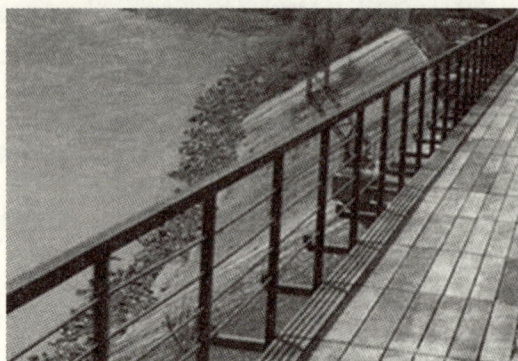

图 2-2-7　路基边坡度冲刷防护

(三) 路基的基本形式

通常，把垂直于线路中心线的路基横截面称为路基横断面，简称路基断面。按照路基所处的地势情况与横断面的形状，路基断面可以分为路堤、路堑、半路堤、半路堑、半路堤半路堑以及不挖不填六类。

当铺设轨道的路基面高于天然地面时，路基以填筑的方式构成，这种路基称为路堤。

当铺设轨道的路基面低于天然地面时，路基以开挖的方式构成，这种路基称为路堑。

半路堤是在山岳地区，通过部分填筑而形成的路基。

半路堑是在山岳地区，通过部分挖掘而形成的路基。

半路堤半路堑指经过填、挖两部分构成的路基。

不挖不填指路基设计标高接近于原地面，填挖方量均较少的路基，也称零境路基。具体如图2-2-8所示。

二、认识桥梁

桥梁是轨道交通线路跨越河流、山谷、铁路、公路及其他障碍物的结构物。

桥梁由上部结构、下部结构、支座和其他附属结构物组成。上部结构包括桥跨结构和桥面构造。下部结构包括桥墩、桥台、墩台基础、桩基础等。具体如图2-2-9所示。

桥梁可以从不同角度进行分类。

按桥梁的用途分，有公路桥、铁路桥、公铁路两用桥、城市立交桥、人行桥、轻轨铁路桥、渠道桥、管道桥等。

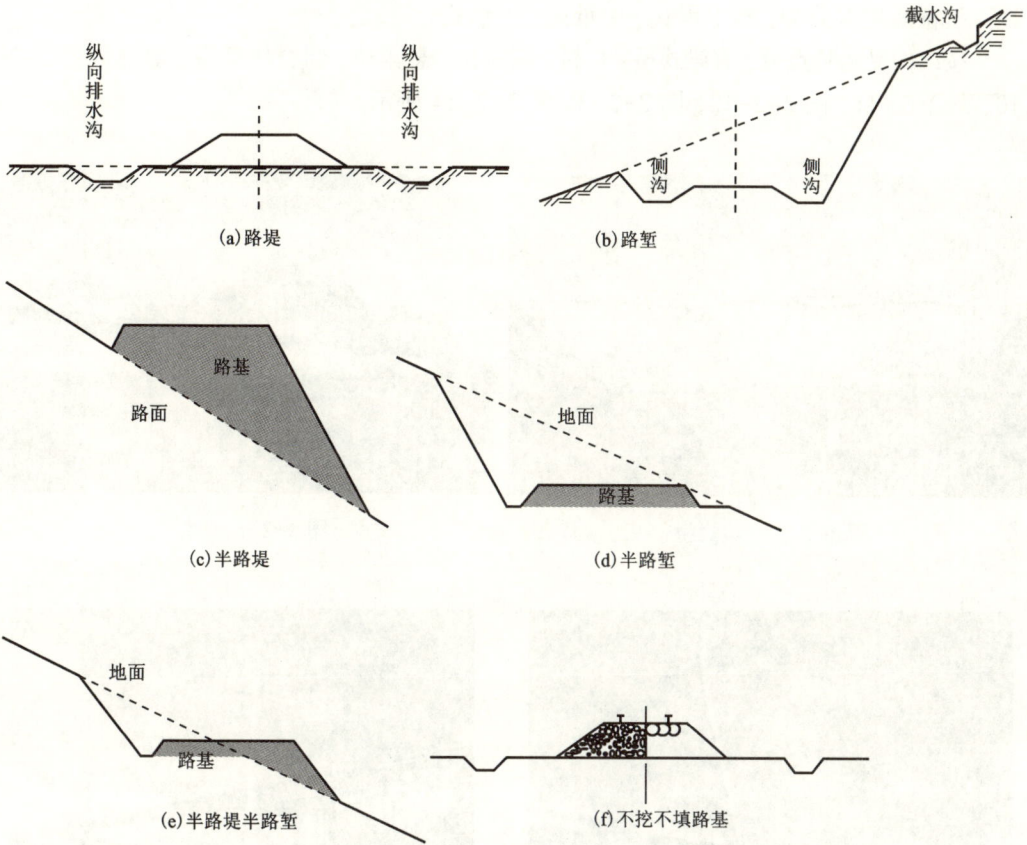

图 2-2-8 路基的基本形式

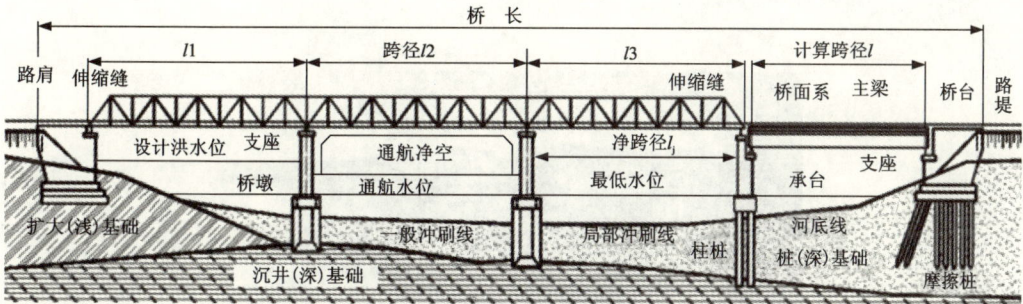

图 2-2-9 桥梁的组成

按跨越障碍分,有跨河(海、谷)桥、跨线桥、高架桥等。

按主要建筑材料分,有圬工桥、钢筋混凝土桥、预应力混凝土桥、钢桥、钢-混凝土组合桥梁、木桥(规范规定,除特殊情况外,不得采用)等。

按平面造型分,有正桥、斜桥、弯桥。

按使用年限分,有永久桥梁、半永久性桥梁、临时桥梁。

按桥面位置分为，有下承式、中承式、上承式。

按结构受力特点分，有梁式桥、拱桥、斜拉桥、悬索桥、组合体系桥。具体如图 2-2-10、图 2-2-11、图 2-2-12、图 2-2-3、图 2-2-14 所示。

图 2-2-10　梁式桥

图 2-2-11　拱桥

图 2-2-12　斜拉桥

图 2-2-13　悬索桥

图 2-2-14　组合体系桥

按工程规模分，有特大桥、大桥、中桥、小桥和涵洞。具体如表 2-2-1 所示。

表 2-2-1　按工程规模(跨径)分类的桥梁统计表

桥梁分类	公路桥梁		铁路桥梁
	多孔跨径总长 L/m	单孔跨径 L/m	桥长 L/m
特大桥	$L \geqslant 1000$	$L \geqslant 150$	$L > 500$
大桥	$100 \leqslant L < 1000$	$40 \leqslant L < 100$	$100 < L \leqslant 500$
中桥	$30 < L < 100$	$20 \leqslant L < 40$	$20 < L \leqslant 100$
小桥	$8 \leqslant L \leqslant 30$	$5 \leqslant L < 20$	$8 \leqslant L \leqslant 20$
涵洞	$L < 8$	$L < 5$	$L < 8$

三、认识隧道

隧道是埋置于地层内的一种地下建筑物,可分为山岭隧道、水底隧道和地下轨道。具体如图 2-2-15、图 2-2-16、图 2-2-17 所示。

图 2-2-15　山岭隧道

图 2-2-16　水底隧道

图 2-2-17　地下轨道

(一) 隧道的组成

轨道交通隧道结构由主体建筑物和附属建筑物组成。主体建筑物包括洞门、洞身衬砌。其作用是保持隧道的稳定，保证列车的安全运行。附属建筑物包括避车洞、防排水设施、通风设施，为满足隧道安全、养护与维修隧道的需要而设置。具体如图 2-2-18 所示。

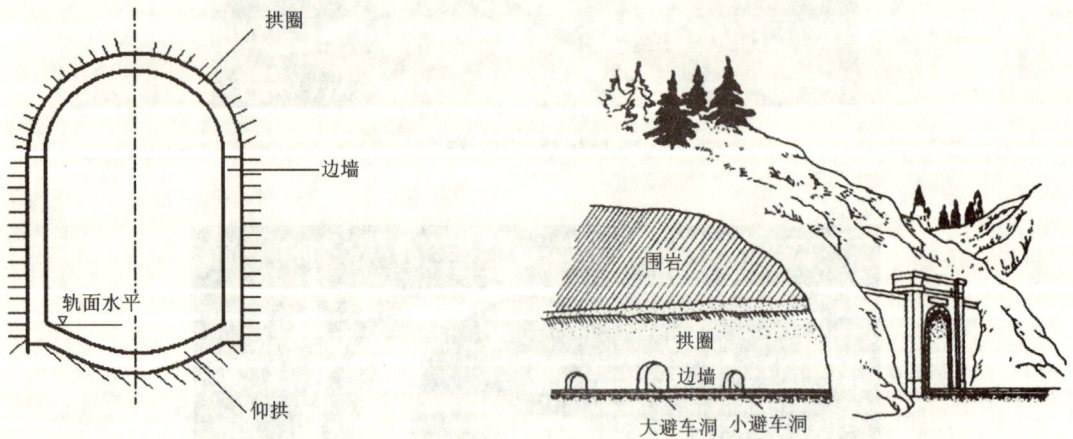

图 2-2-18　隧道建筑物

(二) 隧道的分类

隧道按长度可分为特长隧道、长隧道、中隧道和短隧道。具体如表 2-2-2 所示。

表 2-2-2　隧道按长度分类统计表

隧道类型	隧道长度 L/m	备注
特长隧道	$L>10000$	分单线和双线隧道
长隧道	$3000<L\leq10000$	
中隧道	$500<L\leq3000$	
短隧道	$L<500$	

四、认识桥隧职业岗位

桥隧工是操作工程专用机械、设备，进行桥梁和隧道工程新建、改建和维修施工的人员。本职业共设五个等级，分别为：初级（国家职业资格五级）、中级（国家职业资格四级）、高级（国家职业资格三级）、技师（国家职业资格二级）、高级技师（国家职业资格一级）。桥隧工分为桥梁工、隧道工两个工种。具体如图 2-2-19、图 2-2-20 所示。

图 2-2-19　桥梁工涂刷桥梁钢栏杆

图 2-2-20　隧道工衬砌质量检查

项目三　认识轨道交通的线上工程

一、认识普通有砟轨道的构造

轨道是处于路基面以上、车辆车轮以下部分的整体性的工程结构，它由钢轨、轨枕、道床、道岔、联结零件和防爬设备等主要部件组成。轨道的作用是引导机车车辆运行，承受由车轮传来的荷载，并把它传布给路基或桥隧建筑物。对于轨道结构，既要求有足够的强度、稳定性和耐久性等，具有适量的弹性，使列车运行所引起的振动与噪声控制在容许值范围内，还要求具有一定的绝缘性能，以减少迷散电流对周围金属构件的电腐蚀。具体如图 2-3-1 所示。

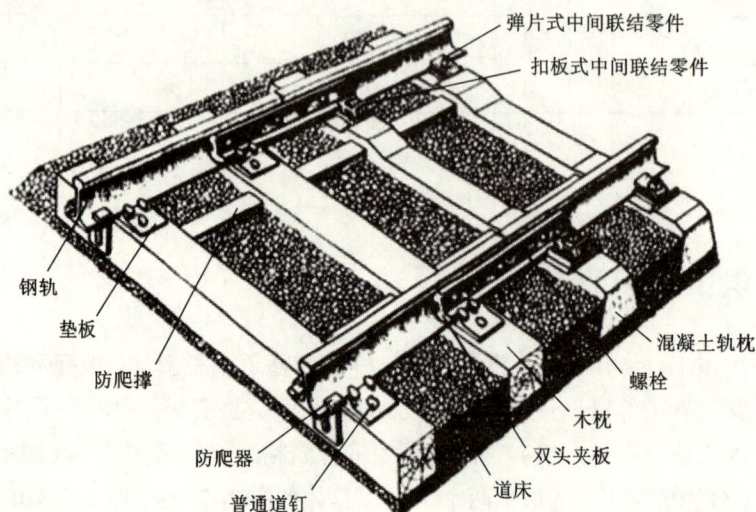

图 2-3-1 轨道结构的组成

（一）钢轨

1. 钢轨的功能

钢轨的功用在于引导机车车辆行驶，承受荷载并传递荷载，将所承受的车轮荷载传布于轨枕、道床及路基，同时兼做轨道电路，仅在电气化铁道或自动闭塞区段。具体如图 2-3-2、图 2-3-3 所示。

图 2-3-2 引导机车车辆行驶

图 2-3-3 承压、传递、轨道电路

2. 钢轨分类

钢轨的类型，以每米大致质量"kg/m"来表示。目前，我国铁路的钢轨类型主要有：75 kg/m、60 kg/m、50 kg/m、43 kg/m。快速客运专线和高速铁路对钢轨有特殊的要求。

3. 钢轨材质

钢轨的成分主要有铁 Fe、碳 C、锰 Mn、硅 Si、磷 P、硫 S。其中除铁 Fe 外，碳 C 对钢的性质影响最大。磷 P、硫 S 为有害成分。

4. 钢轨标准长度

按照钢轨长度，钢轨可分为三类，分别是标准轨、缩短轨、非标轨。

（1）标准轨。

我国钢轨标准长度有 12.5 m、25 m、75 m、100 m 四种。

（2）缩短轨。

主要用于曲线内股。对于 12.5 m 标准轨系列的缩短轨有短 40 mm、80 mm、120 mm（即长度分别为 12.46 m、12.42 m、12.38 m）三种。对于 25 m 轨的缩短轨有短 40 mm、80 mm、160 mm（即长度分别为 24.96 m、24.92 m、24.84 m）三种。

（3）非标轨。

非以上长度的钢轨。

5. 轨缝

为适应钢轨热胀冷缩的需要，在钢轨接头处要预留轨缝。预留轨缝应满足：当轨温达到当地最高轨温时，轨缝应大于或等于 0，使轨端不受挤压力，以防温度压力太大而胀轨跑道。当轨温到当地最低轨温时，轨缝应小于或等于构造轨缝，使接头螺栓不受剪力，以防接头螺栓拉弯或折断。

6. 无缝线路

无缝线路也叫长钢轨线路，就是把若干根标准长度的钢轨经焊接成为 1000~2000 m 而铺设的铁路线路。通常是在焊轨厂将无孔标准轨焊接成 200~500 m 的轨条，再运到现场就地焊接后铺设。无缝线路由于消除了钢轨接缝，因而具有行车平稳、机车车辆及轨道维修费用低、使用寿命长等优点。

（二）轨枕

钢轨必须固定在稳定的、不能变形的"基础"——轨枕上，以保持一定的几何形位——轨距、水平。轨枕支承钢轨，保持钢轨的位置，把钢轨传递来的巨大压力再传递给道床。它必须具备一定的柔韧性和弹性。列车经过时，它可以适当变形以缓冲压力，但列车经过后还得尽可能恢复原状。

轨枕按材料可分为木枕、混凝土枕、钢枕。具体如图 2-3-4、图 2-3-5、图 2-3-6 所示。

图 2-3-4　木枕

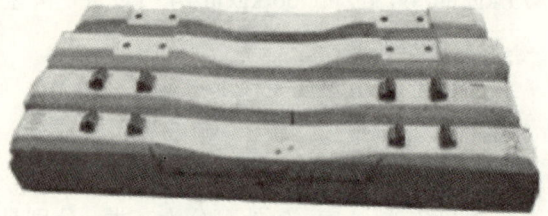

图 2-3-5　混凝土枕

图 2-3-6　钢枕

　　钢轨联结件包括中间联结件和接头联结件。中间联结件指钢轨与轨枕之间的联结件，也称扣件。接头联结件指钢轨与钢轨的联结件。

　　(1)钢轨接头联结件。

　　有缝线路钢轨接头采用钢轨联结件，其组成包括鱼尾板、螺栓、螺母、垫片、绝缘接头以及绝缘垫片等。其作用是在接头处把钢轨联结起来，使钢轨接头部分具有与钢轨一样的整体性，以抵抗弯曲和位移。接头处还要满足钢轨伸缩的要求。具体如图 2-3-7 所示。

　　(2)扣件。

　　扣件要具有足够的强度、耐久性和弹性，才能长期有效地保持钢轨与软枕的可靠联结，阻止钢轨相对于软枕的相对位移。

　　木枕扣件有分开式和不分开式两种。

　　分开式扣件分别由钢轨、垫板、枕木联结起来，又称"K"式扣件。

　　不分开式扣件是我国铁路木枕轨道中应用最广泛的一种，主要由道钉和五孔双肩铁垫板组成。

　　混凝土枕扣件分为：Ⅰ型、Ⅱ型、Ⅲ型、Ⅳ型、Ⅴ型扣件。

图 2-3-7　钢轨接头

(三)道床

道床主要分为有砟道床、无砟道床、减震道床。具体如图 2-3-8、图 2-3-9、图 2-3-10 所示。

图 2-3-8　有砟道床——普铁

图 2-3-9　无砟道床——高铁

图 2-3-10　减震道床——地铁

(四)防爬设备

列车运行时产生纵向水平力，使钢轨沿着轨枕或轨道框架沿着道床顶面纵向移动，这种现象称为轨道爬行。使钢轨产生爬行的纵向水平力称为爬行力。

(五)道岔

道岔是使机车车辆由一股轨道转向或越过另一股轨道的连接设备，是铁路轨道重要的组成部分。根据道岔的用途，可分为连接、交叉、连接与交叉的组合；根据道岔的结构，可分为单开道岔、对称双开道岔、三开道岔、渡线、复式交分道岔。

使一条线路通向两条线路的道岔叫单开道岔。普通单开道岔保持主线为直线，侧线在主线的左侧或右侧岔出(面对道岔尖轨尖端而言)。侧线向右侧岔出的，称为右向单开道岔，简称"右开道岔"，相反为"左开道岔"。

单开道岔由转辙器、连接部分、辙叉及护轨以及岔枕等组成。具体如图 2-3-11 所示。

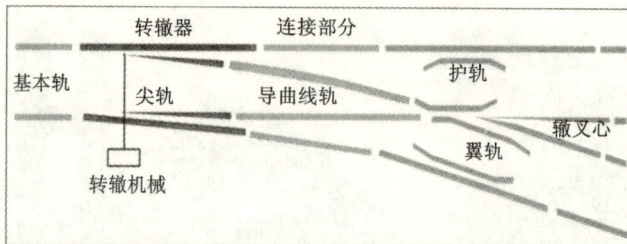

图 2-3-11　普通单开道岔组成

转辙器是引导车辆进入道岔不同方向的设备，其作用是将尖轨扳动到不同的位置，使车辆沿直线或侧线运行。尖轨是转辙器部分最重要的组成部件。通过转辙机械(扳道器)的作用，两根尖轨往复摆动，从而引导机车车辆进入主线或侧线行驶。辙叉及护轨能够正确地引导机车车辆轮对的走向，顺利实现列车的方向转换。控制对一侧车轮轮缘不进入异股。

按钢轨类型分类，单开道岔有 75 kg/m、60 kg/m、50 kg/m、43 kg/m 钢轨单开道岔。按道岔号码分类，有 6、7、9、12、18、24、30、38 号等，现适用于铁路正线和站线以 12 号及 18 号最为常用，在侧线通过高速列车的地段，则需铺设 24 号、30 号等大号码道岔。

二、认识高铁无砟轨道的构造

无砟轨道是指采用混凝土、沥青混合料等整体基础取代散粒碎石道床的轨道结构，又称作无碴轨道，是当今世界先进的轨道技术。

我国高速铁路无砟轨道分为 CRTSI 型板式、CRTS II 型板式、CRTS III 板式、双块式以及道岔区轨枕埋入式和板式无砟道岔等。

(1)CRTS I 型板式无砟轨道由混凝土底座、水泥乳化沥青砂浆垫层、轨道板、凸形档台及周边的填充树脂、钢轨扣件等构成。引进日本单元式无砟轨道技术(图 2-3-12)。

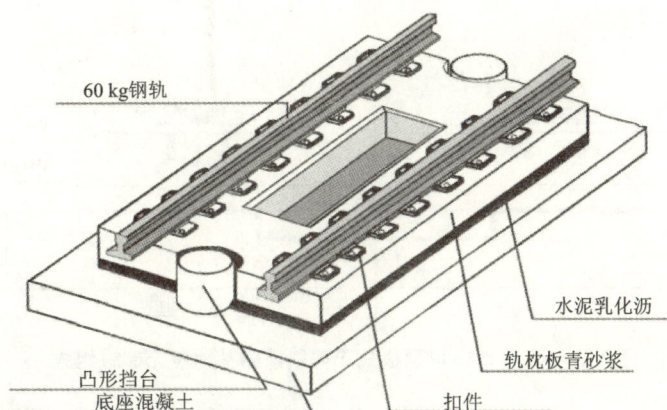

60 kg 钢轨

水泥乳化沥

轨枕板青砂浆

凸形挡台
底座混凝土

扣件

图 2-3-12 CRTS I 型板式无砟轨道路基地段无砟轨组成

(2) CRTS II 型板式无砟轨道路基和隧道地段道床结构由轨道板、水泥乳化沥青砂浆充填层、支承层等部分组成。引进德国博格板技术(图 2-3-13)。

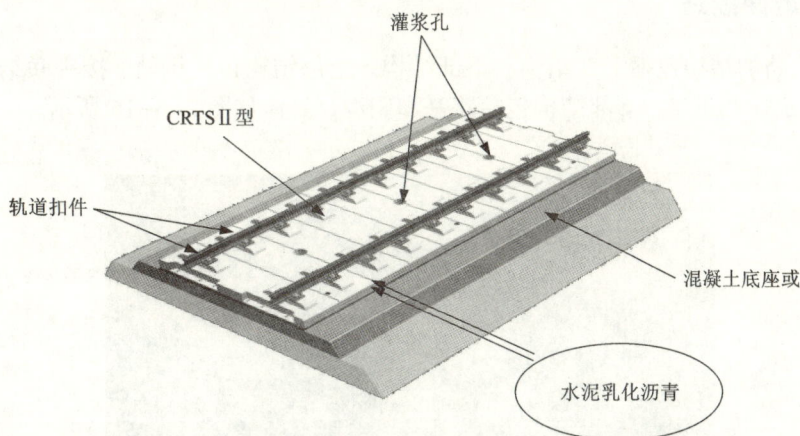

灌浆孔

CRTS II 型

轨道扣件

混凝土底座或

水泥乳化沥青

图 2-3-13 CRTS II 型板式无砟轨道路基地段无砟轨组成

(3)CRTS III 型板式无砟轨道结构由轨道板、自密实混凝土层、具有限位凹槽的底座、凹槽周围的弹性缓冲垫层、隔离层等部分组成。我国自主研发的板式无砟轨道技术,具体如图 2-3-14 所示。

(4)CRTS 双块式无砟轨道路基和隧道地段道床结构由双块式轨枕、道床板、支承层等部分组成。

CRTS I 型双块式无砟轨道是德国雷达 2000 技术,CRTS II 型双块式无砟轨道是德国旭普林无砟轨道技术,它们结构相同,施工工艺不同。

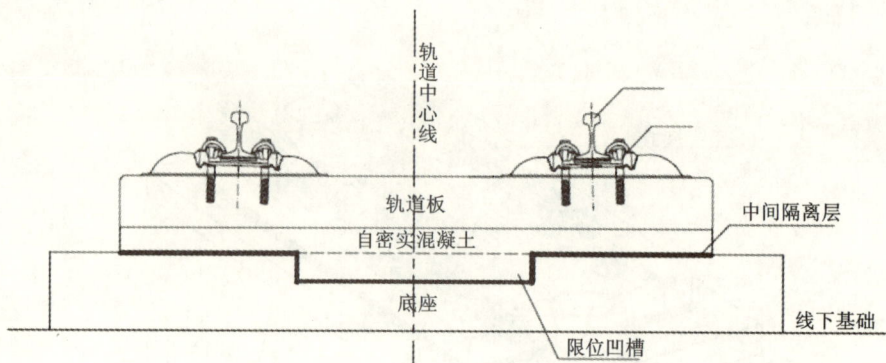

图 2-3-14　CRTSⅢ型板式无砟轨道路基地段无砟轨组成

三、认识城市轨道的构造

按城轨线路结构形式，城市轨道可分为地面线路、地下线路和高架线路。

(一)地面线路

地面线路的结构包括上部结构和下部结构。上部结构包括钢轨、接头联结零件、轨枕、扣件、道床和道岔，下部结构包括路基和侧沟。具体如图 2-3-15 所示。

图 2-3-15　地面线路

(二)地下线路

地下线路由钢轨、轨枕(长轨、短枕或支撑块)、扣件、整体道床、混凝土垫层、侧沟、隧道管片等组成。具体如图 2-3-16 所示。

图 2-3-16　地下线路

(三) 高架线路

高架线路由钢轨、扣件、钢筋混凝土支撑块、整体道床、桥梁边侧挡墙、侧沟等组成。具体如图 2-3-17 所示。

图 2-3-17　高架线路

四、认识线路工职业岗位

线路工是指从事铁路线路设施的施工、大修、维修及巡守的人员。本职业共设五个等级，分别为：初级(国家职业资格五级)、中级(国家职业资格四级)、高级(国家职业资格三级)、技师(国家职业资格二级)、高级技师(国家职业资格一级)。线路工职业技能特征有获取、领会和理解外界信息的能力，有语言表达以及对事物分析和判断的能力；手指、手臂灵活，动作协调性好；具有空间想象及一般计算能力；心理及身体素质较好，无职业禁忌证；听力及辨色力正常，双眼矫正视力不低于 5.0。具体如图 2-3-18、图 2-3-19 所示。

图 2-3-18　线路工道岔检查作业

图 2-3-19　线路工更换钢轨作业

交通强国

　　京张铁路为詹天佑主持修建的中国第一条铁路。它连接北京丰台区，经八达岭、居庸关、沙城、宣化等地至河北张家口，全长约 200 公里，1905 年开工修建，1909 年建成。京张铁路是中国首条不使用外国资金及人员，由中国人自行设计、投入营运的铁路。京张铁路在较短时间内，用最低的费用，顺利完成了全线兴建任务。京张铁路是完全由中国人独立自主修建的高质量一级干线铁路，从此打破了外国人垄断修建中国铁路的局面。在选线、设计方面，詹天佑不是单纯采取提高线路标准、增大工程量的办法，而是着眼于顺从自然，工、机配合的先进选线设计基本原则，一方面顺从展线定坡，另一方面借重机车，以补不足，使京张铁路成为一条经济合理的铁路线。

模块三
认识轨道交通车站

知识图谱

概述导语

　　轨道交通车站是轨道交通运输生产的基地，在运输过程中起到非常重要的作用。轨道交通车站既是运输部门对外联系的纽带和服务窗口，又是轨道交通运输的基本生产单位，它集中了与运输相关的各项技术设备，如客运、货运、运转设备，机务、车辆检修设备和信联闭设备等。它参与了运输过程中的主要作业环节，如旅客乘降、售票，货物承运、保管、装卸、交付，列车接发，调车作业，机车车辆整备、检修作业等都必须在车站办理。

　　轨道交通车站包含铁路车站和城市轨道交通车站，铁路车站又分为普速铁路车站和高速铁路车站。

学习目标

1.能力目标

(1)能到现场认识轨道交通车站的组成及分类；

(2)能区分轨道交通车站的等级；

(3)能够认识普铁、高铁、城市交通车站的设备，并区分其不同；

(4)能够认识并区分普铁、高铁、城市交通车站的用途。

2.知识目标

(1)掌握铁路车站的作业与分类，掌握区间与区段的概念；

(2)了解铁路车站线路的种类；

(3)了解中间站、技术站、客运站、货运站的设备用途；

(4)掌握城市轨道交通车站的分类，了解城市轨道交通车站的设备。

3.素质目标

(1)具有严谨求实的工作作风；

(2)具备团结协作精神；

(3)具有精益求精的工匠精神，具有良好的职业道德素养。

在线测评

项目一 认识铁路车站

铁路车站既是铁路办理客、货运输的基础，又是铁路系统的一个基层生产单位。在车站上，除办理旅客和货物运输的各项作业以外，还办理和列车运行有关的各项工作，如列车的接发、会让、越行，列车的解体与编组，机车的换挂与车辆的检修等。

为了完成上述作业，车站上设有客货运输设备及与列车运行有关的各项技术设备，还配备了客运、货运、行车、装卸等方面的工作人员。设备较完善的车站，还进行列车解体和编组等工作。

一、认识铁路车站的定义及分类

(一)铁路车站的定义

为了保证必要的线路通过能力和行车安全，铁路上每隔一定距离(10公里左右)设置一个分界点，分界点包括车站、线路所和通过信号机，这些分界点把每条铁路线划分为若干个长度不等的段落，每一段落称为区间或闭塞分区。如图3-1-1所示，图中甲、乙、丙、A、B、C、D、E、F、G、H车站都是分界点。

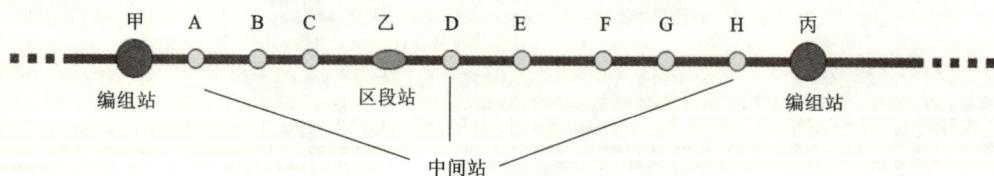

图 3-1-1 铁路线路车站示意图

在这些分界点中，车站除了正线外，还配有其他线路，所以车站称为设有配线的分界点(图3-1-2)。

此外，还有一种无配线的分界点，它包括非自动闭塞区段的线路所(图3-1-3)和自动闭塞区段上的通过信号机(图3-1-4)。

(二)铁路车站的分类

1.按业务性质分类
铁路车站可分为非营业站和营业站(客运站、货运站、客货运站)。

(1)客运站：是专门办理旅客运输业务的车站，通常设在政治、经济、文化中心城市和旅游胜地等有大量旅客到发的地点。客运站的主要工作是办理旅客列车的始发、终到作业，以及为旅客服务的有关业务。如北京站、上海站等。

（2）货运站：是专门办理货物运输的车站，一般设在大城市、工矿地区和港口等有大量货物装卸的地点。货运站的主要工作是办理货物列车的始发、终到作业，以及与货运有关的业务。如大红门站、广安门站等。

（3）客货运站：是旅客运输和货物运输兼办的车站。铁路网上绝大多数车站都属于客货运站。

2. 按技术作业分类

车站按技术作业和设备的不同分为中间站、区段站、编组站。区段站和编组站又称为技术站。

（1）中间站：设置在两个技术站之间的区段内，是为沿线城乡人民及工农业生产服务，提高铁路区段通过能力，保证行车安全而设的车站。如图 3-1-1 所示，图中 A-H 间各站（英文字母表示车站）均为中间站。

（2）区段站：多设在中等城市和铁路网上牵引区段（机车交路）的起点或终点，是指解体与编组区段和沿零摘挂区段站的待编列车的车站。它是根据机车牵引区段的长度、路网的布局和规划设置的。如图 3-1-1 所示，图中乙站为区段站。

（3）编组站：是指担当大量列车解编作业，编组直达、直通和其他列车的车站。它在完成铁路货物运输任务中起着十分重要的作用。如图 3-1-1 中甲站和丙站为编组站。

3. 按客货运量和技术作业量分类

按客货运量和技术作业量的大小，以及车站在政治、经济中的地位，铁路车站可分为特等站和一、二、三、四、五等站共六个等级。车站等级又是车站设置机构和配备定员的依据。

二、认识区间、闭塞分区、区段和站界

（一）区间

铁路线上每隔一定距离（10公里左右）就要设置一个车站或线路所。车站和线路所把铁路线路划分成若干个长度不等的段落，这些段落就叫作区间。区间又分为站间区间和所间区间。

1. 站间区间
相邻两车站之间的区间叫作站间区间，如图 3-1-2 所示。

2. 所间区间
相邻两线路所之间、线路所与车站之间的区间叫作所间区间，如图 3-1-3 所示。

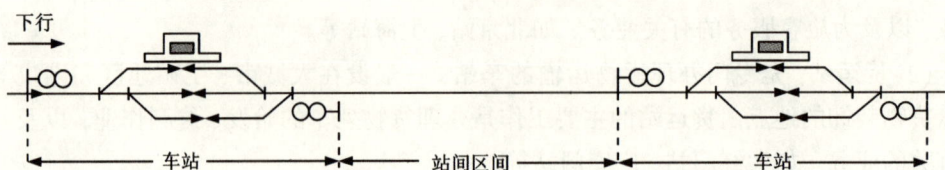

图 3-1-2　单线铁路站间区间

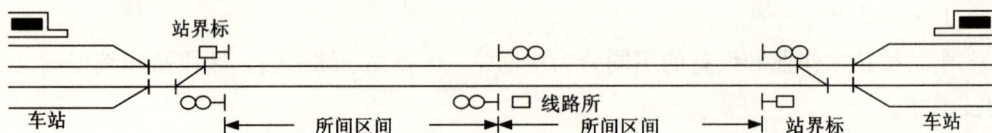

图 3-1-3　双线铁路所间区间

(二)闭塞分区

同方向相邻两架通过色灯信号机柱中心线之间或进站(出站)信号机柱与通过色灯信号机柱中心线之间的一段线路空间,称为闭塞分区,如图 3-1-4 所示。

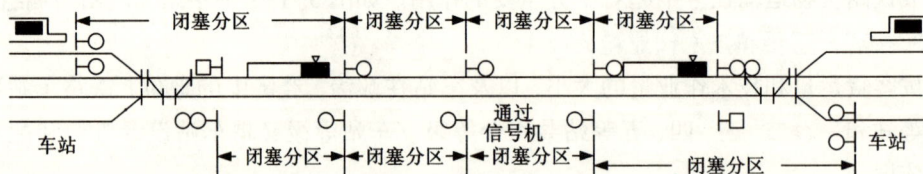

图 3-1-4　双线铁路自动闭塞分区

(三)区段

区段通常是指两相邻技术站间的铁路线段,它包含了若干个区间和车站。如图 3-1-1 中甲—乙区段和乙—丙区段。

(四)站界

为了保证行车安全和分清职责,在车站和它两端所衔接的区间之间应明确规定的界限。

单线铁路:以两端进站信号机机柱中心线为界,如图 3-1-5 所示。

双线铁路:进站一端以进站信号机机柱中心线为界,出站一端则以站界标中心线为界。

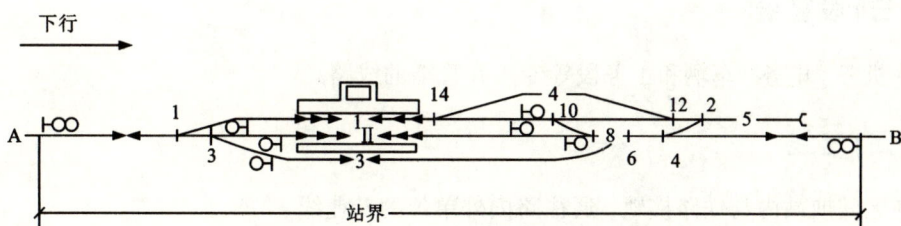

图 3-1-5　单线铁路站界

三、了解铁路车站的线路种类

铁路线路按用途可分为正线、站线、段管线、岔线和特别用途线，如图 3-1-6 所示。

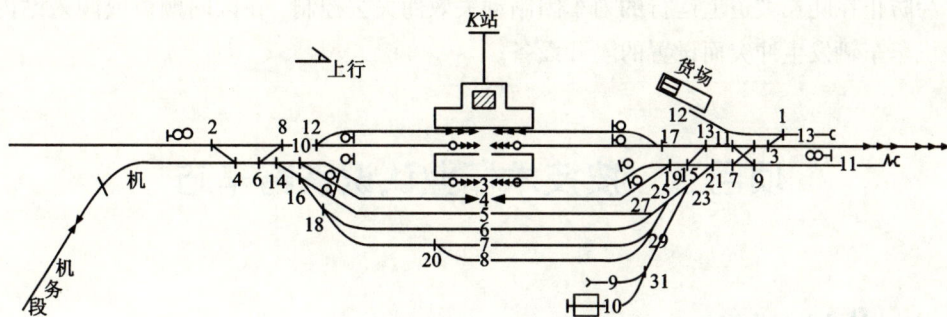

图 3-1-6　车站线路图

1—正线；2、3、4—到发线；5、6、7、8—调车线；9、10—站修线；11、13—牵出线；12—货物线

(一) 正线

正线指连接车站并贯穿或直股伸入车站的线路(站场示意图中用罗马数字表示)。

(二) 站线

站线指是指到发线、调车线、牵出线、货物线及站内指定用途的其他线。

(1)到发线：供旅客列车和货物列车到发的线路(在站场示意图中用阿拉伯数字表示)。

(2)调车线和牵出线：专为车列的解体、编组使用的线路。

(3)货物线：货物装卸所使用的线路。

(4)其他线：办理其他各种作业的线路，如机车走行线、机待线、迂回线、禁溜线、加冰线和整备线等。

(三)段管线

由机务、电务、车辆和工务段等专用并管辖的线路。

(四)岔线

在区间或站内与铁路接轨,通往路内外单位的专业线。

(五)特别用途线

为保证行车安全而设置的安全线和避难线。

1. 安全线

为防止机车车辆在未开通进路的情况下,越过警冲标而进入其他线路,与其他线路上的机车车辆发生冲突而设置的隔开设备。

2. 避难线

为防止在陡长坡道上运行的列车因制动失效而失去控制,在区间颠覆或闯入站内与其他机车车辆发生冲突而设置的隔开设备。

项目二 按技术作业认识铁路车站

一、认识中间站

(一)中间站的定义及分类

1. 中间站的定义

铁路线划分成若干牵引区段,每一牵引区段中又设有不少车站。这些在铁路区段内设有配线的中间分界点,称为中间站。其具有规模较小,数量很多,遍布于铁路沿线的特点,是为提高铁路区段通过能力,保证行车安全并为沿线城乡及工农业生产服务而设的车站。它们的主要任务是办理列车会让、越行和一些客货运业务。

2. 中间站的分类

我国中间站可分为无货场的中间站和有货场的中间站。

(1)无货场的中间站。

只办理列车的通过、会让和越行及少量的客货运作业,不办理摘挂列车、甩挂车组的作业。包括会让站和越行站。

①会让站。

会让站设在单线铁路上,主要办理列车的到发和会让,仅办理少量的客货运业务,如

图 3-2-1 所示。会让站设有到发线并设置通信、信号设备及旅客乘降、办公房屋等设备。

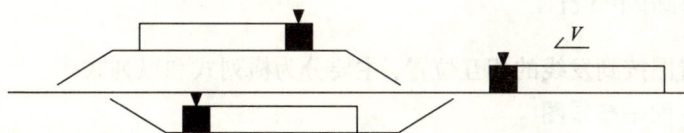

图 3-2-1　会让站

②越行站。

越行站设在双线铁路上，主要办理同方向列车的越行业务，必要时办理反方向列车的转线，也办理少量的客货运业务，如图 3-2-2 所示。越行站设有到发线并设置通信、信号设备及旅客乘降、办公房屋等设备。

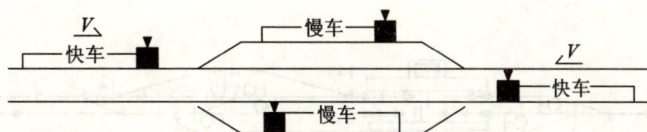

图 3-2-2　越行站

(2)有货场的中间站。

除办理与无货场的中间站同样的作业外，另设有办理摘挂列车和甩挂车组作业的货场。

(二) 中间站的作业和设备

1. 中间站的作业

中间站办理的主要作业如下。

(1)列车的到发、通过、会让和越行。在双线铁路上还办理调整反方向运行列车的转线作业。

(2)部分客货运业务，包括旅客的乘降，行李、包裹的承运、保管与交付，货物的承运、装卸、保管与交付。

(3)沿零摘挂车辆到货场或专用线甩挂车辆的调车作业。

2. 中间站的设备

(1)客运设备，包括旅客站舍(售票房、候车室、行包房)、旅客站台、人行天桥、地道和雨棚等。

(2)货运设备，包括货物仓库、货物站台货运室装卸机械等。

(3)站内线路，包括到发线、牵出线和货物线等。

(4)信号及通信设备。

(5)个别车站还设有机车整备设备、列车检查设备等。

(三) 中间站的布置图

中间站布置图按到发线的相互位置,主要分为横列式和纵列式。

1.横列式中间站布置图

中间站一般采用横列式布置图。横列式中间站布置的特点是到发线沿正线横向排列,如图3-2-3、图3-2-4所示。它的优点如下:

(1)站坪长度短;

(2)工程投资省;

(3)设备紧凑,便于管理;

(4)到发线使用灵活。

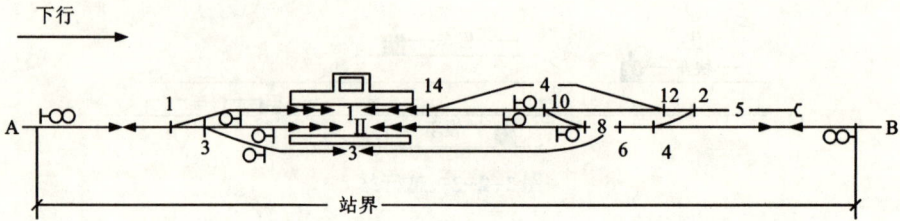

图3-2-3 单线横列式中间站布置图

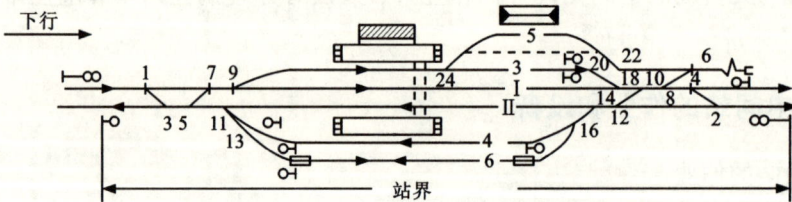

图3-2-4 双线横列式中间站布置图

2.纵列式中间站布置图

纵列式中间站布置的特点是到发线沿正线纵向排列,通常逆运转方向错移一个货物列车到发线有效长度,如图3-2-5所示。

优点如下:

(1)有利于组织列车不停车会车,提高区间通过能力;

(2)适应重载列车到发需要;

(3)便于车站值班员与司机交接行车凭证。

缺点如下:

(1)站坪长度长,工程投资大;

（2）车站定员多，管理不方便；

（3）车站值班员瞭望信号不方便。

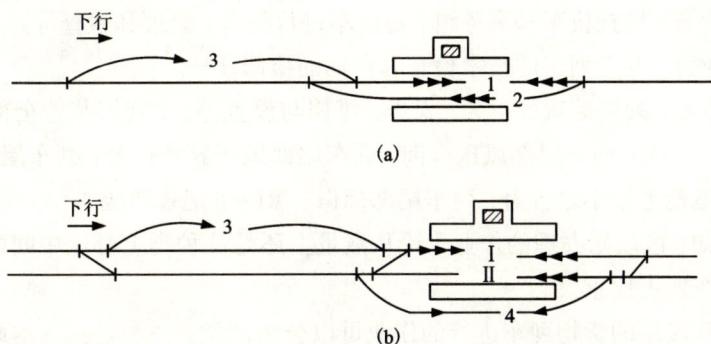

图 3-2-5　纵列式中间站布置图

二、认识技术站

（一）认识区段站

1. 区段站的定义和任务

区段站多设在中等城市和铁路网上牵引区段（机车交路）的起点或终点，是解体与编组区段和沿零摘挂列车为主的车站。区段站在铁路网上的分布主要决定于牵引区段的长度、路网上技术作业的要求以及地区和城镇发展规划等因素。此外，在分布区段站时，亦应适当考虑我国铁路运营的特点及车流集散的规律。

区段站的主要任务：

（1）为邻接的铁路区段供应及整备部分或全部机车及更换乘务组；

（2）为无改编中转货物列车办理规定的技术作业；

（3）办理一定数量的货物列车解编作业及客货运业务；

（4）在设备条件具备的时候，还进行机车和车辆的检修业务。

区段站应设有机务段或机务折返段。

2. 区段站的作业

根据所担负的任务，区段站一般办理下列作业。

（1）客运业务：与中间站所办理的客运业务基本相同，只不过数量较大。

（2）货运业务：与中间站所办理的货运业务大致一样，但作业量往往较大。

（3）运转业务。

①与旅客列车有关的运转作业：主要办理通过旅客列车的接发作业，有的车站还办理局管内或市郊旅客列车的始发、终到作业及个别车辆的甩挂作业。

②与货物列车有关的运转作业：主要办理无改编中转列车的接发和有关作业；对区段和沿零摘挂列车要进行解体和编组作业；同时还办理向货物线、工业企业线取送作业车等业务。某些区段站还担任少量的始发直达列车的编组任务。

(4)机务业务：换挂机车和乘务组，对机车进行整备、修理和检查等。

(5)车辆业务：办理列车的技术检查和车辆的检修任务。

(6)列尾作业：列尾装置的拆装、保养、维修与设置等。(列尾装置全称为列车尾部安全防护装置，功能：列车尾部风压查询；列车尾部风压异常告警；列车尾部排风制动；列车尾部主机电池电量不足告警；列车尾部标识；黑匣子记录功能。)

由上述可知，区段站办理的作业无论从数量上还是从种类上都比中间站要多，又以无改编中转列车所占比重大。

所有到达区段站的货物列车进行的作业可以分为两类：一类是到达本站不解体，只进行技术检查和机车换挂作业，然后继续运行的列车叫作无改编中转列车；另一类是到达本站后要解体的列车，叫作改编列车(解体列车)。

3. 区段站的设备

为了保证上述作业的完成，在区段站上应设有以下各项设备。

(1)客运设备：主要有旅客站房、站台、雨棚及跨越线路设备等。

(2)货运设备：货场及其有关设备，如装卸线、货物站台、仓库以及装卸机械等。

(3)运转设备：旅客列车到发线，货物列车到发线、调车线、牵出线(有时设简易驼峰)、机走线及机待线等。

(4)机务设备：机务段或机务折返段。在机务段所在的区段站上，如采用循环交路，在到发场或附近应设有机车整备设备。当采用长交路轮乘制时，可设机车运用段或机务换乘点。

(5)车辆设备：包括车辆段、列车检修所、站修所等。

除上述各项设备外，还有信号、通信、给水、排水、电力、照明、技术办公房屋以及城镇道路的平(立)交设备。

4. 区段站的布置图

若区段站的作业性质不同、车流特点不同及具体地形条件不同，则区段站的各项设备相互位置各有差异，形成了不同的布置图。但基本上分为以下三类。

(1)横列式区段站布置图。

横列式指上、下行货物列车到发场或到发线平行并列布置在正线一侧的图形，如图3-2-6所示。

(2)纵列式区段站布置图。

纵列式指上、下行货物列车到发场分设在正线两侧，并全部纵向错开布置的图形，如图3-2-7所示。

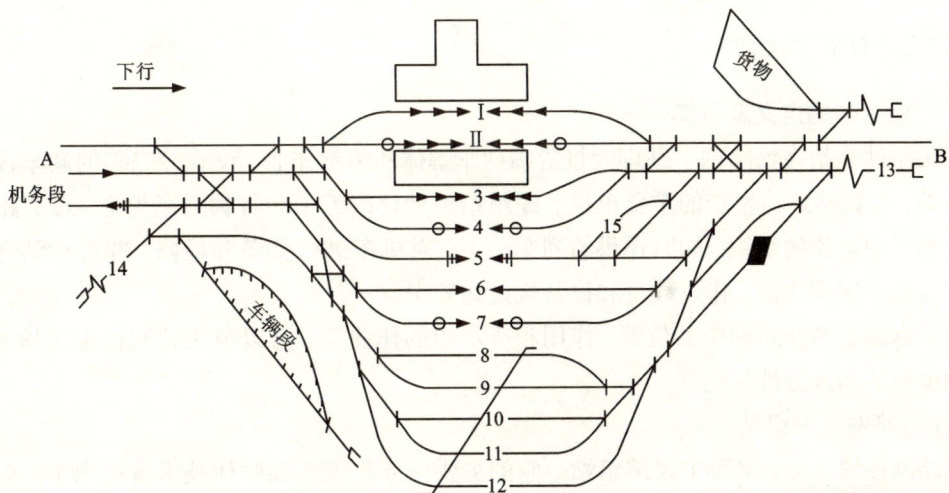

图 3-2-6　横列式区段站布置图

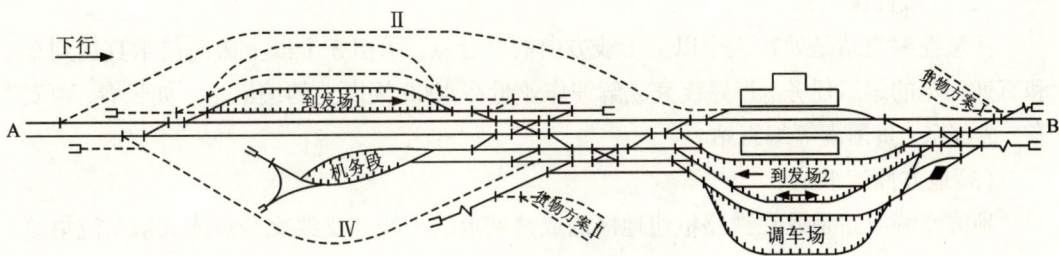

图 3-2-7　纵列式区段站布置图

（3）客货纵列式区段站布置图。

客货纵列式指旅客运转设备与货物运转设备纵列布置，上、下行货物列车到发场位于正线两侧，呈横列布置，如图 3-2-8 所示。

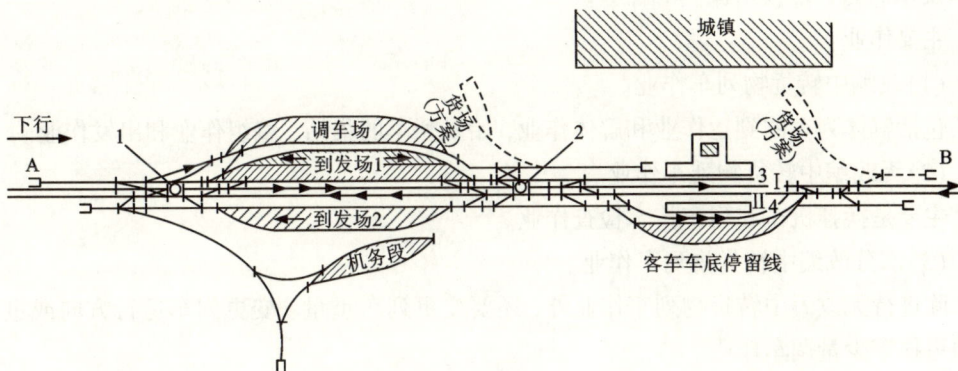

图 3-2-8　客货纵列式区段站布置图

(二)认识编组站

1. 编组站的定义及分类

编组站是指在铁路网上办理大量货物列车解体和编组作业,设有较完善的调车设备的车站,是铁路运输生产的重要单位。编组站以处理改编中转货物列车为主,负责路网上和枢纽中车流的组织,同时还供给列车动力,对机车进行整备和检修,并对车辆进行日常维修和定期检修,作业数量和设备规模均较大。

根据编组站在路网中的位置、作用和所承担的作业量,可以分为路网性编组站、区域性编组站和地方性编组站。

(1)路网性编组站。

路网性编组站,又称主要编组站。它的主要任务是编组和解体技术直达列车,有较强的调车设备。它一般位于几条主要干线的汇合点或分歧的地点及大量作业的地点。如郑州北站、丰台西站、株洲北站等。

(2)区域性编组站。

区域性编组站是处在3个以上干线方向的交会点、承担3个以上去向技术直达列车和直通列车的编组任务、每昼夜完成解编作业量在4000辆以上的编组站。如长春、西安东、成都东、贵阳南等编组站。

(3)地方性编组站。

地方性编组站是处在铁路枢纽地区内或路网上的干线与支线交会点或大宗车流集散的工矿区和港湾区、每昼夜完成解编作业量在2000辆以上的编组站。

2. 编组站的主要任务及主要作业

主要任务:

(1)大量办理各种货物列车的解体与编组作业。

(2)按照运行图规定的时刻正点接发车。

(3)担负着组织和取送本地区车流(小运转列车)、供应列车动力(机车)、整备检修机车及车辆的日常技术保养等任务。

主要作业:

(1)改编中转货物列车作业。

包括解体列车的到达作业和解体作业,始发列车的集结、编组作业和出发作业。

(2)无改编中转货物列车作业。

主要是换挂机车和列车技术检查作业。

(3)部分改编中转货物列车作业。

除进行无改编中转货物列车作业外,还要变更列车重量、变更列车运行方向或进行成组甩挂等少量调车作业。

(4)本站作业车的作业。

本站作业车是指在本站货场、枢纽附近车站或其接轨专用线上进行货物装卸或倒装的车辆。其作业过程较有调中转车增加了取送、装卸等内容。其作业重点是取送车作业。

(5)机务作业。

包括机车换挂、机车乘务组交接班，机车出入段、段内整备及检修作业。

(6)车辆检修作业。

包括列车技术检查、不摘车的经常维修、轴箱及制动装置的经常保养、摘车的经常维修、货车定期检修等。

此外，根据需要，编组站还办理旅客的乘降及换乘、货物的装卸及换装、军用列车的供应保障作业。

3. 编组站的主要设备

(1)调车设备：调车设备是编组站的核心设备，包括调车驼峰、调车场(线)牵出线、调车机车等。

(2)行车设备：行车设备即接发货物列车的到发线。

(3)机务设备：编组站一般都设有机务段，而且规模比较大。

(4)车辆设备：有列检所、站修所、车辆段。

(5)货运设备：设置零担中转站台、冷藏车加冰设备、牲畜车上水设备等。

(6)其他设备：包括客运设备及站内外连接线路设备等。

此外，编组站还必须有信号、联锁、闭塞、通信和照明的设备。

4. 编组站在作业和设备上的特点

(1)编组站在作业上的特点。

编组站和区段站同属技术站，它们办理的作业内容有许多相同之处，但在作业的数量和性质上有着明显区别。在运转作业方面，区段站以办理无改编中转货物列车为主，少量办理区段、摘挂列车的改编作业；而编组站以办理改编中转货物列车为主，大量编解包括小运转列车在内的各种货物列车，且改编的列车多数是直通和直达列车。

(2)编组站在设备上的特点。

从设备种类来看，编组站与区段站基本一样。由于编组站的客货运业务很少或没有，故一般不设专门的客货运设备；而在货物运转设备方面，作为编组站主要设备的调车场、驼峰、牵出线等调车设备，其规模和能力往往要比区段站大得多，也先进得多，以满足大量编解作业的需求。

5. 编组站布置图及主要类型

编组站的主要工作是进行列车的编解作业，而列车的到达、解体、集结、编组和出发等一系列作业过程，是在编组站的各个车场完成的。因此，到达场、调车场、出发场是列车改编作业的主要场地。调车设备是编组站的核心设备。调车设备的数量与规模及各车场的相互位置，就构成了编组站不同形式的布置图。

(1)按照调车设备的套数及调车驼峰方向分类。

①单向编组站。

只有一个调车场，上、下行合用一套调车设备，其驼峰溜车方向一般顺着主要改编车流运行方向。

②双向编组站。

有两个调车场，上、下行各有一套调车设备。一般情况下，两系统的调车驼峰应朝向各自的上行和下行调车方向。

（2）按照每一套调车作业系统中车场的相互位置和数目分类。

①横列式：上、下行到发场与调车场并列配置；

②纵列式：主要车场顺序排列；

③混合式：部分主要车场纵列，部分车场横列。

我国编组站布置图的基本类型，归纳起来共有单向横列式、单向纵列式、单向混合式和双向横列式、双向纵列式、双向混合式六种，在现场习惯称为"几级几场"。

"级"是指同一调车作业系统中车场纵向排列形式，一级为车场横列，二级为到达场和调车场纵列，三级为到达场、调车场、出发场顺序纵列，如图3-2-9所示。

"场"是指车场，车站内有几个车场，就叫几场，如一级三场、三级三场、三级六场等。

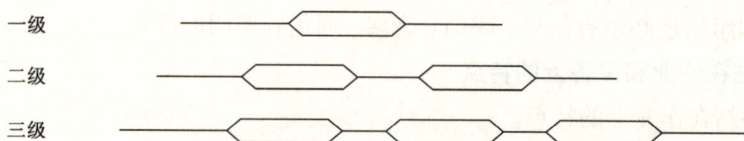

图3-2-9 编组站车场纵向排列形式

图3-2-10展示了株洲北站的布置图。该车站为双向三级六场编组站。其基本特征为列车运行的上、下行方向各有一套独立的调车作业系统，驼峰方向相对，车场配置均按到达场、调车场、出发场顺序排列。

6.调车设备

调车工作按使用的设备不同，分为牵出线调车和驼峰调车两种。

平面牵出线是车站的基本调车设备，基本上是设于平道上。调车时，车辆溜放的动力是调车机车的推力。牵出线一般设于调车场尾部，适合于车列的编组、转线、车辆的摘挂、取送等调车作业。

驼峰是专门用来解体溜放车辆的一种调车设备。调车时，车辆溜放的动力是以其本身的重力为主，调车机车的推力为辅。驼峰一般设于调车场头部，适合于车列的解体作业。

驼峰是指峰前到达场（不设峰前到达场时为牵出线）与调车场头部之间的部分线段，由推送部分、溜放部分和峰顶平台三大部分组成，如图3-2-11所示。

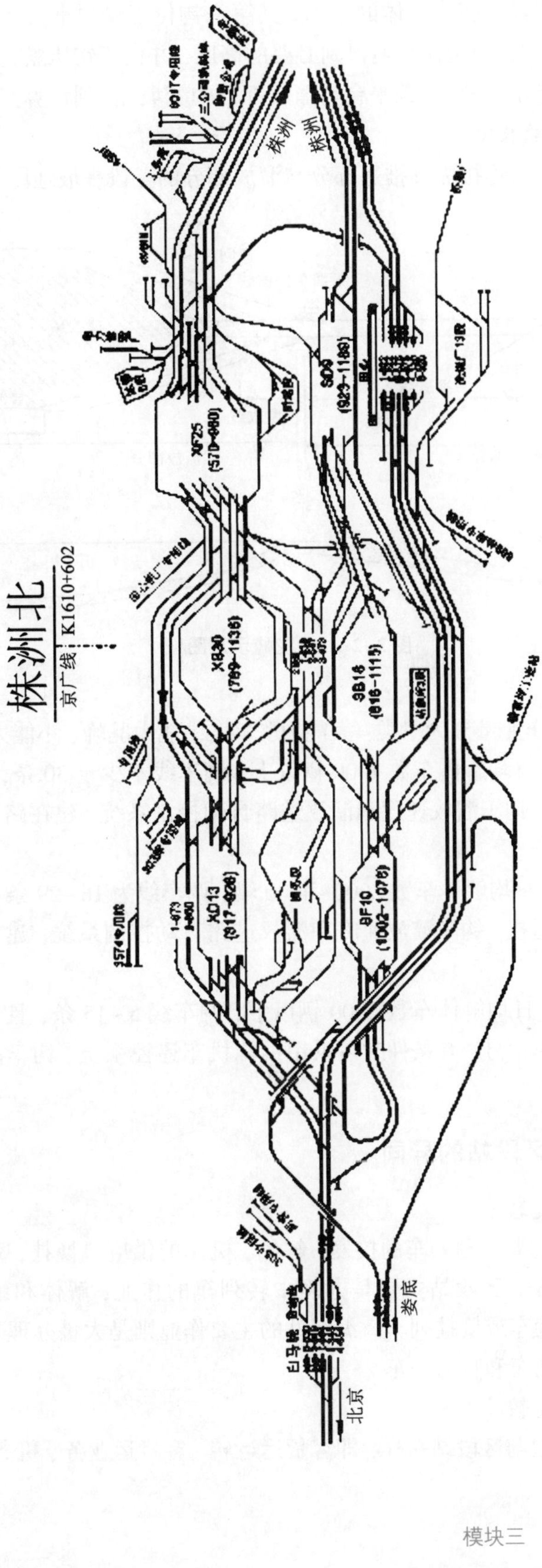

图3-2-10 株洲北站布置图（双向三级六场）

（1）推送部分：指经由驼峰解体的车列，其第一钩位于峰顶平台始端时车列全长所在的线路范围。设置的目的是使车辆得到必要的高度，并使车钩压紧，方便摘钩。

（2）溜放部分：指由峰顶（峰顶平台与溜放部分的变坡点）到计算点的线路范围。这个长度也叫驼峰的计算长度。

（3）峰顶平台：是指连接驼峰推送部分与溜放部分的一段平坡地段。

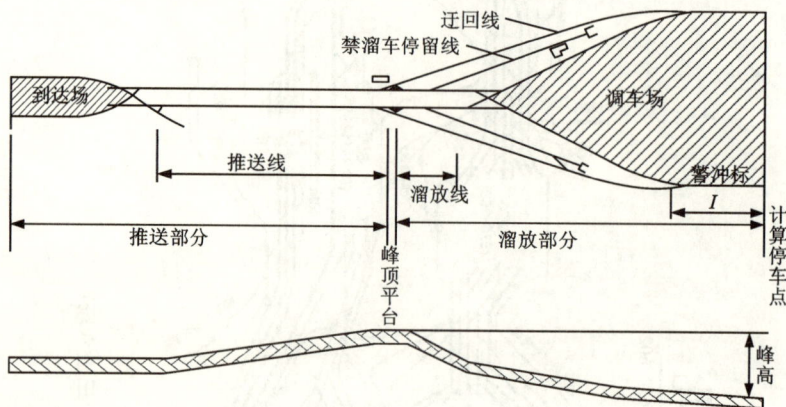

图 3-2-11　驼峰示意图

驼峰按日均解体作业量分为三类：大能力驼峰、中能力驼峰、小能力驼峰。

（1）大能力驼峰：日均解体车数 4000 辆以上，调车线不少于 30 条，设 2 条溜放线，应设有推峰机车遥控、钩车溜放速度和溜放进路自动控制系统，建在路网性和区域性编组站上。

（2）中能力驼峰：日均解体车数 2000~4000 辆，调车线为 16~29 条，设 1~2 条溜放线，且设有推峰机车遥控、钩车溜放速度和溜放进路自动控制系统，建在区域性或路网性编组站上。

（3）小能力驼峰：日均解体车数 2000 辆以下，调车线 5~15 条，且设置溜放进路自动控制系统、推峰机车信号，有条件时可采用推峰机车遥控系统、钩车溜放速度自动或半自动控制系统。

（三）编组站与区段站的异同

1. 从技术作业上比较

编组站和区段站都要办理列车的接发、解编，机车的供应或换挂，列车的技术检查及车辆的检修等。但是，区段站主要是办理中转列车的作业，解体和编组的列车数量少，而且大多是区段列车或摘挂列车。编组站的主要作业则是大量办理列车的解体和编组，其中多数是直达列车和直通列车。

2. 从车站设备上比较

编组站的设备一般与区段站一样，即客货运运转、客货运业务、机务、车辆等设备。

但某些编组站，例如位于大城市郊区的编组站，可能不设客、货运设备；而且，作为编组站主要设备的调车场和调车设备的规模和能力比区段站大得多。

3. 从地理位置上比较

编组站通常设在几条主要干线的汇合处，也可设在有大量货运量的大城市、港口或大工矿企业附近。

项目三　按业务性质认识铁路车站

铁路车站按业务性质可分为客运站、货运站、客货运站。

一、认识客运站

(一)客运站的定义及主要任务

专门办理客运作业的车站称为客运站。客运站的主要任务是组织旅客安全、迅速、准确、方便地上、下车，办理行包、邮件的装卸搬运；组织旅客列车安全、正点到发和客车车底取送；为旅客提供舒适的服务条件。

(二)客运站的作业

1. 客运服务作业

包括旅客上下车、候车、问询、小件寄存，以及对旅客文化、饮食、住宿、购物和卫生方面的服务等。

2. 客运业务

包括客票发售，行包承运、装卸、保管和交付，邮件装卸和搬运等。

3. 技术作业

按列车种类不同，客运站办理下述技术作业：

(1)始发、终到列车。包括列车接发、机车摘挂、列车技术检查、车底取送、个别客车甩挂及餐车整备等。

(2)通过列车。包括列车接发、机车换挂或整备、列车技术检查及客车上水。个别情况下还办理个别客车甩挂，变更列车运行方向，办理餐车供应及上燃料等作业。

(3)市郊(通勤)列车。包括列车接发、机车摘挂、列车技术检查及车底取送等。

(4)某些客运站还办理少量货物列车的到发和通过作业。

(三)客运站的设备

1.站房

站房是客运站的主体,包括为旅客服务的各种房屋(广厅、售票厅等)、技术办公房屋(运转室、站长室、公安室等)以及职工生活用房等。

2.站场

站场是办理客运技术作业的地方,包括线路(到发线、机车走行线、车辆停留线等)、站台、雨棚、跨线设备等。

3.站前广场

站前广场是客运站与城市的结合部,包括旅客活动地带、停车场、旅客服务设施、绿化带等。

(四)客运站的布置图

客运站的布置图按线路配置的不同分为通过式、尽端式和混合式三种。

1.通过式客运站布置图

通过式客运站如图3-3-1所示,其全部旅客列车到发线采用贯通式,站房设在正线一侧,高架候车室为跨线式,基本站台与中间站台用地道相连,客运站以及整备所和机务段纵列布置。图3-3-1(a)为整备所和机务段布置在正线一侧,图3-3-1(b)为整备所和机务段布置在两正线之间。我国铁路大多数客运站均采用通过式客运站布置图,例如郑州站、武昌站等。

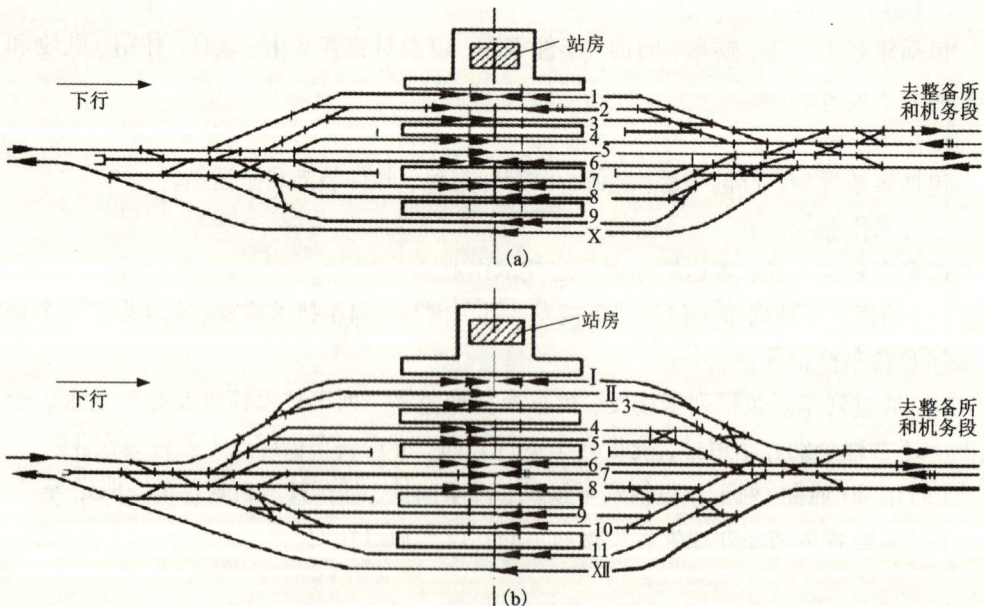

图3-3-1 通过式客运站布置图

2. 尽端式客运站布置图

尽端式客运站如图 3-3-2 所示，其全部旅客列车到发线采用尽端式，站房设在到发线一端或一侧，中间站台用分配站台相连接，客运站以及整备所和机务段纵列布置。该布置图通常只有以始发、终到旅客列车为主的客运站予以采用，例如北京北站、重庆站等。

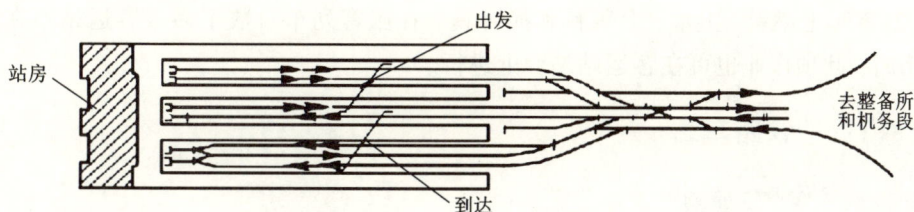

图 3-3-2　尽端式客运站布置图

3. 混合式客运站布置图

混合式客运站布置图的特点是一部分线路为通过式，一部分线路为尽端式，如图 3-3-3 所示。贯通式线路供接发长途旅客列车用，尽端式线路供接发市郊旅客列车用。我国铁路有北京站、广州站、南昌站等车站采用混合式客运站布置图。

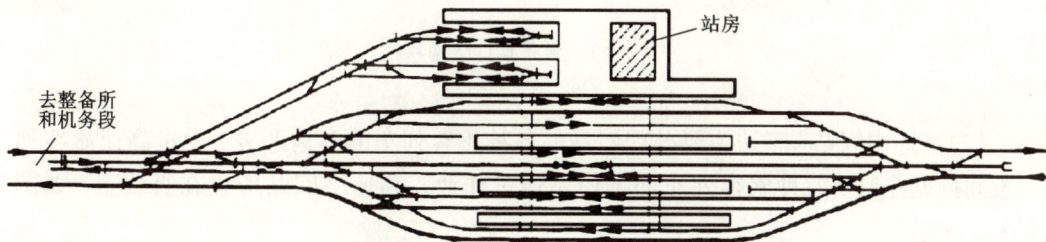

图 3-3-3　混合式客运站布置图

(五)客车整备所

为保持客车技术状态，在配有大量旅客列车车底的始发、终到站，或有大量长途旅客列车的折返站，以及有大量市郊旅客列车的始发、终到站应设置客车整备所，以便对客车进行技术整备和客运整备作业。客车整备所也称客车技术整备站(简称客技站)。

客车整备所的作业包括技术整备和客运整备。

1. 技术整备.

(1)客车车底取送(或到发)、改编、停留待发，公务车、备用车停留以及个别客车转向。

(2)客车车底技术检查、日常维修和摘车维修，防寒、防暑的整备，以及外段车辆故障处理等。

（3）办理厂、段修客车的回送及车辆技术状态和备品的交接。

（4）冬季客车暖气管道预热、排汽、排水和充电等。

2. 客运整备

（1）客车车底内、外部清扫和洗刷。可结合列车运行距离、运行区段的气候条件及经过隧道的多少等因素决定车辆外皮酸洗次数，平时只用清水洗刷。

（2）客车上燃料、上水、上餐料和换卧具。在旅客列车对数不多或客运站不在特殊的城市时，此项作业也可在客运站站台上进行。

（六）高速铁路车站

1. 按技术作业性质划分

（1）高速越行站：车站主要办理中速列车待避高速列车的作业。高速越行站应设在直线上，如图3-3-4所示。

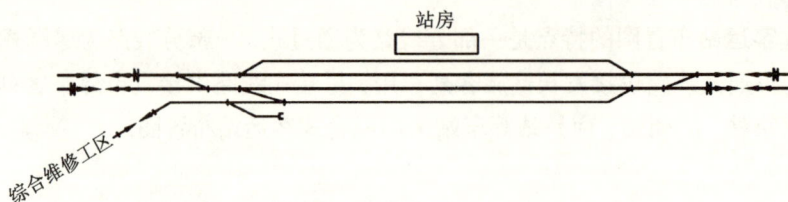

图3-3-4　高速越行站布置图

（2）高速中间站：车站主要办理停站的各种旅客列车的客运业务，少量高速旅客列车夜间折返停留及各种旅客列车的不停站通过作业。高速中间站应设在直线上，如图3-3-5所示。

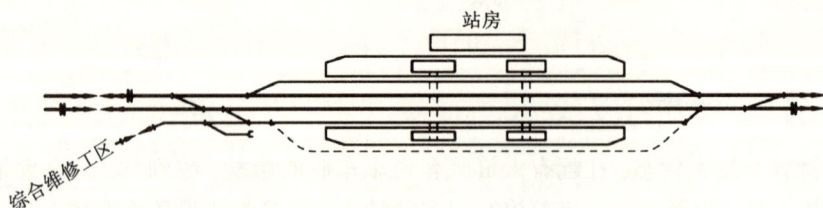

图3-3-5　高速中间站布置图

（3）始发终到站：车站设在高速铁路的起点和终点，位于特大城市的铁路枢纽，主要办理始发、终到高速列车的作业；办理动车组的整备、检修、取送和折返作业。始发终到站宜设在直线上，如图3-3-6所示。

（4）高速通过站：车站设在高速铁路、客运专线沿线大、中城市的铁路枢纽，一般都

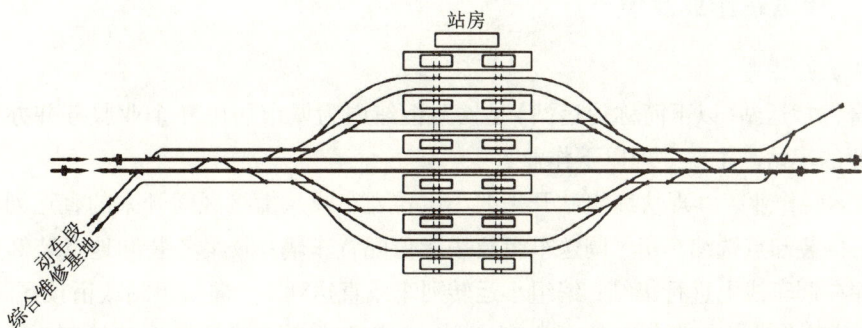

图 3-3-6 始发终到站布置图

有普通铁路干、支线接轨，以办理通过的高、中速旅客列车的客运业务和旅客换乘，还办理部分始发、终到的高速列车及动车组的整备、检修等作业。

2. 按调度集中基本操作方式划分

由列车调度员直接办理接发列车作业的车站为集控站，否则为非集控站。

二、认识货运站

（一）货运站的定义及分类

凡专门办理货物装卸作业的车站，以及专门办理货物联运或换装的车站，均称为货运站。以办理货物装卸作业为主并办理少量的客运或货车中转作业的车站也属于货运站。

1. 按工作性质划分

货运站按其工作性质分为装车站、卸车站和装卸站。

（1）装车站：以办理货物的装车为主，装车作业大于卸车作业，需接入大量空车，排出大量重车。

（2）卸车站：以办理货物的卸车为主，卸车作业大于装车作业，需接入大量重车，排出大量空车。

（3）装卸站：装卸作业车数大致相等，装车和卸车工作量基本平衡。双重作业车比重较大。

2. 按货物种类划分

货运站按其办理货物的种类分为综合性货运站和专业性货运站。

（1）综合性货运站：办理多种货物运输种类或多种品类货物的货运营业和专用线作业的车站。

（2）专业性货运站：只办理单一货物运输种类或单一品类货物的货运营业的车站。

(二)货运站作业及设备

1. 货运站作业

综合性货运站(以下简称货运站)是铁路枢纽内为城市居民和企业服务并办理多种货物作业的车站。主要办理以下作业:

(1)运转作业。办理从编组站开来的小运转列车或从衔接区间开来的直达列车的接车业务;按装卸点选编车组、调送车组及按货位配置车辆;收集各装卸地点装卸完毕的车组,并在调车线上进行集结;编组小运转列车或直达列车,向编组站或衔接区间发车。

(2)货物作业。包括货物的托运和交付、装卸和保管;货运票据的编制;货物的过磅、分类、搬运、堆码以及换装、加固、检查装载;办理铁路与其他运输部门的联运等。

2. 货运站设备

(1)运转设备。为接发、解体、编组列车,装卸货物及其他需要的足够的站线,如到发线、调车线、牵出线、机车行走线等。

(2)货运设备。包括货场配线(如装卸线、存车线、货物牵出线等)、场库设备(如仓库、货物站台、雨棚及散装货场等)、装卸设备(各种装卸机械、运输机械等)等。

(3)其他设备。包括办公用房、装卸工人间休室以及吊车等。

(三)货运站布置图

货运站按其与枢纽内铁路线衔接方式的不用,可分为尽端式和通过式货运站两种类型。这两种类型按车场与货场的布置形式均可分为横列式和纵列式两种。

1. 尽端式货运站

尽端式货运站分为车场与货场横列的尽端式货运站(图3-3-7)和车场与货场纵列的尽端式货运站(图3-3-8)。在车场与货场横列的尽端式货运站中,图3-3-7(a)的车场与货场横列式布置,调车线与到发线合并为一个车场,货场在进口一端的咽喉衔接。图3-3-7(b)的车场与货场横列式布置,货场与牵出线设在车站尽端咽喉一端,接发列车与调车作业分别在车站两端咽喉进行,平衡了车站两端咽喉的负担,通过能力较图3-3-7(a)有所提高。但车站尽端设置牵出线会增加对城市交通的干扰。

2. 通过式货运站

图3-3-9是作业量较大的通过式货运站布置图。其正线是贯通的,货场和车场均设在正线的一侧,可减少站内作业对正线的干扰,保证货物列车的顺利通行。图3-3-9(a)的主要车场为横列,图3-3-9(b)的主要车场为纵列,二者的货场均设在调车场一旁,以便利货物作业车的取送。

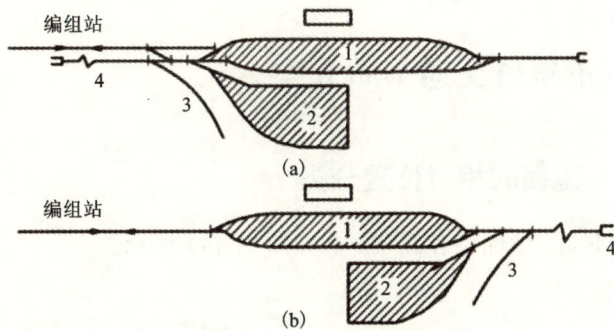

图 3-3-7　车场与货场横列的尽端式货运站布置图

1—到发场及调车场；2—货场；3—专用线；4—牵出线

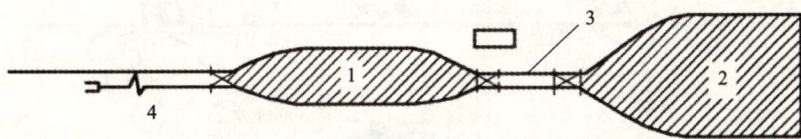

图 3-3-8　车场与货场纵列的尽端式货运站布置图

1—到发场及调车场；2—货场；3—专用线；4—牵出线

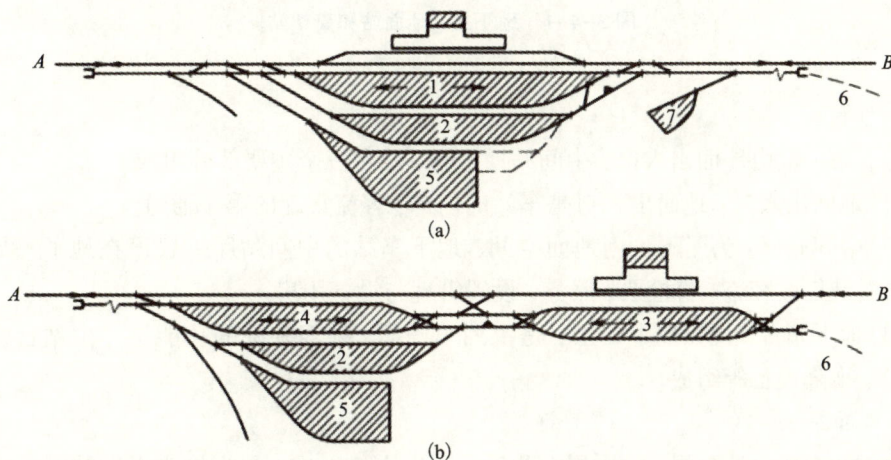

图 3-3-9　通过式货运站布置图

1—到发场；2—调车场；3—到达场；4—编发场；5—货场；6—专用场；7—车辆检修设备

项目四　认识城市轨道交通车站

　　城市轨道交通车站是乘客乘降、换乘和候车的场所，也是列车到发、通过、折返、临时停车的地点。城市轨道交通车站主要解决乘客在该服务系统中的汇聚与疏解，使乘客在短暂的移动过程中充分享受到车站所提供的舒适服务，有很强的时效性。

一、认识城市轨道交通车站分类

(一) 按车站与地面的相对位置分类

一般可分为地下站、地面站和高架站，如图 3-4-1 所示。

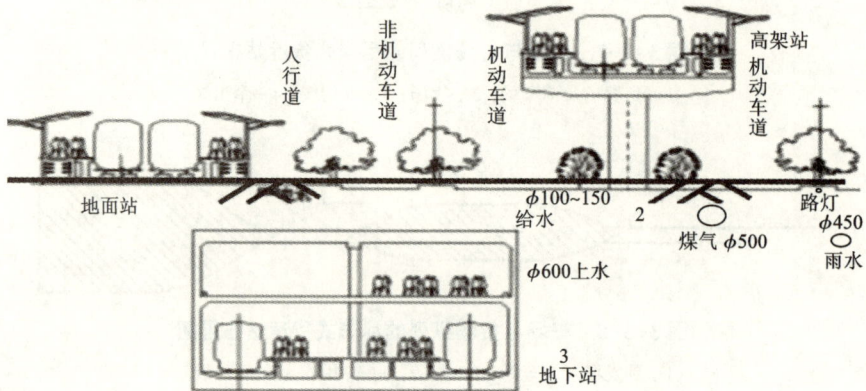

图 3-4-1　地下站、地面站和高架站

1. 地下站

地下站一般由地面出入口、中间站厅、地下站台三个主要部分组成。

(1) 地面出入口：地面出入口是车站的门户，客流集疏的第一通道。

(2) 中间站厅：为了不占用地面空间，地下车站的中间站厅一般设在地下一层，其主要功能是集散客流、售检票、服务、设置管理与设备用房。

(3) 地下站台：设在地下二层，是供列车停靠、乘客乘降的功能层。由站台、线路（股道）、乘降设备等组成。

2. 地面站

地面站一般由站台层、站厅层、设备层和出入口组成，是为旅客提供乘降、换乘和候车的场所，应当保证旅客方便、安全、快捷地进站，并有良好的通风、照明、卫生、防火等设施，为旅客提供舒适、清洁的环境。

3. 高架站

高架站为月台等车站设施皆架设于高架构造物之上、离地面有一定高空落差距离的车站。它由非高架站做高架化改建时，地面上的车站原址将被腾空。因此，高架站附近的高架桥常被用作停车场或商业设施。

(二) 按运营功能分类

一般可分为中间站、换乘站和终点站。

1. 中间站

一般只供乘客乘降之用，有的中间站设有折返设备，可供列车折返和进行列车运行调整。

2. 换乘站

换乘站除供旅客乘降之用外，还供旅客由一条线路的列车换乘到另一条线路的列车上去，或由一种交通方式换乘到另一种交通方式上去。

3. 终点站

在线路两端的车站，除提供旅客乘降外，还提供列车折返、停留和临修时检修用。

（三）按站台布置形式分类

城市轨道交通车站站台有侧式、岛式和混合式三种布置形式（图 3-4-2）。

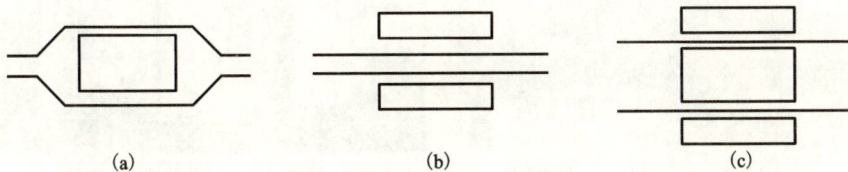

图 3-4-2　城市轨道交通车站站台布置形式

1. 岛式站台

站台位于上、下行行车线路之间，这种站台布置形式称为岛式站台，如图 3-4-2（a）所示。岛式站台便于双方向客流在同站台乘降和换乘，站台利用率较高。

2. 侧式站台

站台位于上、下行行车线路的两侧，如图 3-4-2（b）所示。侧式站台给客流换乘带来不便，但双方向客流流线被分开，不易造成客流的混乱。站台在建筑空间上可以适当分散处理。实际工作中，高架车站采用侧式站台较多。

3. 岛、侧混合式站台

岛、侧混合式站台是将岛式站台与侧式站台同设在一个车站内，如图 3-4-2（c）所示。

（四）按结构横断面形式分类

城市轨道交通车站的横断面形式可分为矩形断面、拱形断面、圆形断面、其他类型断面。

（五）按站桥结构形式分类

城市轨道交通车站可分为站桥合一车站和站桥分离车站（图 3-4-3）。

1.站桥合一车站

指高架车站的结构和站内轨道结构在一起的车站。

2.站桥分离车站

指高架车站的结构和站内轨道结构分开的车站。

(a)上海二号线站桥合一结构方案　　　　(b)上海五号线站桥分离结构方案

图 3-4-3　城市轨道交通车站站桥结构

（六）按轨道交通车站区域分类

轨道交通车站一般可分为设备区、工作人员工作区、乘客使用区。乘客使用区又可分为付费区和非付费区。

二、了解城市轨道交通车站设备

城市轨道交通车站的主要设备包括：自动售检票系统、电梯与自动扶梯系统、站台安全门系统、车站消防系统、车站暖通空调系统、给排水系统、低压配电与照明系统、设备控制系统等。

系统和设备选用要考虑其可靠性、安全性、稳定性、先进性、可扩展性、开发性、交互性、经济性和易于维护性等主要性能指标，同时，还要重点考虑选择的主要产品，要有在地铁环控工程中成功应用实例。

（一）自动售检票系统

自动售检票系统，简称 AFC，是实现轨道交通售票、检票、计费、收费、统计、清分、管理等全过程的自动处理。自动售检票系统通常包括自动控制、计算机网络通信、现金自动识别、微电子计算、机电一体化、嵌入式系统和大型数据库管理等高新技术运用。

自动售检票系统主要有以下几个部分组成：

CC：central computer（中央计算机）

SC：station computer（车站计算机）

E/S：encoder/sorter（编码/分拣机）

BOM：booking office machine（人工售票机）

EFO：excess fare office machine（人工补票机）

TVM：ticket vending machine（自动售票机）

Gate：闸机(进/出口检票机)

CVM：card vending machine(自动充值机)

AFC系统开通后增加了自助服务功能，一是在原有人工售票基础上，增设了自动购票机实现了乘客自助购票，并可减少排队等候时间；二是增加了自动查询机的数量，方便乘客自助查询；三是增设了一卡通卡自动充值机，实现自助充值，方便乘客。主要由线路中央AFC系统、车站AFC系统、终端设备和车票四部分组成。终端设备包括进/出口检票机、自动售票机、车站票务系统、自动充值机、自动验票机等现场设备。车票有单程票、储值票、特殊票。

（二）自动扶梯系统

在城市轨道交通车站中，自动扶梯的用途主要是解决乘客的快速疏解，即列车到达后，大量的乘客从候车站台向地面站厅疏解。由于车站的候场站厅一般离开地面5~7 m（浅埋式），甚至7~10 m(深埋式)，乘客的上下只能依赖于楼梯，而自动扶梯则提供了一种自动输送乘客的能力，满足了乘客对乘降舒适度的要求。

（三）站台安全门系统

站台安全门是一个集建筑、机械、电子信号、控制、装饰等学科于一体的综合性门系统，设置于地铁、轻轨车站站台的边缘。该门系统在整个站台长度上将站台区域与轨道区域分隔开来。

（四）车站消防系统

车站消防系统包括消火栓给水系统、自动喷水灭火系统和气体灭火系统。

1. 消火栓给水系统

消火栓给水系统由消防水源、消防给水设施、消防给水管网、室内消火栓设备、控制设备等组件组成。

其中，消防给水设施包括消防水泵、消防水箱、水泵接合器等，该设施的主要任务是为系统储存并提供灭火用水；消防给水管网包括进水管、水平干管、消防竖管等，该设施的主要任务是向消火栓设备输送灭火用水；室内消火栓设备包括水带、水枪、水喉等, 它是供人员灭火使用的主要工具; 控制设备用于启动消防水泵, 并监控系统的工作状态。通过这些设施有机协调的工作, 确保该系统的灭火效果。

2. 自动喷水灭火系统

自动喷水灭火系统由洒水喷头、报警阀组、水流报警装置(水流指示器或压力开关)等组件, 以及管道、供水设施组成, 并能在发生火灾时喷水的自动灭火系统。由湿式报警阀组、闭式喷头、水流指示器、控制阀门、末端试水装置、管道和供水设施等组成。该系统的管道内充满有压水, 一旦发生火灾, 喷头动作后立即喷水。该系统按采用的喷头可分为两类: 采用闭式洒水喷头的为闭式系统; 采用开式洒水喷头的为开式系统。

3. 气体灭火系统

气体灭火系统是指平时灭火剂以液体、液化气体或气体状态存贮于压力容器内, 灭火时以气体(包括蒸汽、气雾)状态喷射作为灭火介质的灭火系统。其能在防护区空间内形成各方向均一的气体浓度, 而且至少能保持该灭火浓度达到规范规定的浸渍时间, 实现扑灭该防护区的空间、立体火灾。该系统由贮存容器、容器阀、选择阀、液体单向阀、喷嘴和阀驱动装置组成。

(五) 车站环控系统

车站环控系统指为解决地下车站空气湿度、温度、空气流通速度、噪声等因素而设置的系统。由风系统、空调水系统和集中供冷系统组成。

地铁环控系统是通过对影响环境的空气温度、湿度、空气流速和空气品质等主要因素的控制来创造一个适于地铁设备正常运转、人员安全舒适的人工环境。在列车正常运行时, 排除余热余湿, 提供人员所需的新风量, 为乘客和工作人员提供一个适宜的人工环境, 满足站内各种设备正常运转所需的温、湿度要求; 列车阻塞在区间隧道时, 向阻塞区间提供一定的通风量, 保证列车空调等设备正常工作, 维持车厢内在短时间内能接受的环境条件; 在发生火灾事故时, 提供迅速有效的排烟手段, 给乘客和消防人员提供足够的新鲜空气, 并形成一定的迎面风速, 引导乘客安全迅速地撤离。

模块四

知识图谱

认识轨道交通运载工具

📖 概述导语

目前我国的轨道交通运载工具主要包括铁道机车、铁道车辆、动车组和城市轨道交通车辆等，在轨道交通运输中直接为载运旅客和货物提供动力和空间。运输任务的完成，必须要有数量充足且性能优异、品种齐全、技术性能良好的轨道交通运载工具。

通过本模块的学习，了解轨道交通中常见的、有代表性的主型轨道交通运载工具的构造和作用；掌握基本的检修技能，能按照规定对轨道交通载运工具进行检修维护，对运营中的基本故障能够及时处理；能与其他相关专业形成知识迁移能力，形成良好的工程素养。

📝 学习目标

1. 能力目标

(1)能够认识各种轨道交通运载工具的基本结构与组成；

(2)能区分不同类型的轨道交通运载工具；

(3)能理解轨道交通运载工具相关职业工种的岗位职责。

2. 知识目标

(1)了解铁道机车的分类；

(2)掌握铁道机车的基本结构，熟悉铁道机车的主要技术参数；

(3)熟悉铁道机车运用、检修的基本常识，掌握铁道车辆的结构组成，熟悉铁道车辆的分类；

(4)了解铁道车辆检修及运用常识，掌握动车组总体构造及各系统的功能；

(5)了解中国动车组的型号，掌握我国动车组检修维护体系；

(6)了解动车组检修岗位职责分工；

(7)熟悉城市轨道交通车辆常见的种类与特点，了解城市轨道交通车辆的编组形式及特点；

(8)掌握城市轨道交通车辆各机械和电气部件的作用和特点；

(9)理解城市轨道交通车辆的维修种类和特点。

3. 素质目标

(1)具有严谨求实的工作作风；

(2)具备安全第一、团结协作的职业精神；

(3)具有精检细修的工匠精神，良好的职业道德素养。

在线测评

项目一　认识铁道机车

一、机车概述

机车是牵引或推送铁路车辆运行，而本身不装载营业载荷的自推进车辆，俗称火车头。目前，铁路上使用的机车种类较多，分类方式也各不相同。

（一）按动力来源分

按动力来源，机车分为蒸汽机车、内燃机车（或内燃动力车）、电力机车（或电力动力车）。

蒸汽机车是把燃料的热能转化为机械能，用来牵引列车的一种机车，迄今已有近200年的历史。在现代铁路运输中，蒸汽机车已被其他新型机车所取代。

内燃机车是以柴油机、燃气轮机作为原动力、通过传动装置来牵引列车的一种自带能源式机车。

电力机车是一种非自给式机车，具有功率大、效率高、过载能力强、运营费用低、司机劳动条件好、不污染环境等优点，是世界各国公认的最佳铁路牵引方式。

（二）按使用类别分

按使用类别，机车分为本务机车、调车机车。其中，本务机车用于牵引客、货运列车在铁路线上运行，属于干线机车，又可细分为客运机车、货运机车、客货运两用机车；调车机车用于铁路站场内或专用线上车辆的编组、解体、专线等调车作业。大型企业自备的工矿机车一般用作调车机车。

为适应市场经济与社会发展的需要，客运高速、货运重载已成为我国铁路的发展方向，因此，又有高速客运机车与重载货运机车之分。

动力车绝大部分用于动车组客运，少量用于货运，极少一部分用于综合检测、试验等特殊用途。

（三）按动力配置分

按动力配置，机车分为动力分散型、动力集中型两种方式。

安装有动力设备，既具有牵引动力又可以载客的车辆称为动力车；未配置动力设备、仅能载客的车辆称为拖车。动车组就是由动力车和拖车或全部由动力车长期固定地连挂在一起组成的车组。

动力分散型是将动力设备分散布置在不同的动力车上。列车编组中大部分或全部为动力车，小部分为拖车。大多数高速客运列车采用动力分散配置方式。动力集中型是将动力设备集中布置在不载客的机车或载客的动力车上，如东风系列内燃机车、韶山系列电力机车、和谐系列机车、时速160 km 动力集中型动车组（CR200J）均采用动力集中配置方式。如图 4-1-1~图 4-1-6 所示。

图 4-1-1　DF4D 型内燃机车

图 4-1-2　HXN3 型内燃机车

图 4-1-3　FXN3J 型内燃动力车

图 4-1-4　SS9（改）型电力机车

图 4-1-5　HXD1C 型电力机车

图 4-1-6　FXD1J 型电力动力车

（四）识别标记

在机车车体的外表面，设有路徽、配属局段简称、车型、车号、最高运行速度、制造厂名及日期等标识。在机车的主要部件上设有铭牌，在监督器上设有检验标记。在电气化区段运行的机车，应有"电化区段严禁攀登"的标识，在内燃机车的燃料箱上标明燃料油装载量。

（五）理想牵引特性

机车用来克服列车启动时和运行中所受的阻力。牵引力（F）与运行速度（V）的乘积，

即功率 $W = F \cdot V(\mathrm{kW})$。任何一种机车的最大功率是一定的，称为额定功率或标称功率。

列车在运行过程中所受到的阻力是经常变化的。当阻力增大时，所需牵引力就要相应增大；反之，当阻力减小时，所需牵引力就可以降低。为了充分发挥牵引动力的额定功率，要求机车或动力车在各种不同运行阻力、不同运行速度的情况下，都能具有恒功率输出性能，即 $F \cdot V = C$ (常数)。可见，牵引力与运行速度的变化应成反比例关系。

将牵引力与运行速度的变化关系表示在坐标上，得到一条曲线，称为理想牵引特性曲线，如图 4-1-7 所示。曲线的两端不能无限延长，左端：牵引力不能超过轮轨间的黏着力，否则车轮会空转；右端：运行速度不能超过机车的构造速度。

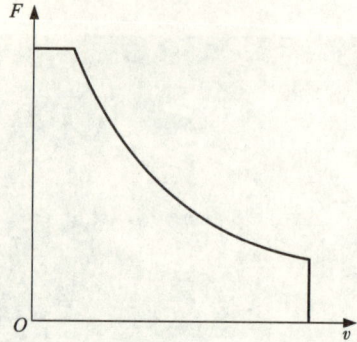

图 4-1-7　机车的理想牵引特性曲线

如图 4-1-8 所示为交流传动机车或动力车的牵引特性曲线实例。

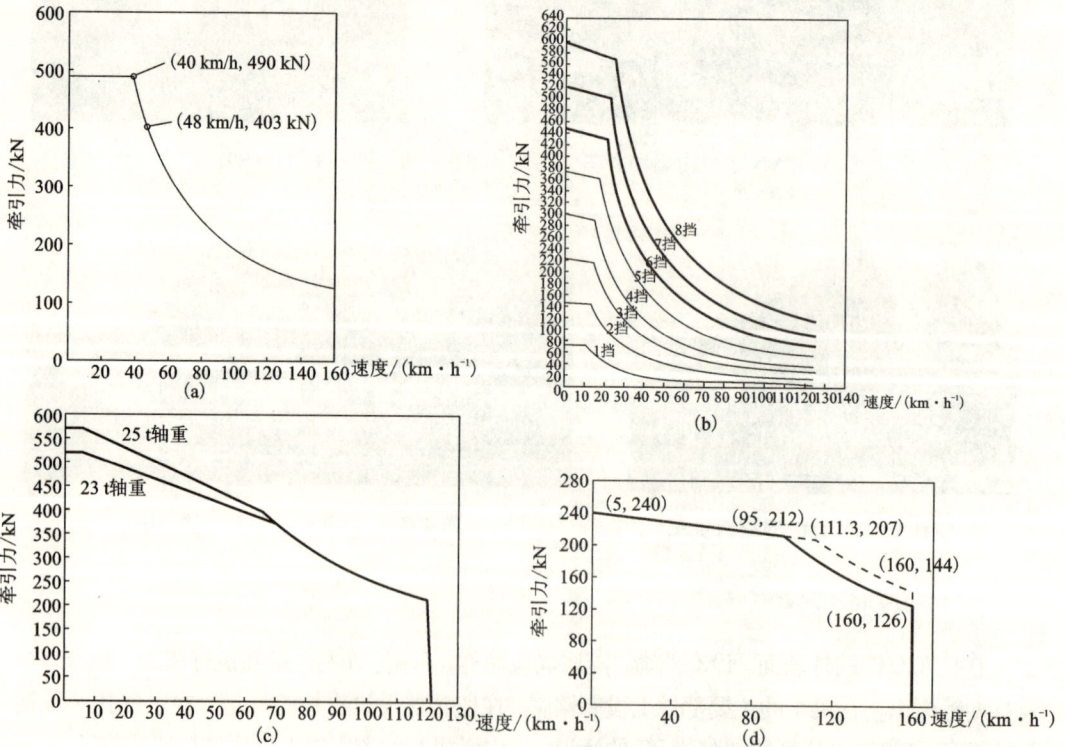

图 4-1-8　机车(动力车)的牵引特性曲线实例

(a)FXN3J 型内燃动力车；(b)HXN3 型内燃机车；(c)HXD1C 型电力机车；(d)FXDJ 型电力动力车

二、内燃机车

(一) 内燃机车的传动类型

柴油机作为内燃机车的动力装置, 其扭矩、功率与转速之间的关系完全不符合机车的理想牵引特性, 如图 4-1-9 所示。因为当每循环供油量一定时, 柴油机的特性变化不大, 柴油机功率与转速近似成正比例变化, 只有在标定转速下才可能达到标定功率, 而机车运行的速度经常变化, 因而使柴油机功率得不到充分利用。柴油机曲轴一般不能反转, 机车也就无法换向。柴油机应在无负载情况下启动, 而机车启动负载一般都很大, 柴油机无法直接驱动机车动轮。机车在启动后低速运行时, 柴油机却因低速发出功率甚小, 于是机车的牵引力也很小。所以, 在柴油机曲轴与机车动轮之间需要加装传动装置, 其能自动调节机车的运行速度和牵引力, 维持功率恒定, 使柴油机始终工作在最佳状态, 同时还保证柴油机空载启动、机车换向运行及机车有较大的调速范围。

内燃机车的传动装置有机械传动、液力传动和电力传动三种类型, 现代机车多采用电力传动和液力传动方式。国产内燃机车以电力传动为主, 代表机型有东风(DF)系列与和谐内(HXN)系列。液力传动内燃机车有北京型(BJ)与东方红(DFH)系列。

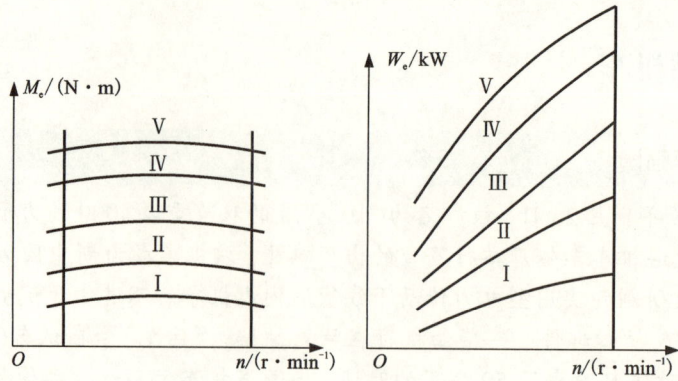

图 4-1-9　柴油机扭矩(M_e)、功率(N_e)与转速(n)之间的关系

1. 液力传动

液力传动内燃机车采用的是液力传动装置。在柴油机与机车动轮之间装有一套液力变扭器,利用工作油来改变柴油机的外特性,以满足机车牵引运行的要求。

液力变扭器由泵轮、涡轮、导向轮和外包壳体组成,如图 4-1-10 所示。泵轮(能量输入)通过泵轮轴、齿轮和万向轴与柴油机曲轴相连,涡轮(能量输出)通过涡轮轴、齿轮和万向轴与机车动轮相连,导向轮固定在变扭器的壳体上,不能转动。

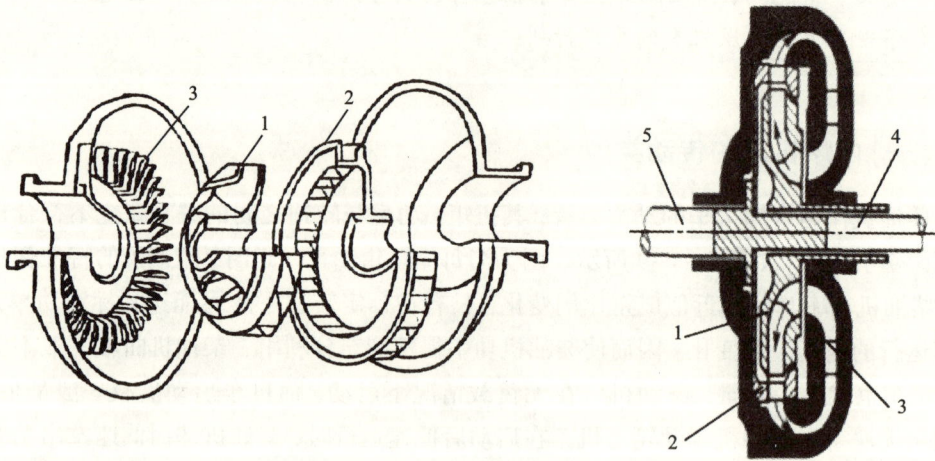

图 4-1-10　液力变扭器结构组成示意图

1—泵轮;2—涡轮;3—导向轮;4—泵轮轴;5—涡轮轴

曲轴对外输出的扭矩驱动泵轮高速转动,向液力变扭器充入工作油。工作油作为传递能量的介质,从泵轮上得到高压、高速的能量,将机械能转变成动能。高压工作油冲击涡轮叶片,涡轮跟随转动,再经涡轮转换成机械能。从涡轮叶片流出后,经导向轮叶片的引导,又重新返回泵轮,如此循环往复,不断地把柴油机的功率经万向轴、车轴齿

轮箱等部件传输给机车动轮,驱动机车运行。机车需要制动时,司机只要把液力变扭器的工作油排出,使它流回油箱即可。

2. 电力传动

电力传动内燃机车在柴油机与机车动轮之间装有一套电力传动装置,由柴油机驱动牵引发电机发电,然后向牵引电动机供电使其旋转,再经牵引齿轮来驱动机车动轮旋转。

根据所采用的牵引电动机类型,电力传动内燃机车又有直流电力传动与交流电力传动之分。无论是直流牵引电动机还是交流牵引电动机,机车牵引力和速度取决于牵引电动机的转矩和转速,从而也就决定了机车的牵引特性。直流串励牵引电动机具有较好的调速性能和工作特性(图4-1-11),能适应机车牵引特性的需求,即机车上坡或负载增加时,牵引电动机转矩较大,而转速较低;反之,则转矩减小,转速上升。

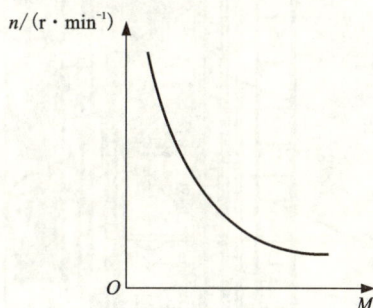

图4-1-11 直流串励牵引电动机转速与转矩关系示意图

交流牵引电动机通过改变供电电源的频率,可以平滑而宽广地调节其转速,满足机车运行的调速要求。

(二) 内燃机车的基本组成

尽管内燃机车的类型很多,但其总体组成和工作原理基本相同,基本结构均包括柴油机、传动装置、走行部、车体、车钩缓冲装置、制动装置、辅助装置和控制设备等部分。

HXN3型内燃机车是国际上首台同等功率等级的双司机室内走廊机车,采用先进的16V265H型大功率低排放电喷柴油机、交流传动及控制、32位EM2000微机网络控制和故障诊断、CCBⅡ电控制动等先进技术,能够满足双机牵引5000 t,平直道上120 km/h运行的要求。

1. 总体布置

HXN3型内燃机车为双司机室、内走廊、承载式燃油箱、桁架式侧墙的整体式承载结构。机车底架将机车分为上部和下部,车体底架前后两端都装有102型车钩和NC-390型橡胶缓冲器;车钩左、右两侧有列车管、空气重联管及重联电缆等。车架中部为承载式燃油箱,燃油箱两侧设有两个总风缸;前后有两个3轴转向架、独立的蓄电池及复轨器箱、启动风缸等;机车上部从前向后分为Ⅰ端司机室、电器室、电阻制动室、清洁空气室、动力室、冷却室及Ⅱ端司机室。其总体布置如图4-1-12所示。

2. 牵引电力传动系统

HXN3型内燃机车交流牵引电力传动系统采用转向架控制方式,主要由牵引发电机、牵引整流单元、牵引逆变器、牵引电动机、电阻制动装置等组成。牵引发电机的电枢为双绕组,两套绕组发出的三相交流电分别经两组相互独立的、集成在牵引发电机端

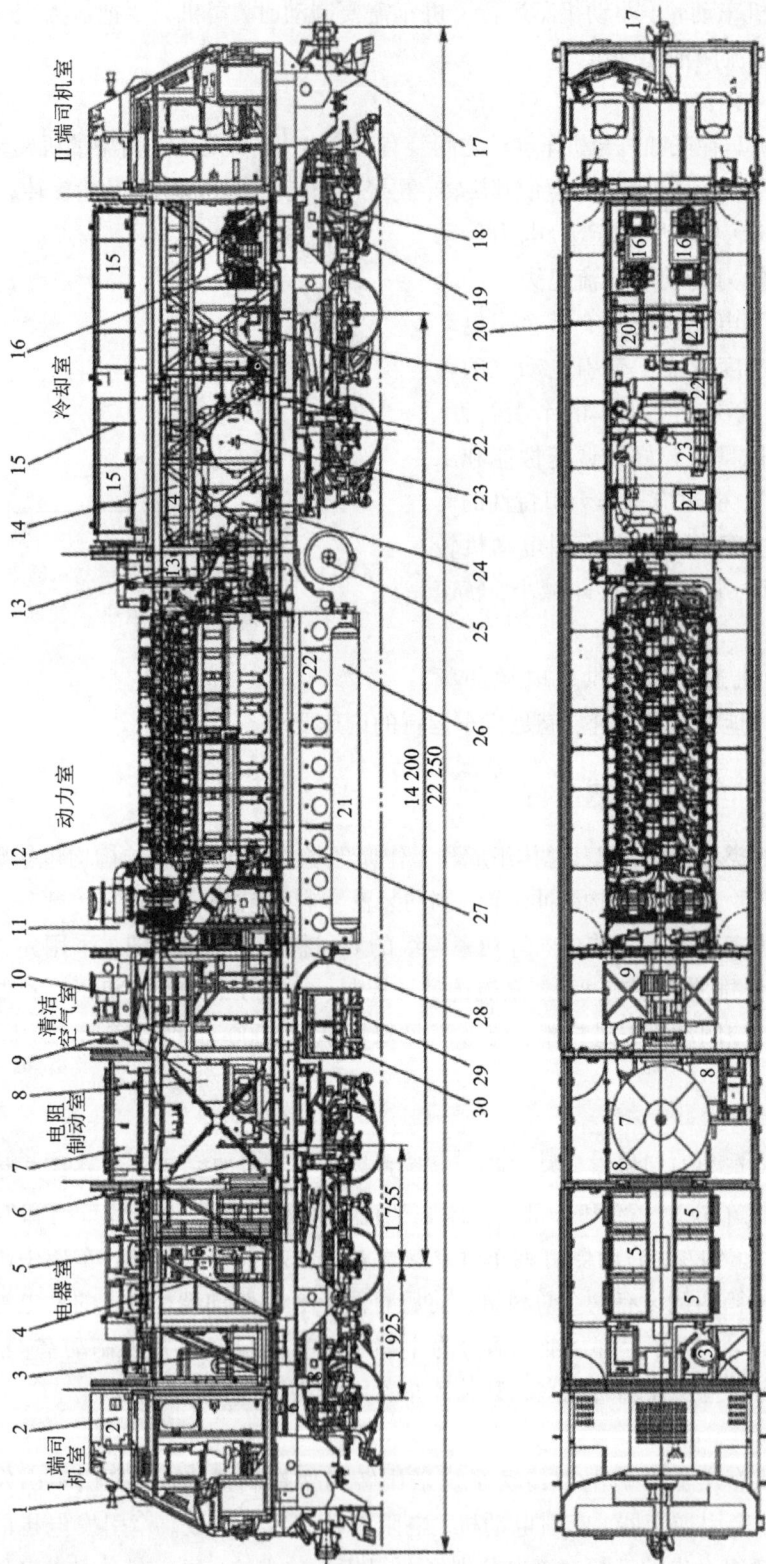

图4-1-12 HXN3型内燃机车总体布置

1—头灯；2—空调；3—卫生间；4—电器屏柜；5—牵引逆变器；6—Ⅰ转向架通风机；7—电阻制动；8—牵引发电机通风机；9—清洁空气室；10—电器间除尘风机；11—牵引；12—柴油机；13—水箱；14—冷却通风扇；15—散热器；16—空气压缩机；17—车钩缓冲器；18—转向架；19—牵引电动机；20—Ⅱ转向架通风机；21—启动空压缸；22—滑清油滤清器；23—润滑油滤清器；24—工具箱；25—启动风缸；26—总风缸；27—燃油箱；28—砂箱；29—复轨器；30—蓄电池

部的牵引整流单元转变为高压直流电,再通过牵引逆变器逆变为三相交流电,为前、后转向架上的三台并联牵引电动机供电。

(1)牵引发电机

YJ117A型三相同步牵引发电机采用一体化结构,与辅助发电机安装在同一个壳体内,同轴连接,电气上相互独立,由柴油机拖动。

(2)牵引逆变器

两台牵引逆变器安装在电器室的顶部,由前牵引通风机提供空气冷却。每台逆变器由三个单相功率模块组成,逆变器的两块控制板位于车载微机 EM2000 的机箱内,通过接口模块进行光电转换,来控制安装在功率模块附近的驱动板。

(3)牵引电动机

机车装用三相鼠笼式异步牵引电动机,最高转速 3490 r/min。电机定子采用全叠片结构、200 级绝缘,嵌线后进行真空压力浸漆;转子由铜导条与铜端环焊接形成鼠笼,在端环上有高强度优质合金护环。两端轴承采用绝缘结构。电机强迫外通风冷却,冷却风从非传动端进入,从传动端排出;非传动端采用深沟球轴承定位,端盖处不设注油口,运行中不需补充润滑脂,可实现免维护运行;传动端采用圆柱滚子轴承油润滑结构;转子轴与小齿轮为内维配合。

(4)电阻制动装置

电阻制动装置安装在电阻制动室的上部,由一台直流电机驱动的冷却风扇进行冷却,风向为下进上出。装置内部由四个电阻单元和一台风机电机构成两组彼此独立的电阻带电路,一组为牵引逆变器和前转向架装置的电阻带电路,另一组为牵引逆变器和后转向架装置的电阻带电路。电阻制动装置可完成 3500 kW 的自负荷试验。

3. 辅助电气系统

辅助发电机不仅为牵引发电机提供励磁,同时还为其他辅助设备提供电源。

4. 微机网络控制系统

微机网络控制系统(EM2000)由各个功能模块组成,不仅实现了机车控制的高度自动化,还提供了有效的元器件和系统故障检测手段,同时还具有自检功能,有利于机车状态检测及故障排除。

5. 车体

车体主要包括底架、侧墙、隔墙、大盖、顶盖等,为整体承载式桁架结构。底架采用整体承载式燃油箱结构,中间网状结构的燃油箱将底架前、后端部连接成整体,承受上部柴油发电机组的质量和盛放柴油机燃料。侧墙为整体焊接的桁架结构,为提高车体的承载强度,侧墙蒙皮设计成瓦楞板结构。

车体从前向后被隔墙分为几个独立室。司机室为独立的模块化结构,通过橡胶支撑、弹簧、减振器形成阻尼结构,使其与车体钢结构完全隔高。室内布置了仪表显示、电气控制、机车操纵等设备以及司乘人员的生活设施。

6. 转向架

机车转向架承载机车上部的重量，传递牵引力，缓和和吸收来自线路的各种冲击和振动，帮助机车平稳运行和顺利通过曲线。HXN3 型内燃机车转向架采用 C_o-C_o 轴式，主要包括构架、一系悬挂(轴箱)装配、二系悬挂(支承)装配、轮对电机驱动装置、牵引杆装置、基础制动装置以及其他附属装置等。一系悬挂装配为圆钢弹簧加橡胶减振垫及油压减振器，二系悬挂装配为四点橡胶堆旁承，辅以横向减振器和抗蛇行减振器，在承担机车全部质量的同时，保证机车的运行平稳和舒适性。牵引杆装置为一个四杆机构，将转向架与车体连接在一起，传递牵引力和制动力。牵引电动机采用轴悬式悬挂，电机一端通过轴瓦悬挂在车轴上，另一端通过弹性吊杆悬挂在构架上。基础制动装置采用单侧闸瓦踏面单元制动器，并带有闸瓦间隙自动调整器。

7. 空气制动系统

机车采用基于网络控制的电控空气制动系统，主要由风源系统、CCBⅡ制动机以及辅助用风装置等组成。风源系统由交流电机驱动的螺杆式空压机、干燥器、风缸、阀类部件和管路组成；CCBⅡ微机控制部分包括电控制单元、中央处理模块、制动控制器等；辅助空压机为柴油机提供启动风源。

8. 柴油机

活塞在工作时，从气缸内的上止点运动至下止点，或从下止点运动至上止点所走过的行程，叫作一个冲程。活塞需经过往复四个行程，曲轴转动两圈，才能完成进气、压缩、燃烧膨胀、排气一个工作循环的柴油机，称为四冲程柴油机。HXN3 型机车装用 16V265H 型四冲程增压柴油机(图 4-1-13)，16 个气缸分两列呈 V 形排列在柴油机左、右两侧，V 形夹角为 45°，气缸直径为 265 mm。增压空气和气缸套的冷却媒介均为压力冷却水，采用电子控制单体式喷油泵—高压油管—喷油嘴[简称"泵-管-嘴(PPN)"]燃油喷射系统和空气马达启动，活塞冷却为润滑油振荡方式。该柴油机由机体装配、油底壳装配、曲轴装配、凸轮轴装配、动力组装配、传动机构、配气机构、泵支承箱装配、增压系统、润滑油系统、冷却水系统、燃油系统、控制系统、启动系统等所组成。

一般而言，机车柴油机的结构大致包括 8 个组成部分：

(1)固定件，用于支承各种部件，为柴油机提供燃烧做功的场所，由机体、主轴承、气缸、气缸盖、机座(油底壳)等组成。

(2)运动件，是柴油机中做功并传递、输出功率的机构，由活塞组、连杆组和曲轴等组成。

(3)配气机构，是柴油机进、排气过程的控制机构。根据工作循环的需要，按一定时间开启和关闭进、排气门，排出废气，引入清洁的新鲜空气。

(4)进排气系统，用于向气缸充入冷却的新鲜空气和从气缸中排出废气。

(5)燃油系统，向气缸按时喷入一定量的雾状燃油，以便燃烧后推动活塞做功。

(6)润滑系统，通过机油使活塞等运动零件的摩擦表面得到润滑和冷却。

(7)冷却水系统，保证各受热部件得到及时冷却。

图 4-1-13　16V265H 型柴油机外观图

（8）调控系统，分为带调速器（联合调节器）、杠杆系统的常规控制与燃油喷射电子系统两类，能对柴油机进行调速并能自动防止柴油机过载或欠载。

三、电力机车

交通强国

1958 年 12 月 28 日，我国第一台干线铁路电力机车试制成功，命名为 6Y1 型。通过对 6Y1 型电力机车的研究改进，将引燃管整流改为大功率半导体整流，于 1968 年试制出韶山 1 型（代号 SS1）。经过 60 多年的发展，我国成功实现了从有级调速到无级调速、从电子模拟控制到数字计算机网络控制、从交-直流到交-直-交流传动的三次技术飞跃，形成了韶山型、和谐型两大系列产品，并进一步研发复兴系列，使我国牵引动力技术水平进入了一个崭新的时代，达到世界先进水平。

（一）电力机车的传动类型

电力机车依靠车顶部升起的受电弓从接触网上获取电能，并将其转化成机械能牵引列车运行。由于电流制不同，所用的电力机车也不一样，基本上可以分为直-直流电力机车、交-直流电力机车、交-直-交流电力机车、交-交流电力机车四类。

直-直流电力机车采用直流制供电，牵引变电所内设有整流装置，将三相交流电整流成直流电后送到接触网上，电力机车直接从接触网上取得直流电供给直流串励牵引电动机使用。交-直流电力机车采用交流制（工频 50 Hz 或低频 25 Hz）供电，牵引变电所将三相交流电改变成 25 kV 工频单相交流电后送到接触网上，经车内牵引变压器降压，再经整流装置整流，然后向直流（脉流）牵引电动机供电。交-直-交流电力机车从接触网上引入的仍然是单相交流电，它首先把单相交流电整流成直流电，然后把直流电逆变成可以使频率变化的三相交流电供给三相异步电动机使用。交-交流电力机车是一种中间没有直流环节而直接变频的交流电力传动机车。

(二) 电力机车的基本组成

尽管电力机车的类型很多，但其总体组成和工作原理基本相同。总体结构可分为机械部分、电气部分和空气管路系统三大部分，主要由车体、车底架、走行部、车钩缓冲装置、制动装置和一整套电气设备等组成。

HXD1C 型电力机车是功率为 7200 kW、六轴交流传动货运电力机车，以国内交流传动电力机车设计平台为基础，按照先进、成熟、经济、适用、可靠的原则和模块化、标准化、系列化的要求，在引进、消化、吸收国外先进技术的基础上进行自主创新和集成设计。自主掌握了动车组总成、车体、转向架、牵引变压器、牵引变流器、动车组网络控制系统、牵引电动机、牵引传动控制系统、制动系统九大关键技术，以及受电弓、真空主断路器、高压(电压/电流)互感器、空调系统、集便装置、车门、车窗、风挡、钩缓装置、受流装置、辅助供电系统、车内装饰材料和座椅等，打破国外公司对重载货运电力机车核心技术的垄断，结束了长期以来完全依靠进口的局面。

1. 机车总体

HXD1C 型电力机车是双司机室六轴机车。机械间为贯穿中间走廊结构，用了斜对称布置的原则以及先进的模块化结构设计。机车设备布置如图 4-1-14 所示。

2. 牵引传动控制系统

牵引电路按其主要功能和电压等级可分为网侧电路、四象限变流电路、中间直流电路、脉宽调制逆变电路、保护电路和库内动车电路等部分。牵引变压器原边通过受电弓、主断路器得电，次边六个独立的牵引绕组分别向两台牵引变流器供电，每台牵引变流器通过隔离开关并联后向三个电压型牵引逆变器供电。每个牵引逆变器单独向一台异步牵引电动机供电，从而实现单轴独立控制。再生制动过程相反。

(1) 网侧电路

机车 25 kV 网侧电路由受电弓、车顶高压隔离开关、带接地开关的主断路器、避雷器、高压电压互感器、原边电流互感器、牵引变压器原边绕组、回流电流互感器和轴端接地装置等组成，从功能上可划分为网侧受流、网侧检测和网侧保护三部分。采用气囊驱动方式升弓的两台单臂式受电弓通过支持绝缘子安装在车顶，并配备阻尼器和自动降弓装置。

(2) 牵引变压器

TBQ35-8900/25 型牵引变压器为芯式单相变压器，卧式结构，车体下悬挂安装。变压器原边绕组为高压绕组，六个次边绕组给牵引电力传动系统供电，两个辅助绕组分别给 440 V 和 220 V 辅助系统供电。变压器油箱内设置了一个牵引变压器和两个谐振滤波

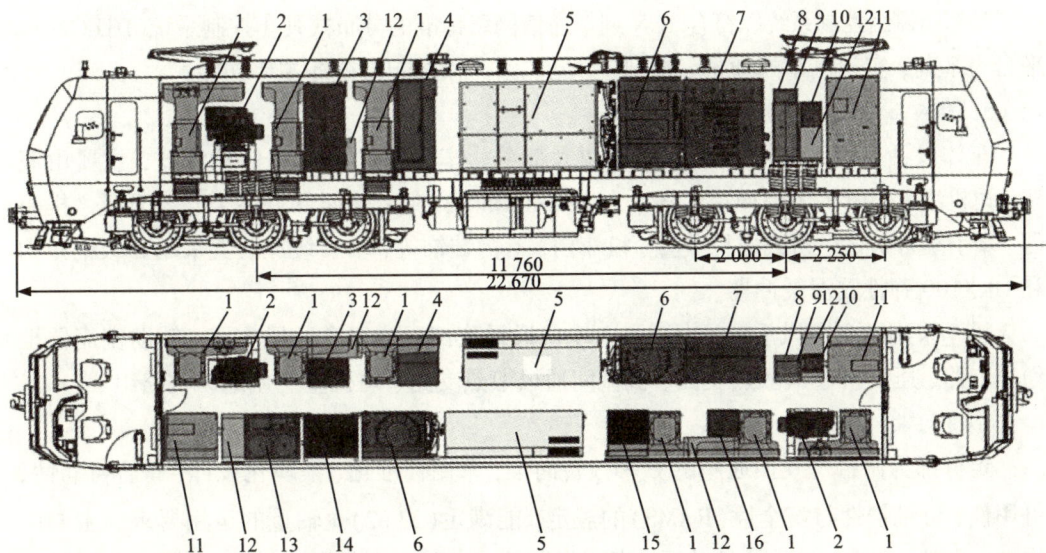

图 4-1-14　HXD1C 型电力机车设备布置图

1—牵引通风机；2—主压缩机和干燥器；3—第三方设备柜；4—卫生间；5—牵引变流柜；6—冷却电路；
7—低压电器柜；8—微波炉；9—工具柜；10—冷藏箱；11—辅助变流器；12—压车铁；13—风源柜；
14—空气制动柜；15—蓄电池柜；16—控制电源柜

电抗器，采用双循环油路进行冷却。

(3)牵引变流器

两台牵引变流器安装在机械间内，每台牵引变流器包含三个四象限变流器和三个变压变频牵引逆变器。每个四象限变流器通过预充电单元和线路接触器与牵引变压器的次边绕组连接，将次边绕组的单相交流电转变为恒定的直流电供给中间直流电路。通过牵引逆变器将中间直流电路中的电能转换为频率、电压可调的三相交流电，提供给三相异步牵引电动机。

(4)牵引电动机

JD160A 型异步牵引电动机主要由定子、转子、端盖、轴承、测速装置和主动齿轮等部分组成。定子部分有定子铁芯、定子绕组等；转子部分有转子铁芯、导条、端环和转轴等。端盖用于支撑转子和实现电动机内部与外部的隔离。电动机采用强迫通风冷却，其滚动轴承采用油润滑或脂润滑，并采用有效措施防止轴承电蚀。轴承密封采用非接触的迷宫式结构。测速装置用于测量电动机转速，将转速信号传送给控制系统，以实现电动机转速调节。

3.辅助供电系统

辅助供电系统按每个辅助机组(辅助设施)的使用要求，分为辅助逆变器变压变频供电支路、恒压恒频供电支路、牵引变压器辅助绕组供电 220 V/50 Hz 支路、蓄电池充电机直流 DC110 V 供电支路四个负载组。

4. 动车组网络控制系统

动车组网络控制系统以符合 TCN 列车通信网络标准的分布式列车控制系统(DTECS-1)平台为基础，实现机车的通信、控制、诊断、保护和智能监视等主要功能。

5. 车体

车体包括车体钢结构和附属部件两大部分。车体钢结构为整体承载式，主要由底架、司机室、侧墙等组焊而成，材料为 16MnD 和 Q345B；附属部件主要包括顶盖、排障器、牵引缓冲装置、超载保护装置、机车门窗、内装饰等，牵引缓冲装置采用 E 级钢车钩和 QKX100 弹性胶泥缓冲器。

机车采用独立通风系统，由牵引电动机通风支路、冷却塔通风支路、辅助变流器柜通风支路、压缩机通风散热支路、机械间通风散热支路、司机室空调通风支路组成。

6. 转向架

走行部为两台可互换通用的 C_o-C_o 转向架，采用标准化、模块化设计，符合可靠性、可用性、可维护性与安全性(RAMS)的规定，能满足(23+2) t 轴重的运用要求。主要由构架、轮对、轴箱、一系悬挂装置、牵引杆装置、牵引电动机驱动装置、基础制动装置、轮缘润滑装置和附属装置等组成(图 4-1-15)。构架由两根侧梁、两根横梁和两根端梁焊接而成，梁体均为焊接箱形结构；一系悬挂装置采用螺旋钢弹簧配以垂向油压减振器，轴箱拉杆采用单拉杆；二系悬挂装置采用高挠螺旋钢弹簧配以垂向油压减振器，横向减振器设置在构架两端，同时起到抗蛇行作用；牵引电动机驱动装置采用牵引电动机抱轴悬挂驱动；牵引杆采用低位推挽式牵引装置；基础制动装置采用轮盘制动，由整体夹钳式铸铁制动盘、合成闸片组成；轮缘润滑采用干式(润滑棒)润滑装置。

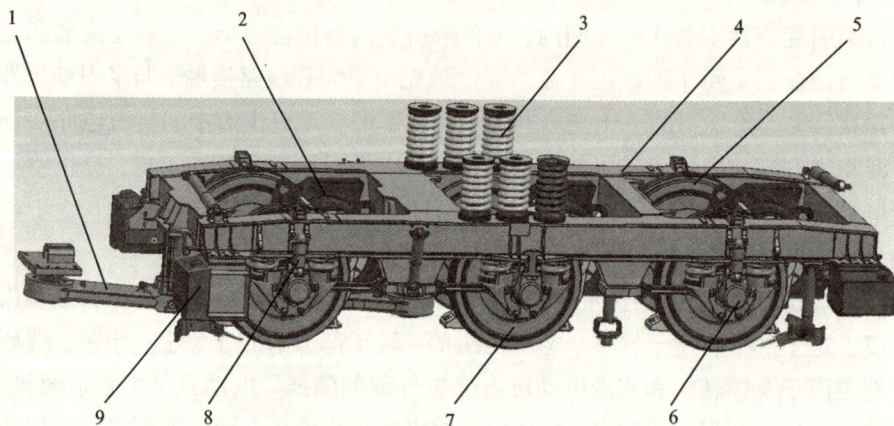

图 4-1-15　HXD1C 型电力机车转向架

1—牵引杆装置；2—牵引电动机驱动装置；3—二系悬挂装置；4—构架；5—轮对；
6—轴箱；7—基础制动装置；8——系悬挂装置；9—附属装置

7. 空气制动系统

空气制动系统主要由风源系统、制动机系统和其他气动辅助装置组成。风源系统分为两个相对独立的部分：一部分为主空气压缩机、主空气干燥器、主风缸等组成的主风源系统；另一部分为辅助压缩机、油过滤器、升弓控制模块、升弓控制风缸及连接管路等组成的辅助风源系统。制动机系统采用CCBⅡ制动机、法维莱制动机以及国内公司自主研发的DK-2型制动机。设有撒砂、风喇叭、升弓控制等气动辅助装置，用来改善机车运行条件，确保行车安全。

(三)主要技术参数

1. 轴重

机车轴重是指机车在静止状态下，每轮对施加于钢轨的重量。轴重越大，机车的黏着牵引力也越大。但轴重越大，机车运行中对线路和机车本身的冲击破坏作用也越大，运行速度必然要受到限制。

2. 轴列式

轴列式是表示机车走行部结构特点的一种方式，分为数字表示法和字母表示法。使用数字表示法时，数字表示每台转向架的动轴数，注脚"o"表示每一动轴为单独驱动，无注脚表示每台转向架的动轴为成组驱动(如液力传动)，数字之间的"—"表示转向架之间无直接的机械连接。如：2—2、3—3、2(2—2)、2—2—2等。使用字母表示法时，用英文字母表示每台转向架的动轴数，A、B、C，…分别对应1、2、3，…，其他与数字表示法相同。如：B_o—B_o、C_o—C_o、2(B_o—B_o)、B_o—B_o—B_o等。

3. 结构速度

转向架在结构上所允许的机车最大运行速度，称为机车的结构速度。它反映了机车和转向架的设计制造水平。高速机车必须保证运行的平稳性和零部件使用寿命，因此，对转向架的结构、工艺等方面提出了更高要求。

4. 功率参数

内燃机车标称功率：电力传动内燃机车从各牵引电动机输出轴处取得的最大功率总和。

柴油机标定功率：在指定的环境状况下(按国际标准、气压100 kPa、气温300 K)，在正常修理周期内，柴油机能够持续发出的最大功率，也称持续功率。

柴油机装车功率：在特定的使用条件(环境温度、大气压力、工况等)下，在正常修理周期内，柴油机在运用中所能达到的最大有效功率，也称最大运用功率。

电力机车单轴功率：电力机车每根轮轴所能发挥的功率。它反映了机车牵引电动机和转向架的制造水平。轴重相同，单轴功率越大，机车所能达到的运行速度就越高，但单轴功率过大，机车速度不高时，常会出现功率有余而牵引力不足的现象，主要是牵引力受黏着限制的缘故。表4-1-1为内燃机车主要技术参数。表4-1-2为电力机车主要技术参数。

表 4-1-1　内燃机车主要技术参数

项目	DF4D 货运	DF4D 客运	DF8B	DF11G	HXN3
用途	货运	客运	货运	客运	货运
传动方式	交-直	交-直	交-直	交-直	交-直-交
柴油机	16V240ZJD	16V240ZJD	16V280ZJ	16V280ZJA	16V265H
轴列式	C_o—C_o	C_o—C_o	C_o—C_o	2(C_o—C_o)	C_o—C_o
轴重/t	23	23	23/25	23	25
装车功率/kW	2940	2940	3680	2×3610	4660
最大速度/(km·h^{-1})	100	170	100	170	120
最大牵引力/kN	480.5	232.6	480	2×193	620
通过最小曲线半径/m	145	145	145	145	250

表 4-1-2　电力机车主要技术参数

项目	SS3B(重联)	SS4(改)	SS9(改)	HXD1C	HXD2B	HXD3D
用途	客货运	货运	客运	货运	货运	客运
传动方式	交-直	交-直	交-直	交-直-交	交-直-交	交-直-交
轴列式	C_o—C_o	2(B_0—B_0)	C_o—C_o	C_o—C_o	C_o—C_o	C_o—C_o
轴重/t	23	23	21	23/25	25	21
单轴功率/kW	720	800	800	1200	1600	1200
最大速度/(km·h^{-1})	100	100	170	120	120	160
最大牵引力/kN	2×470.7	628	286	520/570	584	420
通过最小曲线半径/m	125	125	125	125	125	125

四、运用检修常识

拥有相应数量的、性能良好的机车，是完成铁路运输任务的重要前提条件。一方面，铁路工业部门不断地制造足够数量的机车；另一方面，铁路机务部门做好机车在日常运用中的维修保养工作，使已有机车经常处于良好的状态，确保安全、高速、便利地运送旅客和货物，同时还要运用好机车，并延长机车的使用寿命，提高机车的使用效率。

(一)机车管理

机务段是铁路沿线负责机车运用和检修工作的基层生产单位，一般设置在客、货列车始发终到较多、车流大量集散的枢纽地区编组站或区段站上。此外，在机车交路的折返点，还设有机务折返段。机务段和机务折返段设置的基本原则是满足牵引列车的最大需要，并能充分发挥各项设备的能力和机车运用效率；段间距离的长短应考虑乘务员的连续工作时间，并结合编组站、区段站的位置尽可能长距离地设置。

1. 机务段的任务和设备

根据各机务段所承担铁路运输量的大小，为其配备一定数量的机车。

机务段的任务：在机车运用方面，负责计划和组织本段机车和乘务员完成邻接区段的机车牵引或固定在某个车站上担任调车工作，并对日常运用机车进行整备和日常保养；在机车检修方面，进行段修范围内的机车定期检修和日常维修工作，保证机车状态良好。

机务段设有运用、检修、整备和设备等生产车间以及智能管理部门。其中，运用车间主要负责机车的运用与保养；检修车间主要负责机车段修范围内的定期检修及机车的日常维修；整备车间主要负责机车的燃料、油脂、水、砂等物资供应和机车的各种整备作业；设备车间主要负责机务段内的各种机械设备、水电动力设施的管理与维修。

机车在出段牵引列车或担任调车工作之前，需要供应机车必需的物资和做好各项准备工作。这种物资供应和准备工作总称为机车整备作业。机车类型不同，整备作业的内容也不一样。为了完成整备作业，机务段内必须修建相应的整备设备，如机车整备线、加油站上水管、上砂管以及储存和发放油脂、化验、排水、照明设备等。

2. 机务折返段的任务和设备

设在机车交路折返点的机车折返段，一般没有配备机车，也不做检修工作，只供机车整备作业和折返前乘务人员临时休息之用。因此，在机务折返段，仅设整备设备，而不设检修设备。

(二) 机车运用

配属给机务段的机车，一般分配在若干个牵引区段里往返牵引列车或固定在某个车站上担任调车工作。机车只要离开机务段，就必须受车站有关行车人员的调度和指挥。所以，机务部门和行车部门必须协调配合才能安全、优质地完成运输任务。

1. 机车交路

机车固定担当运输任务的周转区段，称为机车交路，也叫牵引区段。

按用途分为客运机车交路和货运机车交路；按机车运转方式分为循环运转制、半循环运转制、肩回运转制和环形运转制机车交路等；按区段距离分为一般机车交路和长交路。

我国铁路机车交路长度一般在 200 km 左右，客运机车交路区段距离 800 km 以上、货运机车交路区段距离 500 km 以上的为长交路。

2. 机车运转制

机车从事列车牵引作业的方式称为机车运转制。按机车运转方式分为肩回运转制、循环运转制、半循环运转制和环形运转制机车交路等。

（1）肩回运转制

机车担当与机务段相邻区段的列车牵引任务，列车每次返回机务段所在站都需要入段作业的方式叫肩回运转制，如图4-1-16所示。

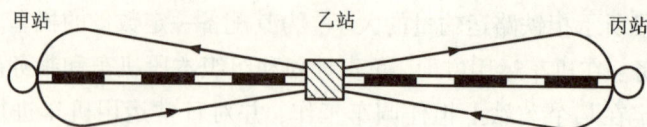

图4-1-16　肩回运转制

机车由机务段出段后，从机务段所在站牵引列车到折返段所在站，进入折返段进行整备及检查，然后出段牵引相反方向的列车返回机务段所在站并进入机务段进行整备及检查。这种运转方式，机车每往返一次，就要进入机务段进行作业。

采用肩回运转制时，机车都在段内进行整备，在车站不需另设整备设备。但每次入段整备时间长，效率不高，同时也增加了车站的负担。

（2）循环运转制

机车担当与机务段相邻区段的列车牵引任务，除因检修需要入段外，其余每次返回机务段所在站时，只在车站上进行整备作业的方式叫循环运转制，如图4-1-17所示。

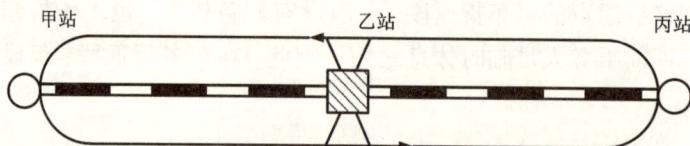

图4-1-17　循环运转制

采用循环运转制时，机车从机务段出发，在两个牵引区段（如甲站—乙站—丙站间）往返牵引列车后回到机务段所在站（乙站），机车不入段，只在车站到发线上进行整备作业，然后继续牵引同一车列或换挂另一个已经准备好的车列，运行到另一个牵引区段（如乙站—丙站间）的折返段所在站（丙站），再从丙站牵引列车返回乙站。这样，机车在两个区段上牵引列车循环运转，平时不进机务段，直到定期检修到期时才入段检修。

采用循环运转制时，由于机车很少进机务段，节省了整备时间，机车交路可延长，使机车的牵引性能充分发挥，从而提高机车运用效率，加速机车周转。但是，循环运转制的采用是受限制的，一般只在上下行都有大量无改编的中转列车经过机务段所在站时才能采用，并且还要在车站上增设相应的整备设备。

（3）半循环运转制

又称领结式运转制。机车由机务段向一个交路出发，经折返段（点）返回机务段所在站时不入段整备（可在车站进行补给燃料、水等作业），继续向另一个交路运行，经第二个交路折返段，再返回机务段所在站入段整备，如图4-1-18所示。

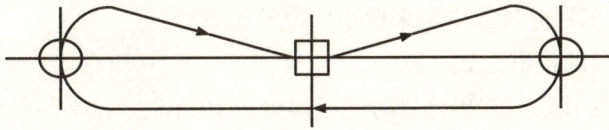

图4-1-18　半循环运转制

（4）环形运转制

机车从机务段出发，不需转头，在交路上运行两个或两个以上折返后才入机务段一次。这种运转制适用于距离短而运量较大的交路，如图4-1-19所示。

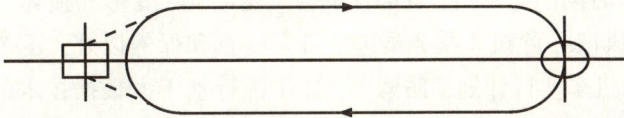

图4-1-19　环形运转制

3.机车乘务制度

机车乘务员使用机车的制度称为机车乘务制度。目前，基本上可以归纳为轮乘制、包乘制、轮包结合制三种。

（1）轮乘制

机车不固定，由各个乘务组轮流值乘。采用轮乘制时，机车乘务组值乘的机车是不固定的，这样可以有效地使用机车和合理安排乘务员的休息时间，以较少的机车或乘务组完成较多的运输任务。当然，对乘务员的驾驶、业务技术要求更高，对机车的质量和保养也要求更严。我国电力机车的乘务制度大多采用轮乘制。

（2）包乘制

每台机车由固定的乘务组轮流值乘。包乘制由3~4班乘务员固定使用一台机车，轮流值乘。主要优点是机车乘务员对自己驾驶的机车非常熟悉，有利于机车的操纵和维修保养。但是，机车运用和乘务员的组织工作比较复杂，常会因为安排不当或运行秩序被打乱而影响机车的运用效率。

（3）轮包结合制

它综合了包乘制和轮乘制的优点，有利于发挥长交路的优势，又弥补了轮乘制对机车保养工作不易落实的缺陷。采用轮包结合乘务制度的方法为在本段出发为包乘机班、外段折返为轮乘机班。

4.机车值乘和换班方式

（1）机车值乘

按值乘方式分为标准班、单班单司机、双班单司机。机车乘务制度的选择应符合工作时间标准和运输需要，积极推行标准班，管内具备条件的可实行单班单司机，严格控制双班单司机。干线机车实行轮乘制，调车机车、小运转机车可实行包乘制。担当固定调车作业的调车机车乘务员原则上采取小四班轮班方式。

（2）机车乘务员的换班方式

外段驻班制：在外公寓驻班休息时间不得少于10小时，轮乘制在外公寓换班继乘休息时间不得少于6小时。

外段调休制：外公寓调休时间不得少于5小时（时间的计算为到达公寓签到休息至叫班时止）。

立即折返制：不进公寓休息，在车站换挂另一车列折返。

（三）机车检修

机车经过一定时期的运用后，各部件都会发生磨耗、变形和损坏。为了保证机车正常工作、延长使用期限，除机车乘务员进行日常检查和保养以外，还必须进行各种定期检修。目前，我国机车实行计划预防修制，逐步推行基于大数据技术的预见性维修，开展机车主要部件的故障预测和健康管理，实施主要零部件的专业化、集约化、规模化、集中检修。

1. 直流传动机车的定期检修

直流传动机车定期检修的修程分为大修、中修、小修和辅修四级。其中，大修为厂修修程，在机车制造厂（或修理厂）进行检修；中修、小修、辅修为段修修程，在机务段进行检修。一般来说，机车大修是一种全面修复性修理，大修后基本上达到新车出厂的水平；中修主要是修理走行部，恢复其可靠使用的质量状态；小修主要是为了对有关设备进行检测和维修，有针对性地恢复机车运行可靠性；辅修属于临时性的维修和养护，做故障诊断，按状态修理。表4-1-3为直流传动内燃、电力机车定期检修周期表。

表4-1-3　直流传动内燃、电力机车定期检修周期表

修程	客运、货运本务/万 km		调车、补机、小运转机车	
	内燃机车	电力机车	内燃机车	电力机车
大修	70~90	160~200	8~10 年	<15 年
中修	23~30	40~50	2.5~3 年	<3 年
小修	4~6	8~10	4~6 个月	<6 个月
辅修	<2	1~3	<2 个月	<1 个月

2. 交流传动机车的定期检修

交流传动机车的定检修程分为 C1、C2、C3、C4、C5 和 C6 修共六级。其中，C1~C4 修为段级修程（C4 修相当于二年检），在机务段（或机车检修段）进行检修；C5、C6 修为高等级修程，在机车制造厂（或修理厂）进行检修。C1 修属于例行检查和保养，利用机车自检系统进行故障诊断，按状态修理；C2、C3 修属于关键部件重点检查维修，有针对性地恢复机车运行可靠性；C4 修为主要部件检查，测试性能参数，修复不良状态部件，恢复机车可靠质量状态；C5 修为主要部件分解检修，测试性能参数，恢复机车可靠性质量状态；C6 修为全面分解检查，全面测试性能参数，恢复基本性能，可同时进行机车或主要部件的技术提升。表 4-1-4 为交流传动内燃、电力机车定期检修周期表。

表 4-1-4　交流传动内燃、电力机车定期检修周期表

修程	电力机车		内燃机车	
	走行公里/万 km	运用时间	走行公里/万 km	运用时间
C1	7（1±10%）	>3 个月	6（1±10%）	>3 个月
C2	13（1±10%）	>6 个月	12（1±10%）	>6 个月
C3	25（1±10%）	>1 年	23（1±10%）	>1 年
C4	50（1±10%）	>3 年	45（1±10%）	>3 年
C5	100（1±10%）	>6 年	90（1±10%）	>5 年
C6	200（1±10%）	>12 年	180（1±10%）	>10 年

（四）职业规范

铁路机务部门的主要工种：机车乘务员（司机、学习司机）、机车钳工、机车电工、制动钳工等。

铁路机务部门机车运用、检修岗位的职业规范：热爱本职工作，具有高度的责任感，对技术精益求精；服从命令听指挥，顾全大局，联合协作；遵章守纪，爱护设备，平稳操纵，安全正点；认真执行一次乘务作业标准，做到"彻底瞭望、确认信号、准确呼唤、手比眼看"；刻苦钻研业务知识，不断提高操纵技术和应急处置能力，质量良好地完成各项运输任务。

"复兴号"CR200J型动力集中型动车组是中国铁路的一款动力集中式的电力动车组，是继和谐系列电力机车以及25T型客车后国内生产的最新款普速铁路客运列车，可在设计最高时速低于等于200 km/h的既有电气化铁路上行驶。

"复兴号"CR200J型动力集中型动车组本质上仍是传统单机牵引车列，并非完全意义上的动车组，只是它采用了列车头尾两端都配置驾驶室的设计，列车无须更换车头即可折返行驶，仍以单节机车牵引多节车厢的模式运行。在内部布局上，"复兴号"CR200J型动力集中型动车组亦引入了高速型号"复兴号"的设计，在技术接口上也能在一定程度上互通。

CR200J型动车组融合了传统普速列车和新型高速列车的部分优点，是高铁技术的下延，为新一代准高速机车。在保留大运量的同时，运用新结构、新材料对列车内饰等旅客界面进行动车化创新，如提升隔声隔热及减振性能等，按动车组标准增加人性化设计，如座椅调节、Wi-Fi系统等，大大改善了人们的出行环境与旅途质量，使一些普速线路进入动车时代。

CR200J型动力集中型动车组有短编组和长编组两种型号。其中，短编组为9节车厢，定员720人；长编组为11~20节车厢不等，最高定员1102人。

项目二　认识铁道车辆

一、基本构造

铁道车辆一般没有动力装置，必须把车辆连挂成列，由机车牵引才能沿线路运行。为适应和满足旅客和货物运输的不同要求，铁道车辆类型很多，构造各异，但从基本结构来看，一般均由车体、走行部、车钩缓冲装置、制动装置和车辆内部设备五大部分组成，如图4-2-1所示。

(一) 车体

车体(图4-2-2)既是容纳旅客、装载货物及整备品的部分，又是安装与连接其他四个组成部分的基础。车体主要由底架、侧墙、端墙、车顶等部分组成。其中，底架是车体的基础，车体和底架一起承受着作用于车辆上的各种载荷。

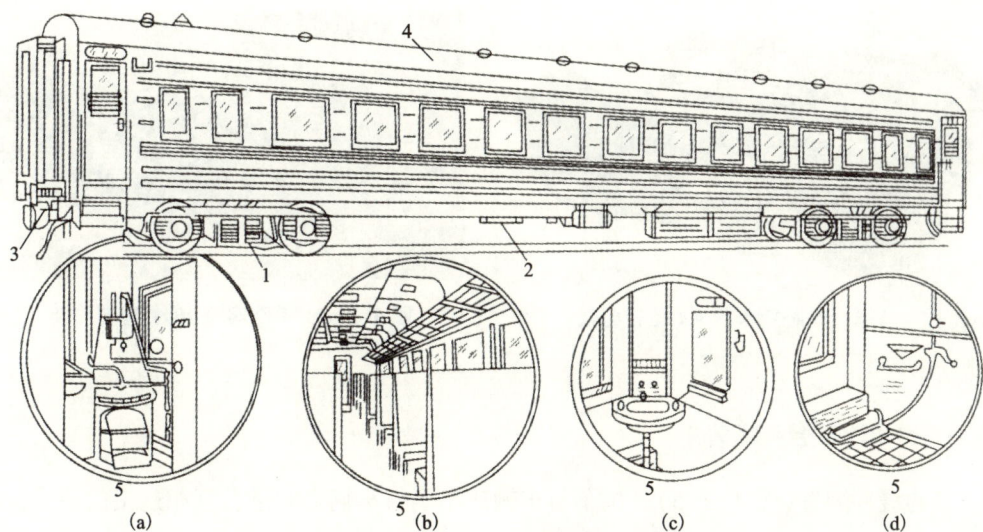

图 4-2-1　铁道车辆组成

1—走行部(转向架)；2—制动装置；3—车钩缓冲装置；4—车体；5—车辆内部设备
(a)取暖锅炉；(b)座椅、行李架及灯具；(c)盥洗室；(d)厕所

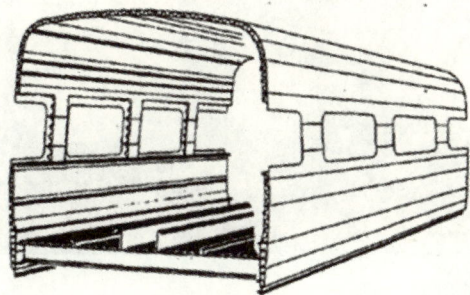

图 4-2-2　铁路客、货车车体

(二) 走行部

走行部一般称为转向架，俗称台车或台架，它是能相对车体回转的一种走行装置。承受着车体的自重和载重，并由机车牵引在钢轨上行驶，是保证车辆运行品质的关键部件。目前一般客、货车辆的走行部大部分是由两台二轴转向架组成(图 4-2-3、图 4-2-4)。

图 4-2-3　铁路货车转 K2 型转向架

图 4-2-4　铁路客车 209T 型转向架

（三）车钩缓冲装置

车钩缓冲装置（图 4-2-5）是机车与车辆或车辆与车辆之间进行互相连接的装置，它具有传递和缓和列车运行中纵向力的性能。车钩缓冲装置（图 4-2-6）主要由车钩、缓冲器、解钩装置及附属配件等组成，安装在车体底架的两端。

图 4-2-5　车钩缓冲装置

为了使车钩连接或摘解，实现车辆连接或分离，车钩有以下三种作用位置，如图 4-2-7 所示。

（1）闭锁位置：车钩的钩舌被钩锁铁挡住不能向外转开的位置，两辆车连挂在一起时车钩就处在这个位置。

（2）开锁位置：钩锁铁被提起，钩舌只要受到拉力就可以向外转开的位置。

（3）全开位置：即钩舌已经完全向外转开的位置。

摘钩时，只要其中一个车钩处在开锁位置，就可以把两辆车分开。当两辆车需要连挂时，只要其中一个车钩处在全开位置，与另一辆车钩碰撞后就可连挂。

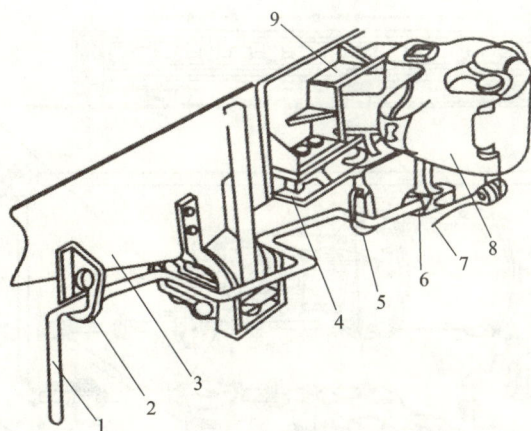

图 4-2-6　货车下作用式车钩缓冲装置

1—车钩提杆；2—车钩提杆座；3—底架端梁；4—钩身托板；5—车钩提杆吊杆；
6—下锁销；7—下锁销杆；8—钩头；9—冲击座

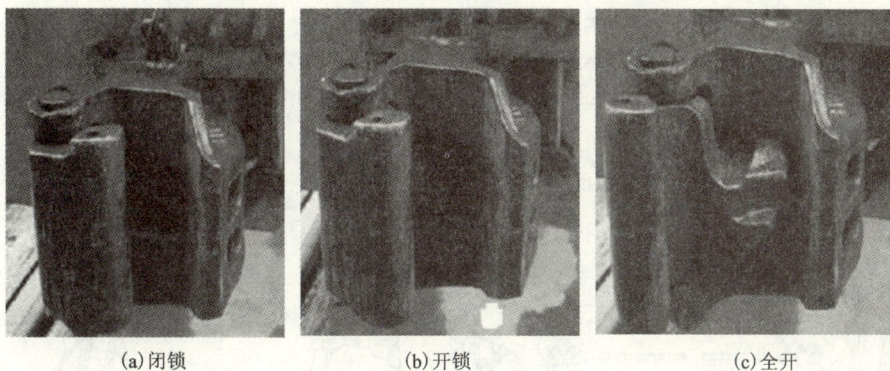

(a)闭锁　　　　　　　　(b)开锁　　　　　　　　(c)全开

图 4-2-7　车钩三态示意图

（四）制动装置

车辆制动装置是用外力迫使运行中的车辆减速或停车的一种设备。

我国铁道车辆上的制动装置主要由空气制动机（图4-2-8）、基础制动装置（图4-2-9）、人力制动机（图4-2-10）三部分组成。制动装置是通过压缩空气或人力推动基础制动装置，使闸瓦压紧车轮来实现制动作用的。

人力制动机一般只在调车时对个别车辆或车组实行制动时用。

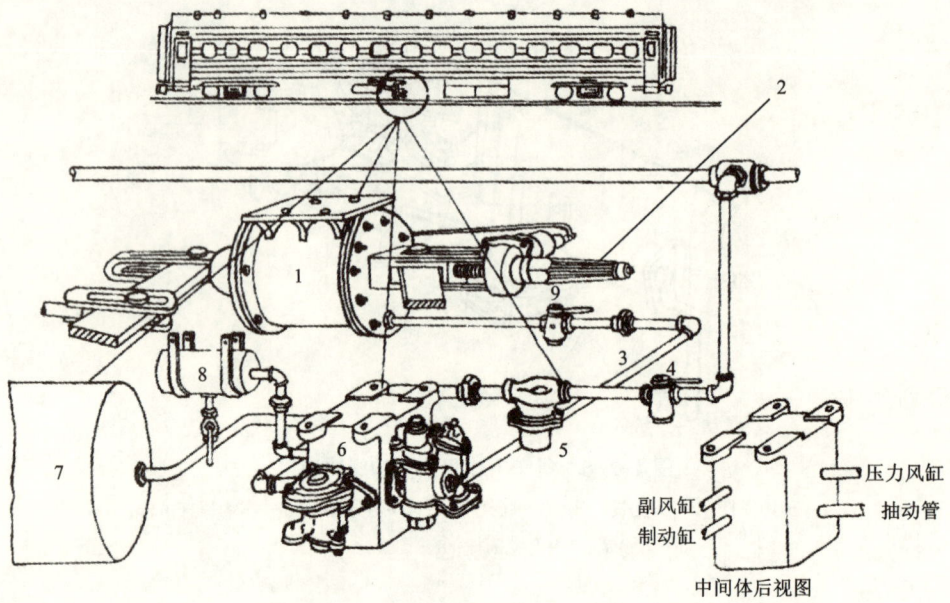

图 4-2-8　104 型空气制动机

1—制动缸；2—闸瓦间隙自动调整装置；3—制动缸管；4—截断塞门；5—远心集尘器；
6—104 型分配阀；7—副风缸；8—压力风缸；9—制动缸排气塞门

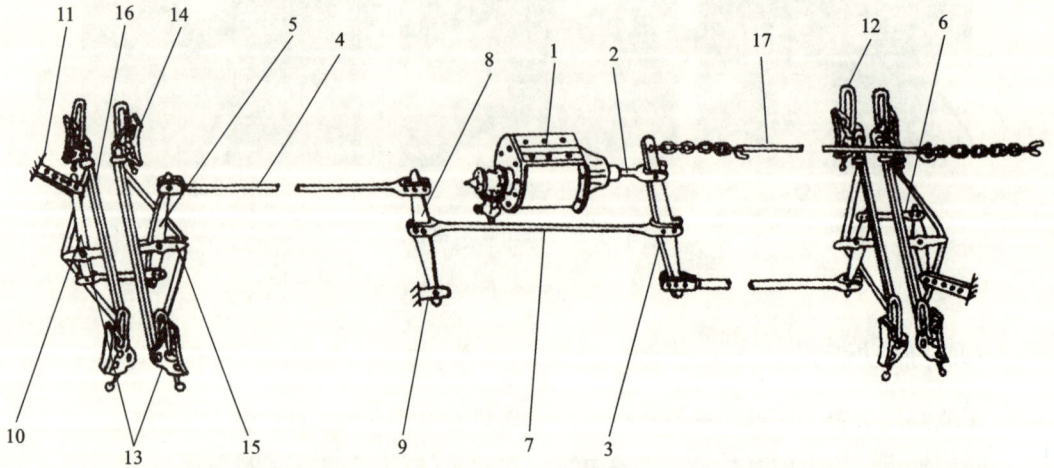

图 4-2-9　四轴货车基础制动装置

1—制动缸；2—制动缸活塞推杆；3—制动缸前杠杆；4—上拉杆；5—制动杠杆；6—下拉杆；7—连接拉杆；
8—制动缸后杠杆；9—制动缸后杠杆托；10—固定杠杆；11—固定杠杆支点；12—闸瓦托吊；13—闸瓦托；
14—闸瓦；15—制动梁支柱；16—制动梁；17—手制动拉杆

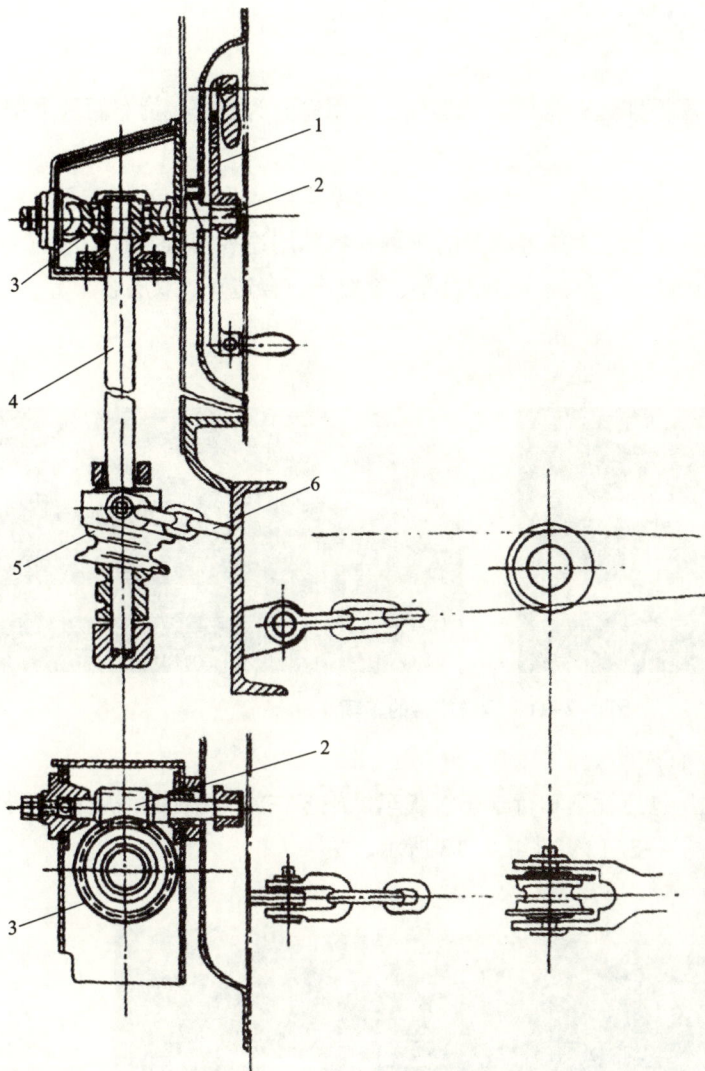

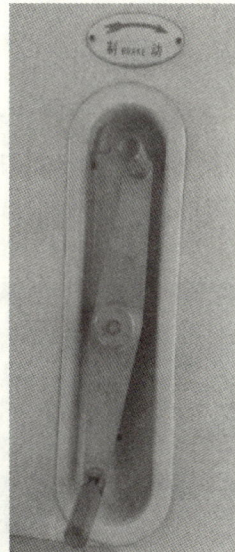

图 4-2-10　蜗轮蜗杆式手制动机
1—摇把；2—蜗杆；3—涡轮；4—主轴；5—锥形链轮；6—制动链

(五) 车内设备

车内设备是指能良好地为运输对象服务而设于车体内的一些固定附属装置。如客车内的座席、卧铺、茶桌、行李架、给水、卫生、取暖、通风、照明、空调及各种电气设备和供电装置。货车由于类型不同，内部设备也因此千差万别，一般来说比客车简单。如棚车中的拴马环、床托，守车中的火炉，保温车中装设的制冷设备和乘务员的生活设备等。

二、铁道车辆类型

铁道车辆主要负责大规模兼远距离的客货运输,按用途分为客车、货车两种类型。

(一)客车

客车可分为运送旅客的车辆、为旅客服务的车辆和特殊用途客车等三种。

运送旅客的车辆包括硬座车、软座车、硬卧车、软卧车、合造车、双层客车等,如图4-2-11所示。

图 4-2-11　运送旅客的车辆

为旅客服务的车辆主要包括餐车和行李车。餐车供旅客在旅行中饮食就餐,行李车运输旅客行李及物品,如图4-2-12、图4-2-13所示。

图 4-2-12　铁路行李车

铁路客车中具有特种用途的车辆,主要包括邮政车、空调发电车、公务车、医疗车、卫生车、试验车、维修车、文教车等。

(二)货车

货车是供运送货物的车辆。货车类型很多,按用途可分为通用货车、专用货车和特种货车。

图 4-2-13　铁路餐车

1. 通用货车

通用货车可装载多种货物，有下列三种（图 4-2-14）。

（1）敞车：其车体两侧及端部均设有 0.8 m 以上的固定墙板，无车顶。主要用以装运散粒货物，如煤、焦炭等；可装运木材、集装箱等无须严格防止湿损的货物；也可加盖篷布，运输怕湿损的货物。

（2）棚车：车体设有车顶、侧墙、端墙和门窗，用以装运各种需防止湿损、日晒或散失的货物。

（3）平车：车体只有底架，无侧墙、端墙、车顶，用以装运钢材、集装箱、汽车、拖拉机等。

　　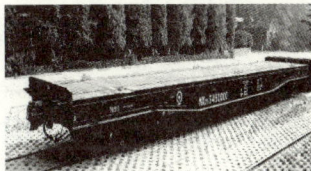

(a) 敞车　　　　　　　　　(b) 棚车　　　　　　　　　(c) 平车

图 4-2-14　通用货车

2. 专用货车

专用货车专供运送某些种类的货物，主要有罐车、保温车、矿石车、长大货物车、家畜车、水泥车、通风车、集装箱车、粮食车等类型。

（1）罐车：设有圆筒形罐体（图 4-2-15），专用于装载液体、液化气体或粉状货物的车辆。

（2）保温车：又叫冷藏车（图 4-2-16），车体设有隔热材料，车内设有降温和加温设备。用以装运易腐货物，也可装运对温度有特殊要求的货物。

（3）矿石车：如图 4-2-17 所示，车体与敞车相似，有固定的端墙、侧墙和卸货用的特殊车门，如底开、横开或漏斗式车门等，主要用以运送各种矿石、矿粉。

（4）集装箱车：如图 4-2-18 所示，设有固定集装箱的设备，用以装运集装箱的车辆。

图 4-2-15　罐车

图 4-2-16　保温车

图 4-2-17　矿石车

图 4-2-18　集装箱专用平车

3. 特种货车

特种货车是具有特殊用途的货车，主要包括救援车、检衡车、发电车、除雪车等。

三、检修维护常识

目前我国铁道车辆的检修制度是以计划性预防修为主、状态修为辅的检修制度。计划性预防修制度分为定期检修和运用维修两大类。

（一）定期检修

车辆定期检修就是按照规定的期限，对整个车辆或某些部分进行全部或部分的检修。车辆经过定期检修后应使它的运用性能在整个检修周期内保持良好的状态。

铁路客车定期检修分为 A1、A2、A3、A4、A5 共五级修程，其修程及周期见表 4-2-1。

表 4-2-1　客车检修周期表

修程等级	A1 修（辅修）	A2 修（小段修）	A3 修（大段修）	A4 修（小厂修）	A5 修（大厂修）
修程周期	运行（30±3）万 km 或距上次 A1 修以上修程 1 年	运行（60±6）万 km 或距上次 A2 修以上修程 2 年，不常用客车为 2.5 年。新造后首次 A2 修走行周期允许为（60±10）万 km	运行（120±12）万 km 或距上次 A2 修 2 年，不常用客车为 2.5 年	运行（240±24）万 km 或距新造或距上次 A5 修：常用客车 8 年，不常用客车可延长到 10 年	运行（480±24）万 km 或上次 A4 修：常用客车 8 年，不常用客车可延长到 10 年

铁路货车定期检修分为厂修、段修、辅修三级修程。对于快速货车，则取消辅修，只有两级修程。

车辆的厂修（A4、A5 修）由车辆厂负责，对车辆进行全面、彻底的修理。车辆经过厂修后，该车辆的性能要求达到或接近新车的水平。车辆的段修（A2、A3 修）由车辆段承担，段修要求对车辆各部分做全面的检查，修换其损坏和磨耗过限部分。车辆的辅修（A1 修）主要是对制动装置和轮对轴箱装置部分进行检修。

(二) 运用维修

铁路客车运用维修工作（图 4-2-19）主要由库列检、客列检、车辆乘务组承担：①由始发站或终到站的库列检施行停车检修；②运行途中站停时，由客列检施行运用中维修；③运行中，由乘务组人员施行随时检修。

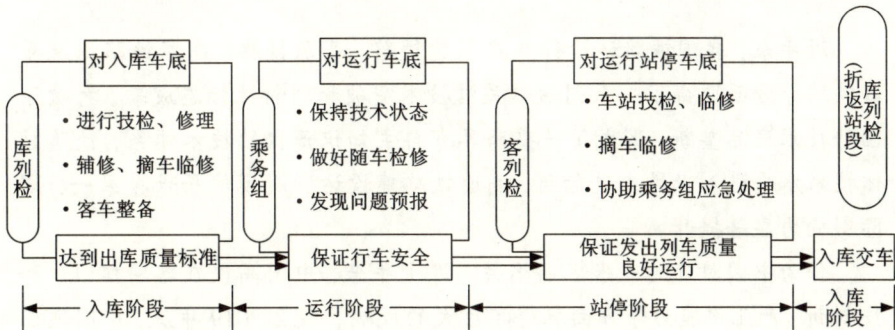

图 4-2-19　客车运用维修工作内容

铁路货车运用维修工作主要由列车检修所和站修所等单位承担。列车检修所对经本站中转或到达本站的列车中的所有货车进行技术检查和修理，同时还负责扣修定检到期的货车。站修所的任务是进行货车的摘车修理工作。为了车辆的良好运行和加速车辆周转,在日常维修中应尽量采取不摘车修理方式。

(三)对应职业岗位工种

1. 铁道车辆运用岗位群

客车检车员、货车检车员:能够对铁路运用客货车车辆、空调设备和电气装置等技术状态进行检查、测试,并对其进行维护及故障处理。

发电车乘务员:从事机械保温车、空调客车的发电装置、制冷装置的检查、保养、调试,并对其进行维护及故障处理。

动态检车员:会使用车辆运行安全监控系统(5T系统),对通过车辆进行故障检测,会保养、维修5T设备及常用仪表,能对故障车辆提出处理意见。

2. 铁道车辆检修岗位群

铁路车辆电工:会使用工具、量具、仪器、仪表,对铁道车辆电气装置进行组装、布线、检修及调试;并能对车辆电路、电器的故障进行检查、调试及处理。

铁路机车车辆制动钳工:能够从事铁道车辆制动装置的制造、组装、调试及检修,并能对运行的车辆制动装置进行故障处理。

铁路车辆钳工:会使用工装、工具、量具,对铁路客车、货车、特种车辆机械装置及部件进行制造、组装、调试及检修。

项目三 认识动车组

交通强国

近年来,我国铁路运输行业在高速铁路、高原铁路、高寒铁路以及重载铁路等方面取得了一系列核心关键技术突破和创新性标志成果,打破了国外技术产品垄断,形成了一整套具有自主知识产权的技术体系,铁路总体技术水平进入世界先进行列,高速铁路建设运营规模位居世界第一,国际影响力显著提升。

作为中国对外的一张靓丽名片,近十年来,中国高铁在路网建设、科技创新、产业化能力等方面取得了巨大的成就。截至2019年底,中国现已开通运营高速铁路3.5万公里,居全球第一,以"八纵八横"为骨架的高速铁路网络基本成型,这是世界上规模最大的高铁网络,连通覆盖了中国大陆除西藏外的所有省、自治区、直辖市和香港特别行政区。

在世界范围内，我国铁路发展始终坚持开放共享、合作共赢的原则，积极开展铁路国际合作，不断输出中国铁路技术。随着中老铁路"一带一路"、中老友谊标志性工程建设，雅万高铁"一带一路"标志性项目建设，匈塞铁路等国际铁路合作项目的有序推进，我国铁路与世界的联系越来越密切。我国铁路广泛结合运营实践经验，大力参与铁路国际标准制定和修订，推动铁路认证，开展前瞻技术研究布局，推动铁路技术整建制输出，举办世界高铁大会，为世界铁路建设发展贡献智慧、提供经验。

京张智能高铁的成功试运行，在世界上首次实现了时速350公里的自动驾驶。京张高铁采用的智能"复兴号"动车组，通过运用现代最新科技，在智能化、安全舒适、绿色环保、综合节能等方面实现了新发展新突破。

一、动车组基本构造

动车组是由若干带动力的车辆（动车）和不带动力的车辆（拖车）组成的，在正常使用寿命周期内始终以固定编组运行、不能随意更改编组的一组列车。动车组列车一般是几个动车和几个拖车的组合。传统列车是单动力，是一个动车（车头）带一串拖车。动车组观念来源于地铁，首尾各有一个动车，可两头开。目前中国品牌的动车组标志符号有两个系列，即和谐号 CRH 和复兴号 CR（中国高速列车的品牌标志）。动车组分为动力分散式和动力集中式。

根据高速列车基本组成、技术难度和我国铁路机车车辆的工业化水平，高速动车组的技术可分成九大关键技术和十项配套技术。

（一）动车组九大关键技术

归纳起来，高速列车的关键技术主要包括如下九个方面（即九大关键技术）：动车组总成（即系统集成）、车体、转向架、牵引变压器、牵引（主）变流器、牵引电动机、牵引传动控制系统、动车组网络控制系统、制动系统等。

1.动车组总成（即系统集成）

高速列车总成技术包括总体技术条件、系统匹配、设备布置、参数优化、工艺性能、组装调试和试验验证。在总体设计技术条件下，对动车组车体、转向架、牵引传动控制系统、制动系统、列车控制网络系统、辅助供电系统和车端连接装置等按有关参数进行合理选择设计和优化，确定各子系统间的接口关系。最后经历生产、组装、测试、调整和试验等过程，完成动车组整体集成。系统集成使动车组达到车辆动力学、列车空气动力学、舒适性和安全性等基本性能的要求。

2. 牵引传动控制系统

大功率电力牵引传动系统是高速列车的原动力。由于高速列车在高速区运行时的基本阻力主要是空气阻力，可近似地认为基本阻力与速度的平方成正比，所需功率与速度的三次方成正比。高速列车运行速度在 300 km/h 以上时，空气阻力已占到总阻力的 90% 以上，所需功率是 100 km/h 级列车的 15 倍以上。如此大幅度地增加功率，意味着新技术的大量应用。因此，高速列车的电力牵引传动控制系统必须向功率大、质量轻、体积小、可靠性高和低成本方向发展，这就决定了高速列车的电力牵引传动控制系统必然采用先进的交流（交-直-交）传动系统。它主要包括牵引流器、牵引变压器、牵引电机及牵引传动控制等。牵引传动控制系统如图 4-3-1 所示。

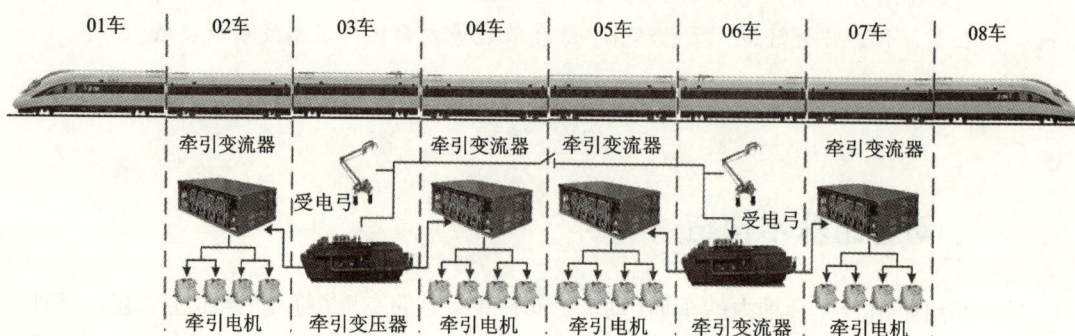

图 4-3-1　动车组牵引传动控制系统

3. 牵引变流器（主变流器）

牵变流器采用新型大功率半导体器件，从最早的晶闸管发展到 GTO、IGBT、IPM，以至 IGCT 主变流器发展的目标是小型化、轻量化、节能、环保、可靠和经济适用。随着变流器的模块化、系列化和小型化，出现了将主变流器与辅助变流器和列车供电变流器统筹考虑、集成设计制造的新趋势。主变流器的冷却是另一项关键技术，它要求冷却装置冷却效率高、体积小、易于维修、不污染环境。目前的冷却方式主要是风冷、油冷、水浴、沸腾冷却和热管冷却。

4. 牵引变压器

牵引变压器是牵引传动系统中重量、体积最大且能量耗损最多的部件，尤其在动力分散式高速列车中，由于要求启动加速功率和再生制动功率大，而安装空间又有限，所以牵引变压器损耗占到总损耗的 30%。因此减轻重量、减小体积、降低损耗，一直是牵引变压器技术发展的目标。近代，随着电子技术的发展和高温超导线材性能的提高，出现了 2 种新型变压器，即电子变压器和高温超导变压器，它们与传统的工频变压器完全不同，具有重量轻、体积小、效率高的特点。

5. 牵引电动机

牵引电动机近代高速列车大多采用三相交流异步牵引l电动机，与直流电机相比，它具有重量轻、功率大、结构简单、运用可靠、寿命长、维修简便的特点，同时交流异步牵引电动机还具有较好的自我抑制空转的性能。近代开发的永磁多极同步牵引电机，由于可实现很高的转矩密度，从而有可能实现无传动齿轮的直接驱动，与带齿轮装置的异步牵引电机相比，具有损耗低、重量轻、噪声小、无油泄漏等优点，很有发展前途。

6. 高速转向架

转向架对整个车辆起到承载、导向和减振作用，同时还是牵引与制动的最终执行机构。随着列车速度的提高，列车所需的牵引功率急剧增长，轮轨动作用力也随之加大，轮轨黏着快速降低，制动功率需要增加，因此对高速列车转向架提出了更高的要求。为了满足列车高速运行的需要，高速列车转向架必须保证具有足够的强度和刚度，高的运动稳定性和运行平稳性，良好的曲线通过能力，低的轮轨动作用力，最大限度地发挥轮轨间的黏着潜力，要结构简单、可靠、少维修。动车组转向架如图4-3-2所示。

图4-3-2　动车组转向架

7. 高速制动技术

高速列车的制动系统是实现列车高速、安全运行的保障。列车高速运行时具有相当大的运动能量，而高速列车的制动技术必须解决列车动能的快速转换和能量消耗问题，并在轮轨黏着允许的条件下，做到高速列车的可靠制停或降速。另外，由于轮轨黏着系数随运行速度的提高而下降，因此更增加了高速制动技术的难度。目前，高速列车制动的关键技术有：①基础制动技术；②动力制动技术；③复合制动技术；④非黏着制动技术(非黏着制动主要是指电磁轨道制动和涡流轨道制动)；⑤防滑控制技术。动车组制动系统如图4-3-3所示。

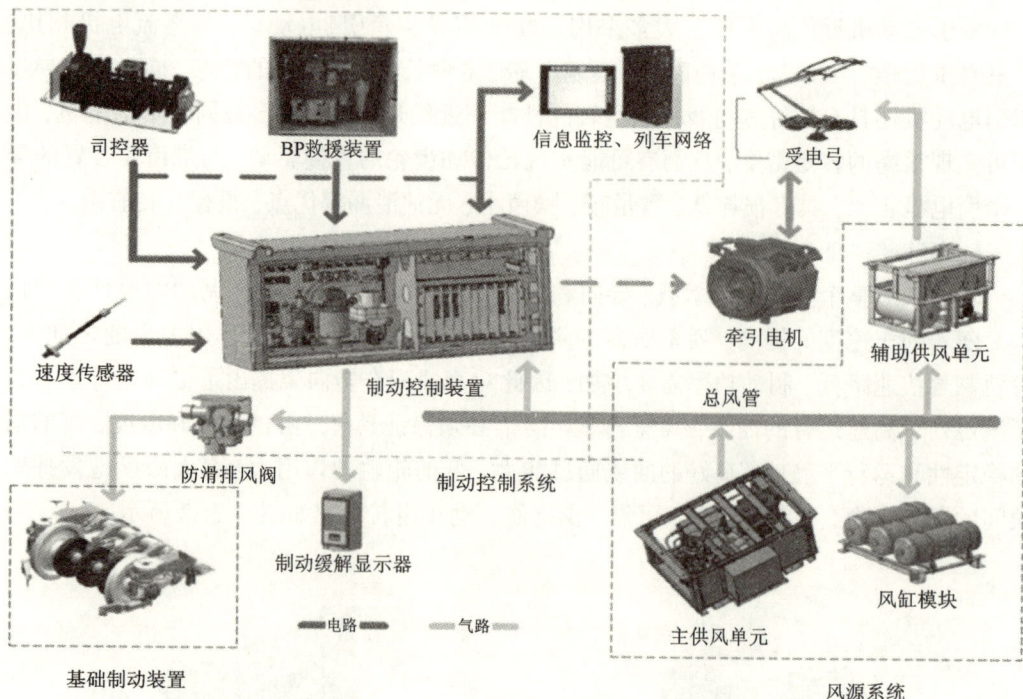

图 4-3-3　动车组制动系统

8. 高速车体技术

高速列车在车体方面的关键技术主要包括：①车体轻量化技术：包括采用新材料、新工艺；改变车体结构；优化结构设计；模块化和集成化。②气动外形技术。③车体密封技术。动车组车体如图 4-3-4 所示。

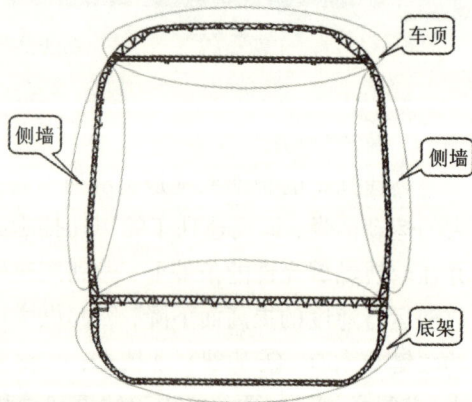

图 4-3-4　动车组车体结构

9. 动车组网络控制系统

动车组网络控制系统对于高速列车安全运行起着重要的作用，因为高速列车的故障会带来严重的后果，因此必须在事故发生以前，利用先进的装备发现和预防故障。高速列车控制网络系统大致可以分为运行监控、故障检测与诊断以及通信网络三个方面的内容。动车组网络控制系统如图4-3-5所示。

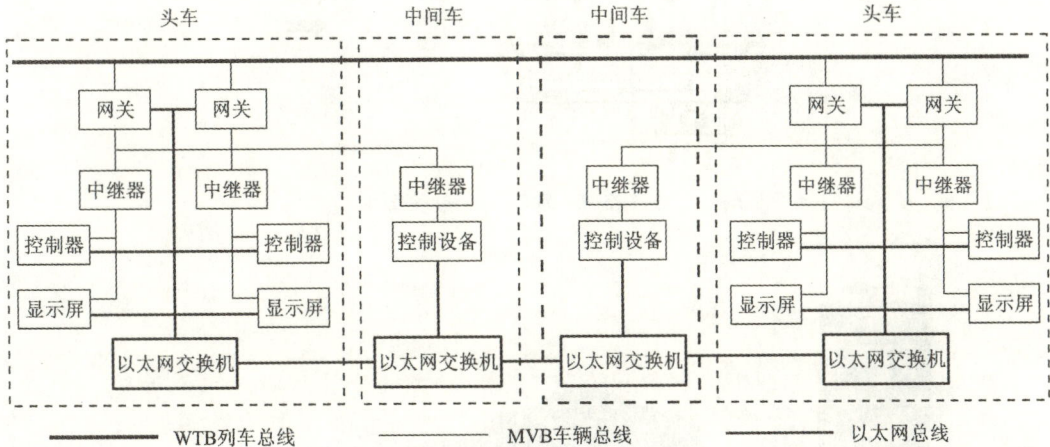

图 4-3-5　动车组网络控制系统

（二）动车组十项配套技术

十项配套技术包括：空调系统、集便装置、车门、车窗、风挡、钩缓装置、受流装置、辅助供电系统、车内装饰材料和座椅等。

1. 空调系统

动车组的车内空气清洁度、车内平均温度、车内湿度、车内空气流速、应急通风量等直接关系到旅客的乘坐舒适度。动车组的空调系统性能应符合相关要求，每辆车均配有一套独立的空调系统。空调系统的主要功能：①供应新风，排放废气；②制冷制热能力；③气流的导向和分配；④新风的初步过滤；⑤混合气体的过滤；⑥新风和排气系统的压力保护；⑦紧急通风。动车组空调系统如图4-3-6所示。

2. 集便装置

高速动车组通常采用全封闭式集便系统。即控制水箱的水进入集便器冲洗，然后排入污物箱。在列车停车后，定时对污物箱的污物进行处理。根据控制原理的不同，高速列车的厕所又分为真空式、循环式、喷射式和生物处理式。其中较为成熟的是真空式和循环式，尤其真空式厕所已成为当前高速列车采用的首选，它具有清洁卫生、无环境污染、造价低廉、使用可靠和维修方便等优点。动车组集便系统如图4-3-7所示。

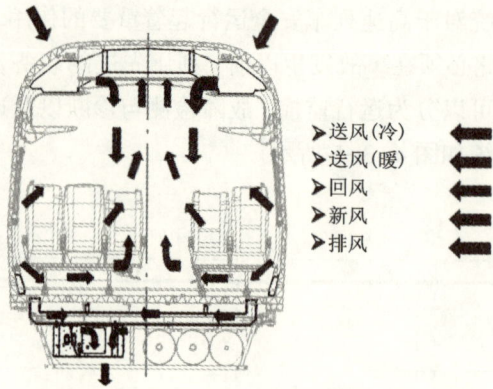

送风(冷)
送风(暖)
回风
新风
排风

图 4-3-6　动车组空调系统

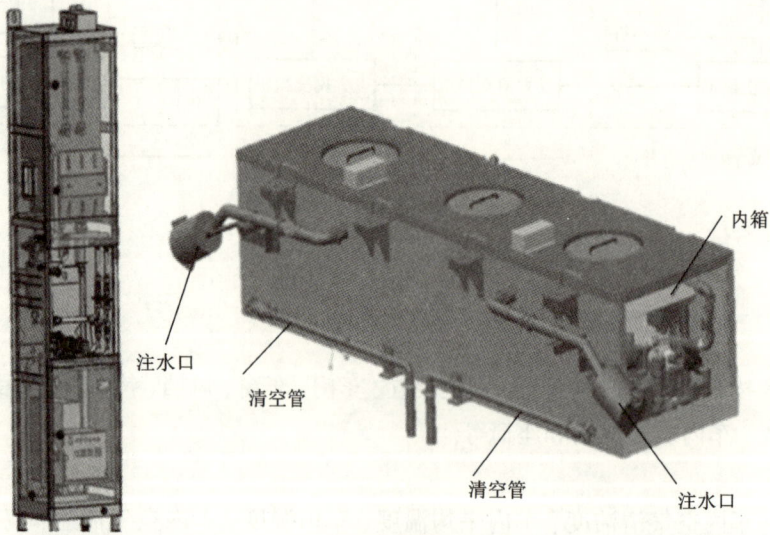

内箱

注水口

清空管

清空管

注水口

(a)集便控制装置

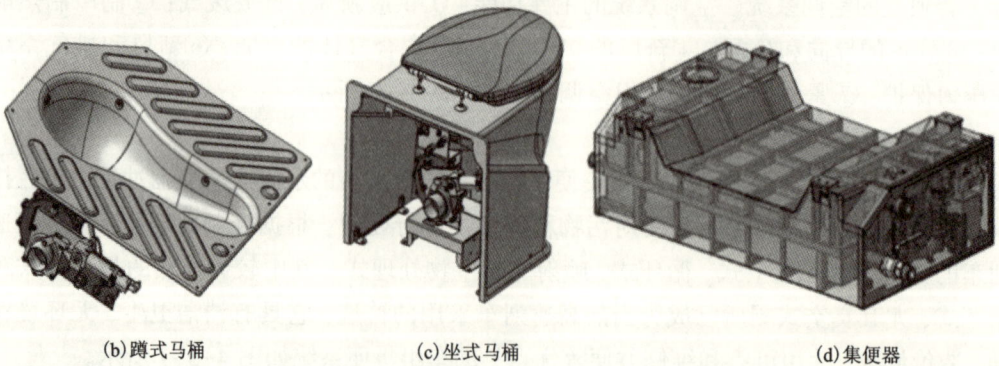

(b)蹲式马桶

(c)坐式马桶

(d)集便器

图 4-3-7　动车组集便装置

3. 车门

高速动车组的车门包括车厢外侧的侧拉门(塞拉门)和客室内部两端的内端门。这两种车门的工作性质和要求是完全不同的,侧拉门(塞拉门)是将车厢与外界隔离的最后一道"防线",它只能在整车停稳后才能打开,而在列车运行时必须保持关闭并具有良好的气密性,因此,侧拉门(塞拉门)除坚固结实外,还必须满足气密性和隔声要求;而内端门主要功用是保持客室的相对独立性和起一定的隔热隔声效果,因此,内端门往往采用自动感应电动式滑动门。动车组车门如图4-3-8及图4-3-9所示。

图4-3-8 动车组内端门

图4-3-9 动车组侧拉门(塞拉门)

4. 车窗

动车组车窗包括司机室前窗和客室侧面车窗两种。它们除了必须具有足够的强度要求外,还必须具有良好的隔热隔声性能和减速功能(即减缓高速运行时司机和旅客对窗外景物的视觉反应速度)。动车组车窗如图4-3-10所示。

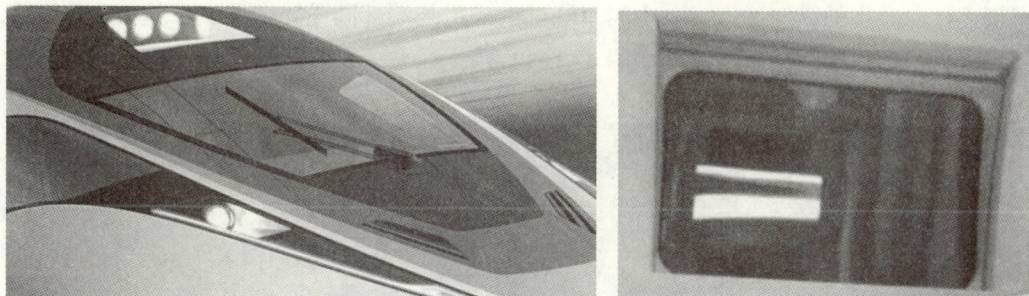

图4-3-10 动车组车窗

5. 风挡

当动车组以200 km/h以上的速度高速运行时(尤其是2列动车组会车或通过隧道时,甚或2列动车组在隧道内会车时),为了保护旅客的耳膜不受车外空气压力波动的影响,动车组的车体必须具有良好的密闭性,当然与之配套的车厢与车厢间的连接风挡也必须具有很好的密闭性。所以，高速动车组的风挡通常采用密闭式橡胶风挡或双层折棚风挡。动车组风挡如图4-3-11所示。

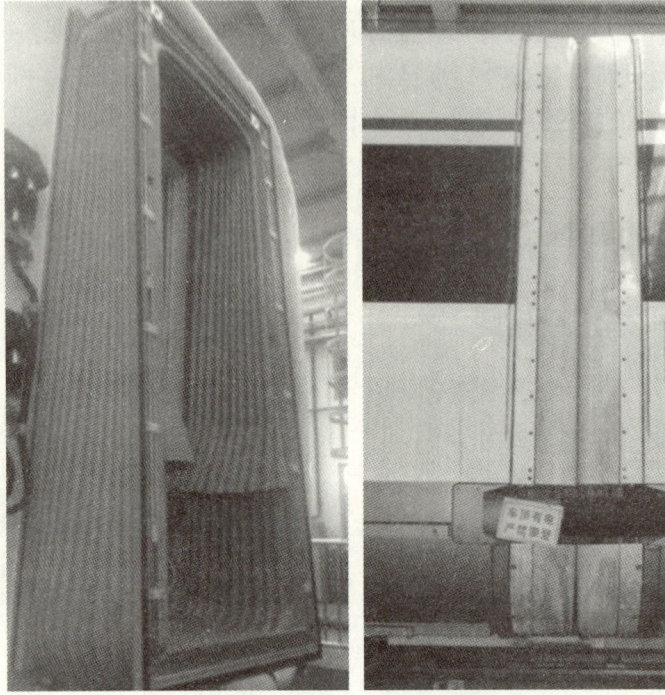

图4-3-11　动车组风挡

6. 钩缓装置

为了减少高速运行时的纵向冲击，高速动车组的车钩一般采用自由间隙很小的密接式车钩。通常车端采用了密接式自动车钩，并设有弹簧缓冲器及球形橡胶轴承，以减少车辆运行中产生的纵向冲击力。中间车既可以采用与端部同样的密接式车钩，也可以采用半永久车钩连接。动车组车钩如图4-3-12所示。

图4-3-12　动车组车钩

7. 受流装置

采用电力牵引的高速列车必须通过弓网受流系统不间断地从接触网上获取电能。受流装置是将电能由接触网顺利导入动车组内部变压设备的重要装置。受流装置按其受流方式有多种形式，但高速动车组通常采用受电弓受流器。弓网受流系统必须满足的基本条件是：良好的受流质量，安全的运行性能，足够的使用寿命，减少对周围环境噪声的影响。良好的受流质量依赖于弓网受流系统的动态稳定和跟随性，保证弓网间良好的接触，不离线、不产生火花。动车组受电弓如图4-3-13所示。

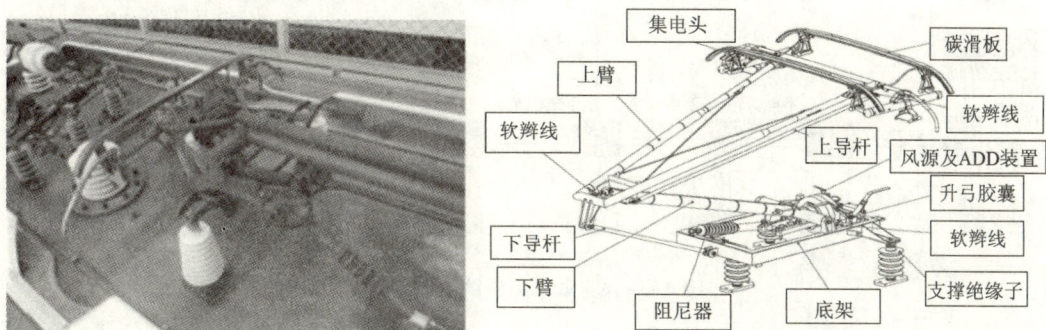

图4-3-13　动车组受电弓

8. 辅助供电系统

辅助供电系统是保证动车组除主传动系统以外的所有用电设备正常工作的必不可少的系统。现代高速动车组的辅助供电系统通常采用列车线供电方式，由分散布置在若干辆车底架的各电源设备向干线并联供电。辅助供电系统从牵引变流器中间直流环节取电，由辅助变流器以及蓄电池等设备组成。用电设备包括空气压缩机、冷却通风机、油泵/水泵电机、空调系统、采暖设备、照明设备、旅客服务设备、应急通风装置、诊断监控设备和维修用电等。某些车车底架下设置有容量充足的充电机和蓄电池组，充电机向蓄电池充电并向低压负载供电。紧急时由蓄电池供电。动车组辅助供电系统如图4-3-14所示。

9. 车内装饰材料

为了保证车辆的轻量化及旅客乘坐的舒适性，车内装饰通常采用轻量化、模块化设计，采取隔声降噪措施，充分体现人性化设计理念。装饰材料的燃烧性、发烟性和毒性应满足相关标准的规定。动车组内饰如图4-3-15所示。

10. 座椅

动车组客室座椅是提高旅客乘坐舒适性的重要设施。旅客在车厢内的大部分时间实际上都是在座椅上度过的，因此，座椅的重要性是不容忽视的。动车组客室一般设置一、二等车座椅和观光区座椅。为保证旅客始终面朝列车行驶方向，除餐车外其他各车座椅设有机械的转向机构，以提高旅客乘坐的舒适性。座椅布置充分考虑人机工程学的相关参数，保证旅客乘坐的舒适度。动车组座椅如图4-3-16所示。

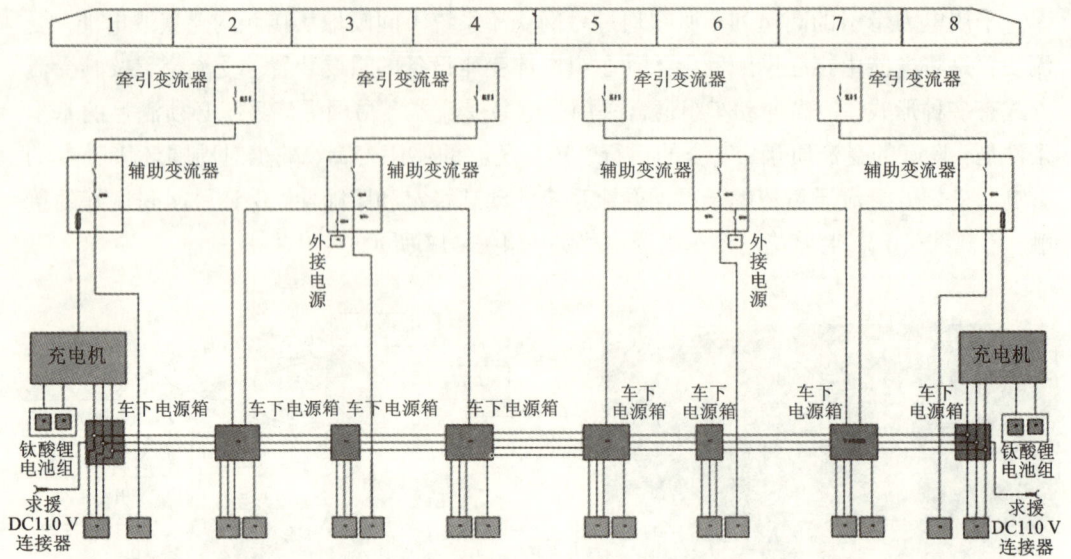

图 4-3-14 动车组辅助供电系统

图 4-3-15 动车组内饰

图 4-3-16 动车组座椅

二、区分高速动车组类型

根据动车组的发展历程，中国动车组类型可分为三大类。一是 2007 年前的动车组，如中车南京浦镇车辆有限公司（原南车南京浦镇车辆厂）生产的先锋号动车组、中车（原南车）株洲电力机车股份有限公司生产的蓝箭号、中车（原北车）长春轨道客车股份有限公司生产的长白山号动车组。目前这些动车组基本下线，部分动车组陈列在博物馆。二是 2007 年中国铁路第六次大提速上线运行的动车组，其名为"和谐号"，是 CRH 动车组系列。CRH 是 China Railway High-speed（中国铁路高速）的缩写，有 CRH1~CRH6 几种型号。这些型号分别从日本、德国、法国等国引进先进技术，并消化吸收及国产化，成为"具有中国自主知识产权"的动车组产品系列。三是 2017 年国家铁路公司向中车长春轨道客车股份有限公司、中车青岛四方机车车辆股份有限公司颁发了中国标准动车组（中国标动，简称 CR）型号合格证和制造许可证，这标志着中国标准动车组具备了大规模生产许可条件和上线商业运营资格，中国动车/高铁迎来了新时代。

（一）和谐号 CRH 系列动车组

1. 和谐号 CRH1 型动车组

CRH1 型动车组是向庞巴迪运输和青岛四方庞巴迪铁路运输设备有限公司（BST）（前称"青岛四方-庞巴迪-鲍尔铁路运输设备有限公司"，BSP）合作生产的 CRH 系列高速电力动车组车款之一，有 CRH1A、CRH1B、CRH1E 等几个型号。CRH1 型动车组如图 4-3-17 所示。

CRH1A

CRH1B

CRH1E

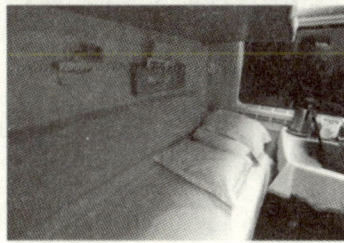

图 4-3-17　CRH1 型动车组

2. 和谐号 CRH2 型动车组

CRH2 型电力动车组是川崎重工及中车青岛四方机车车辆股份有限公司合作生产的 CRH 系列高速列车车款之一，有 CRH2A、CRH2B、CRH2C、CRH2E 等几个型号。CRH2 型动车组如图 4-3-18 所示。

图 4-3-18　CRH2 型动车组

3. 和谐号 CRH3 型动车组

和谐号 CRH3 型电力动车组是德国西门子公司和中车唐山轨道客车有限责任公司合作生产的 CRH 系列高速列车车款之一，主要有 CRH3C 等型号。CRH3 型动车组如图 4-3-19 所示。

4. 和谐号 CRH5 型动车组

CRH5 型动车组是法国阿尔斯通和中车长春轨道客车股份有限公司合作生产的 CRH 系列高速动车组车款之一，主要型号有 CRH5A、CRH5G、CRH5H 等型号，由于 CRH5 系列动车组车体相对较高，正面看"憨厚"、笨重，被戏称为"驴子"。CRH5 型动车组如图 4-3-20 所示。

图 4-3-19　CRH3 型动车组

图 4-3-20　CRH5 型动车组

5. 和谐号 CRH6 型动车组

CRH6 型动车组是由中车青岛四方机车车辆股份有限公司和中车南京浦镇车辆有限公司共同研制开发的 CRH 系列电力动车组。CRH6 型动车组适用于城市间以及市区和郊区间的短途通勤客运,满足载客量大、快速乘降、快启快停的运营要求。构造速度在 140 km/h 至 200 km/h 之间。主要有 CRH6A、CRH6F、CRH6S 等几个型号。CRH6 型动车组如图 4-3-21 所示。

6. 和谐号 CRH380A/AL 型系列动车组

CRH380A/AL 型电力动车组,是中国为营运高速铁路,铁道部设计师自主研发的 CRH 系列高速电力动车组,是 CRH 系列动车组里商业运营速度最快、科技含量最高、系统匹配最优的动车组,最高时速 380 公里。列车的总定员为 494 人,车内设有观光区、一等座包间、一等座车、二等座车、餐车等,可满足不同层次的旅客的个性化出行需求。CRH380A/AL 型动车组如图 4-3-22 所示。

CRH6A

CRH6S

CRH6F

图 4-3-21　CRH6 型动车组

图 4-3-22　CRH380A/AL 型动车组

7. 和谐号 CRH380B/BL 型系列动车组

CRH380B/BL 型动车组由中车唐山轨道客车有限责任公司、中车长春轨道客车股份有限公司在 CRH3C 型电力动车组基础上自主研发的 CRH 系列高速动车组，也是"中国高速列车自主创新联合行动计划"的重点项目之一，并将以此为基础研制时速 400 公里的 CIT400B 检测车。CRH380B/BL 型动车组如图 4-3-23 所示。

图 4-3-23　CRH380B/BL 型动车组

(二) 复兴号(标准) CR 系列动车组

复兴号动车组列车是中国标准动车组的中文命名,由中国铁路总公司牵头组织研制、具有完全自主知识产权、达到世界先进水平的动车组列车。英文代号为 CR,高于 CRH 系列。三个级别为 CR400/300/200,数字表示最高时速,而持续时速分别对应 350、250 和 160,适应于高速铁路(高铁)、快速铁路(快铁)、城际铁路(城铁)。复兴号动车组如图 4-3-24 所示。

(a)CR400AF动车组

(b)CR400BF动车组

(b)CR200J动力集中型动车组

图 4-3-24　复兴号动车组

三、动车组检修维护常识

动车组是铁路旅客运输的高速运载工具。动车组运用维修工作是铁路运输的重要组成部分，其维修质量直接关系到旅客生命财产安全和企业经济效益。坚持质量第一和为运输服务的原则，贯彻修、养并重，预防为主的方针，不断加强基础工作，完善运用维修管理制度，提供质量良好的动车组，是动车组运用维修工作的基本任务。

(一)动车组管理与检修

1. 专业管理

动车组实行国家铁路集团公司、铁路集团公司、动车(客车)段三级专业管理。

国家铁路集团负责明晰动车组相关专业管理界面；根据运输需要，规划全铁路集团公司动车组检修能力布局，运筹运力资源配置；制定动车组修程修制、运用维修相关管理及技术标准，并监督指导落实。

铁路集团公司是动车组专业管理的责任主体，实行总经理负责制。负责制定动车组专业管理办法，明确运输相关专业部门的管理职能。车辆部门依据国家铁路集团运用维修相关管理及技术标准，履行专业规章标准管理、现场监督检查、合理优化动车组的配属和运用等基本职责。

动车(客车)段是动车组车辆运用维修工作的责任主体，实行段长负责制。负责贯彻执行相关规章制度、管理办法及技术标准；规范段内各部门的人员配备及管理，优化生产组织和流程，协调联劳单位共同做好动车组运用维修工作。

2. 技术管理

动车组运用维修技术规章实行分级管理。国家铁路集团负责组织制定动车组运用检修标准，在动车组信息管理系统中发布；铁路集团公司组织制定动车组运用检修作业办法，以公司文件形式发布；动车(客车)段负责编制动车组运用检修作业指导书，以段文形式发布。

作业指导书应明确作业内容、作业步骤、作业标准、工装设备、检测器具、安全事项等内容，要求文字简练、可操作性强，并根据实际及时修、建、补、废，定期发布。检修部件、设备设施发生变化时，动车(客车)段应组织对作业指导书进行验证。

3. 修程修制

动车组实行计划性预防修的检修体制，分为五级修程。一、二级检修为运用检修，在动车组运用所内进行；三、四、五级检修为高级检修，在具备相应车型检修资质的检修单位进行。

动车组运用维修采用以走行公里周期为主(走行公里以动车组管理信息系统为准)、时间周期为辅的检修模式。二级检修可采用集中中修或均衡修相结合的方式进行。不同车型及配属检修走行公里周期及时间周期不同，但检修体制设计原则基本一致，修制框架基本相同，分为预防性检修和事后检修或更正性检修。具体框架如图4-3-25所示。

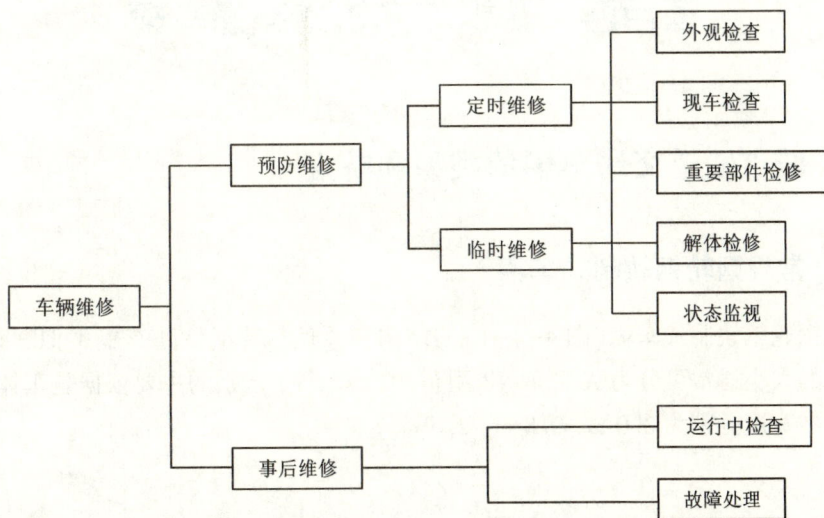

图4-3-25　动车组修程修制系统

(二)动车组检修岗位及职责

动车组检修岗位主要面向铁路运输业的动车组制修师职业群，工作岗位主要有进行动车组检修、动车组运用的动车组机械师、维修师等。主要岗位职责如表4-3-1所示。

表4-3-1　动车组检修岗位职责

岗位群	典型岗位	典型工作任务
动车组制修师	动车组地勤机械师	1.动车组一级修、二级(专项)修作业； 2.故障处理作业； 3.专用设备操作； 4.质检作业； 5.探伤作业
	动车组随车机械师	1.监控列车运行技术状态； 2.管理和操作动车组设备； 3.应急处理列车运行突发故障； 4.承担部分行车组织职能
	动车组维修师	1.动车组三级修、四级修作业； 2.故障处理作业； 3.专用设备操作； 4.质检作业； 5.探伤作业

项目四　认识城市轨道交通车辆

一、城市轨道交通车辆的类型和特点

（一）常规钢轮钢轨制式车辆

常规钢轮钢轨制式车辆（图4-4-1）的结构和原理与普通铁路车辆类似。车辆根据载客能力的大小通常可分为A型车、B型车、C型车等，区别的主要依据是车体的尺寸，其车体基本宽度分别为3.0 m、2.8 m、2.6 m。

图4-4-1　常规钢轮钢轨制式车辆

（二）直线电机车辆

直线电机工作原理与旋转电机类似，只是将传统电机的旋转运动方式改变为直线运动方式，可近似认为是将旋转电机沿半径方向剖开、展平，定子部分沿纵向固定安装于车辆底架下部或转向架下部；转子部分亦展平变为一条感应轨，铺设在两走行轨之间。定子与转子感应轨之间保持8~10 mm间隙。当通过交流电时，依靠磁场相互作用产生的推力驱动车辆运行或制动车辆。直线电机车辆突破了长期以来依靠轮轨黏着作用传递牵引和制动力的传统技术，其优点：质量轻，结构简单；牵引和电制动不受轮轨间黏着力的影响，轮轨磨耗少，爬坡力强，噪声低等。其缺点：直线电机效率相对较低；对轨道与感应板间的高度距离要求比较严格；车辆和线路维修成本较大。如图4-4-2所示为直线电机车辆。

图 4-4-2　直线电机车辆

(三) 磁悬浮列车

磁悬浮列车(图 4-4-3)是陆上无接触式的有轨交通工具,利用常导或超导电磁铁与感应磁场之间产生相互吸引或排斥力的原理,使列车"悬浮"在轨道上,作无摩擦的运行,具有无轮轨接触摩擦阻力、无机械振动、爬坡能力强、运行速度快、舒适性好等显著优点。

图 4-4-3　磁悬浮列车

1. 常导磁吸型悬浮系统(EMS 系统,以德国为代表)

利用常规的电磁铁与一般铁性物质相吸引的基本原理,吸附列车并悬浮运行。

2. 排斥式悬浮系统(EDS 系统,以日本为代表)

根据超导的磁悬浮原理,利用车轮和钢轨之间产生的排斥力,使列车悬浮运行。

(四) 跨座式单轨

跨座式单轨(图 4-4-4)为车辆采用橡胶车轮,骑跨在梁轨合一的单根轨道梁上行驶的轨道交通工具。其具有造价低廉、工期较短、技术简单、占地面积少、噪声低、乘坐环境舒适、安全环保等优点。

图 4-4-4　跨座式单轨

（五）自动旅客输送系统（APM）

自动旅客输送系统（APM）在 20 世纪 70 年代开始出现。其车辆装小型橡胶轮胎，在专用混凝土轨道上运行。其载客量较少，大多应用在特定条件下，如机场、商业区、景区内。

二、城市轨道交通车辆的组成

（一）车辆编组及连挂方式

常见的城市轨道车辆普遍采用动力分散型动车组的编组形式：6 辆编组通常为"四动二拖"，4 辆编组通常为"二动二拖"。其中动车以 M（motor car）表示，拖车以 T（trailer car）表示。同为动车或拖车的车辆，其车载设备不尽相同，为了便于车辆的管理和维护，一般车辆制造商和运营公司对车组里的单节车进一步分类。如图 4-4-5 所示的 Tc（trailer car with CAB）即为具有司机室的拖车，Mp（motor car with pantograph）为具有受电弓的动车。

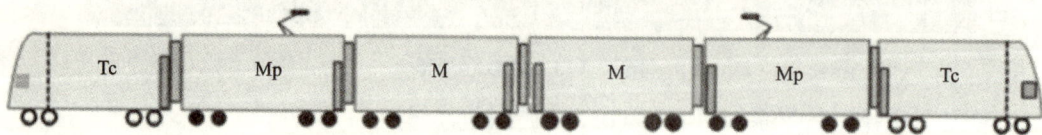

图 4-4-5　列车编组

在城轨车辆中，动车和拖车等若干个车辆（vehicle）通过车钩缓冲装置连接成一个相对固定的编组称为单元（unit），若干个（通常为 2 个）单元组成一列车。其中，车钩（基本上都是密接式车钩）主要用于实现牵引连挂；缓冲装置用于缓冲牵引、制动或连挂时所产生的冲击和振动。如图 4-4-5 所示的列车由 2 个单元组成，每个单元由 Tc、Mp、M 三节车组成，其编组形式为：

$$-Tc*Mp*M=M*Mp*Tc-$$

其中，—为全自动车钩；=为半自动车钩；*为半永久牵引杆（不同地区车辆的车钩，表示符号会略有差别）。

（二）城轨车辆车钩

1. 全自动车钩

全自动车钩（图4-4-6）通常位于列车的两端，依靠相邻车辆钩头上的凸锥和凹锥相互插接，在实现机械自动连接的同时，也实现列车的气路、电气的自动连接，便于运营中的故障救援或无动力拖行。

2. 半自动车钩

半自动车钩（图4-4-7）机械部分的结构及工作原理与全自动车钩基本相同，但其只可以实现机械和气路的自动连接，电气连接则需要用扳手手动连接，便于解钩和连接。

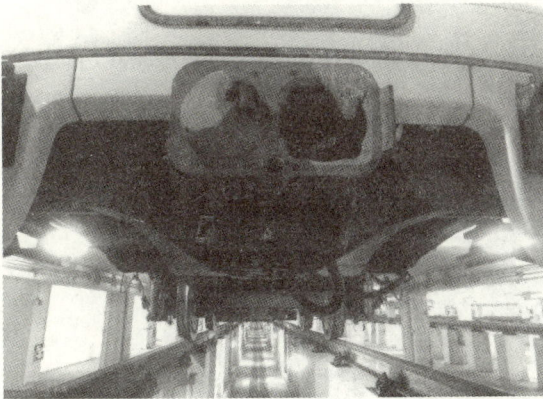

图4-4-6 全自动车钩

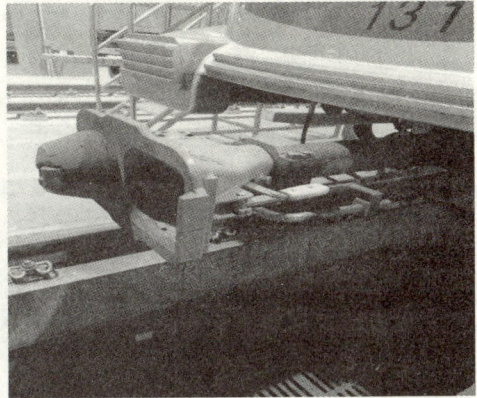

图4-4-7 半自动车钩

3. 半永久牵引杆

半永久牵引杆（图4-4-8）是为连挂几节车组成运行中固定不变的单元车组而设计的，通常一侧装有压溃管，另一侧为刚性，不具备机械解钩功能，除非发生特殊情况或车间检修。该单元车组是不需要分离的，其连挂和解编都需要人工在车辆段操作完成。

（三）车体及客室内装

城轨车辆车体通常采用大断面铝合金型材或不锈钢材全焊接的整体承载结构，是容纳乘客和司机的场所，同时也是安装其他设备和部件的基础。

1. 车底架

由侧梁、端梁、牵引梁、枕梁、横梁和其他部件焊接而成。底架的主要作用是承受车体上部载荷并传递给整个车体，承受因各种原因而引起的横向力和走行部传来的各种

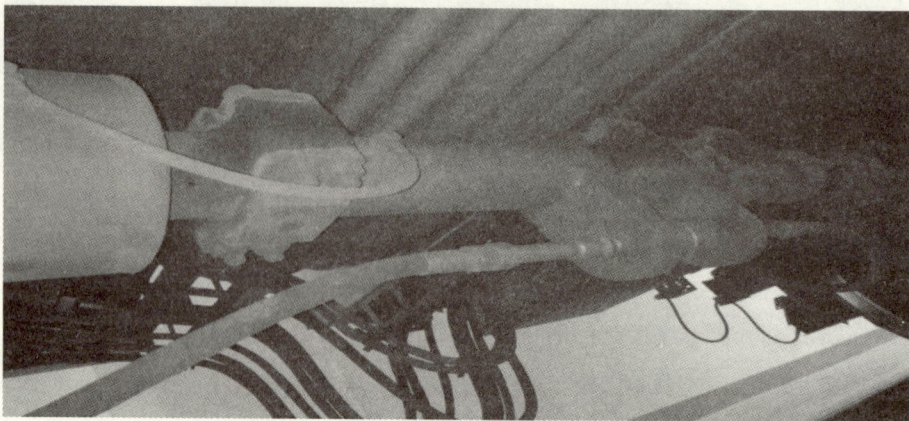

图 4-4-8　半永久牵引杆

振动及冲击。

2. 撞击能量耗散区

在 Tc 车前端设有一撞击能量耗散区(图 4-4-9),在车辆受撞击时用以吸收传至地板水平方向的能量,最大限度地保护客室乘客的安全。

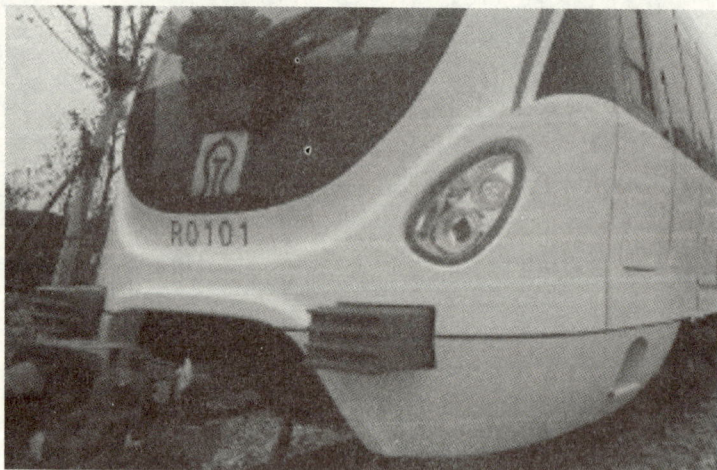

图 4-4-9　撞击能量耗散区

3. 客室内装

客室内装主要包括地板、预制成型的顶板、侧墙板、端墙板、侧顶盖板、车窗、空调系统进排气口等。客室内一般安装有乘客座椅、照明灯、立柱扶手、灭火器、乘客文字信息显示器和(或)图像显示屏、广播喇叭、乘客司机对讲装置、紧急开门装置及车门状态指示灯、安全监控摄像头、电气控制柜等。如图 4-4-10 所示。

图 4-4-10　客室内装

(四)转向架(bogie)

转向架是车辆最关键的系统,涉及运输安全、车辆的运行品质及乘客的舒适程度,是列车牵引力、车辆载荷和轨道外力的直接承受者。

1. 轮对轴箱装置

轮对是由一根车轴和两个相同的车轮组成的,承受着从车体、钢轨两方面传递来的各种静、动作用力,受力十分复杂,其性能的好坏直接影响车辆的运行品质。为了满足传动和支撑转向架的作用,轮对上还需要安装轴箱和齿轮箱(动轴)。轮对和构架依靠轴箱装置联系在一起,使轮对沿钢轨的滚动转化为车体沿线路的平动。

2. 构架

构架是转向架的基础,由压制成型的钢板焊接而成,安装有一系弹簧、二系空气弹簧、抗侧滚扭杆、牵引杆、中心销座、液压减振器、横向缓冲止挡。另外,还安装了其他系统的部件,如牵引电机、齿轮箱、联轴节、空气管路、制动单元等。

3. 弹性悬挂装置

车辆在线路上运行时,将伴随着复杂的振动现象。为了减少有害的车辆冲动,城轨车辆通常在构架与轴箱之间设置橡胶弹簧、金属橡胶弹簧、螺旋钢弹簧、弹性橡胶垫(部分直线电机车辆),在车体与构架之间设置空气弹簧等弹性悬挂装置用来缓和冲动和衰减振动。

4. 牵引连接装置

牵引连接装置主要由中心销、牵引拉杆等组成,能使转向架构架绕车体特定中心回转,并向车体传递牵引力和制动力。

(五)车门

城轨车辆车门主要包括客室车门、司机室侧门和司机室通道门等。为了便于乘客在隧道内或其他特殊地点的疏散,有的车辆会在司机室的前端设置安全疏散门。客室车门按照开启及结构形式主要分为移动门和塞拉门两类,其中移动门又可分为内藏式滑动移门和外挂式滑动移动。

1. 移动门

从安全可靠性的角度上来说,移动门的结构决定了车门与车体之间必须保持一定的间隙,因此密封性较差。同时,由于移动门或凸或凹于车体,列车在运行过程中,会使附近的空气产生涡流,使干扰阻力增大。因此,移动门常用于速度低于 100 km/h 的列车。

(1)内藏式滑动移门

开关门时,门页在车辆侧墙的外墙与内护板之间的夹层移动,传动机构设于车厢内侧车门的顶部,装有导轮的门页可以在导轨上移动并与传动装置的钢丝绳或皮带相连接,借助风缸或电机驱动传动机构,从而使钢丝绳或皮带带动门页移动。

内藏门(图4-4-11)结构简单,部件较少,可靠性高,门开关时间较短,密封性能好,维修工作量和维修时间较少,但由于门页藏于侧墙内,在一定程度上减少了车辆内部的宽度,减少了载客量,客室窗户的宽度也会受到一定的影响,门页更换较为复杂。

图4-4-11　内藏门

(2)外挂式移动滑门

外挂门(图4-4-12)的驱动结构和工作原理与内藏门相似,只是其开关门时,门页均位于车辆侧墙的外侧。

外挂门结构简单,可以快速更换门页,但为了满足车辆限界的要求,在一定程度上减少了车体的宽度;密封性能较差;同样也会使列车的干扰阻力增大。随着列车速度的提高，车厢窜风就会越来越明显，对乘客的舒适性有很大的影响；有的车辆甚至会出现车门晃动，影响乘客的安全性。

图 4-4-12　外挂门

2. 塞拉门

塞拉门(图 4-4-13)依靠车门上端的传动机构和导轨，车门在开启状态时，门页贴靠在侧墙外侧(这种状态类似于外挂门)，车门在关闭状态时，门页外表面与车体外墙在同一平面。

塞拉门较好地保持了列车的流线外形，具有密封性好、隔噪效果好、空气阻力小等显著优点，是城轨车辆车门的发展方向。但塞拉门结构复杂，机构的运动较为复杂，造价相对较高。

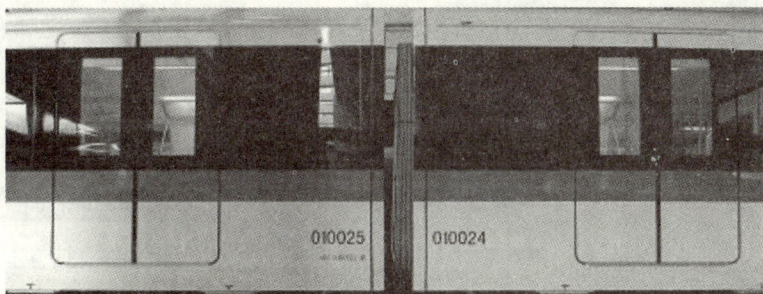

图 4-4-13　塞拉门

(六) 牵引系统的组成

1. 交流牵引电机

变压变频技术的发展，使交流电机同时拥有了直流电机的诸多优点。因此，我国的城轨车辆主要以交流传动为主，常见的交流电机主要有以下两种。

(1) 旋转电机

旋转电机把从电网获得的直流电通过牵引逆变器转换为变压变频的交流电，通过安装在动车动轴上的电机把电能转化为动能，电机通过联轴节—齿轮箱—轮对的传递途径把动能传递到列车的动轴上，最终实现列车的牵引功能。

（2）直线电机

直线电机系统的电机不需要传动装置，可以通过分别安装在车辆和轨道上的电机之间的电磁作用力，直接实现牵引和电制动。

2. 受流装置

（1）受电弓

受电弓是从接触网向整个列车电气系统供电和输送再生制动能量的重要部件。为了限制受电弓在无接触网区段上的垂直运动，设置有机械止挡。受电弓在降弓时有明显的迅速下降和平稳下降两个阶段。

（2）集电靴

集电靴功能与受电弓类似，安装在动车转向架上，通过相关气路来完成接触部分的升降动作，如图4-4-14所示。

3. 高速断路器

高速断路器（HSCB）能对高压电路与牵引逆变器进行隔离，同时对牵引系统进行保护。在电路出现异常的情况下，能够将各牵引设备从受流装置线路上安全断开。主要由主电路、脱扣装置、闭合装置、辅助触点和灭弧罩等组成，如图4-4-15所示。

| 图4-4-14 集电靴 | 图4-4-15 高速断路器 |

1—锁止螺母；2—调节螺栓

4. 牵引逆变器

将 DC 1500 V/750 V 等恒定电压转换为用于牵引电机的三相电流输出。目前，VVVF牵引逆变器功率元件普遍采用IGBT元件，其通过改变IGBT的开通时间来改变负载的电压，通过改变IGBT开通的周期来改变输出的频率。

5. 制动电阻

制动电阻能提供较稳定的制动力，但需要在车体底架安装较大的电阻箱。常见的制动电阻主要有以下两类。

（1）自然风冷制动电阻

采用自然风对流，冷却电阻器上所产生的热能。

（2）强迫风冷制动电阻（图4-4-16）

电阻器上产生的热能，靠风扇强迫通风而散逸于大气中。

图4-4-16　强迫风冷制动电阻

（七）制动系统

人为地使运动的物体减速、阻止其运动或加速运动，称为制动；反之，对已经施行制动的物体，解除或削弱其制动作用，称为缓解。

1. 摩擦制动

通过摩擦副将列车的动能转变为热能并消散于大气中，从而产生制动作用。城轨车辆常用的摩擦制动方式主要有踏面制动、盘式制动和磁轨制动等。

（1）踏面制动（闸瓦制动）

目前最常用的一种制动方式。制动时闸瓦压紧车轮，将列车动能通过轮对和闸瓦的摩擦转变为热能并逸散于大气中。

由于车轮主要承担车辆运行功能，因此其材料不能随意改变。要改善踏面制动的性能，只能通过改变闸身材料的方法。为了改善摩擦性能和增加耐磨性，目前城轨车辆中大多采用合成闸瓦，但是合成闸瓦的导热性较差。导热性能良好、具有较好摩擦性能的粉末冶金闸瓦是发展趋势。

（2）盘式制动（摩擦式圆盘制动）（图4-4-17）

根据制动盘的位置不同，盘式制动分为轴盘式和轮盘式。非动力转向架一般采用轴盘式；当动力转向架轮对间由于牵引电机等设备，使制动盘安装发生困难时，可采用轮盘式。

制动时，制动缸通过制动夹钳使闸片夹紧制动盘，闸片与制动盘之间发生摩擦，把列车的动能转变为热能，热能通过制动盘和闸片逸散于大气中。

盘式制动能选择高性能的摩擦副材料和良好的散热结构，可以获得比踏面制动大得多的制动功率(制动系统转移动能的能力),而且可以根据需要,在每根轴上安装3~4个制动盘,使制动功率达到黏着条件允许的最大值,以满足列车制动的需求。

图4-4-17 盘式制动

(3)磁轨制动(轨道电磁制动)(图4-4-18)

磁轨制动在转向架前后两轮对之间的侧梁下设置升降风缸,风缸顶端装有一个由电磁铁和磨耗板组成的电磁铁靴。列车正常运行时,电磁铁靴悬挂安装在距轨面适当高度处;制动时,电磁铁靴落下,同时接通电源,产生电磁吸力使电磁铁靴吸附在钢轨上,并通过磨耗板与轨道摩擦产生制动作用。

磁轨制动不受轮轨间黏着系数的限制,能有效地缩短制动距离。但磨耗板与轨道摩擦产生大量的热量,会对钢轨造成很大的磨损,因此仅在某些列车上作为一种辅助制动方式,在紧急制动时使用。

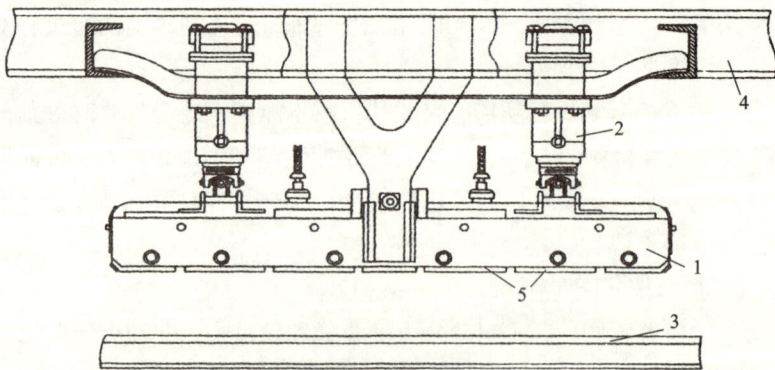

图4-4-18 磁轨制动

1—电磁铁;2—升降风缸;3—钢轨;4—转向架构架侧梁;5—磨耗板

2. 电制动(动力制动)

在列车制动时,将所有牵引电机的电动机工况转变为发电机工况,将列车的动能转化为电能,再通过两种方式将转化来的电能消耗掉,形成以下两种制动方式。

(1)再生制动(反馈制动)

通过转换电路和受流器将转化来的电能反馈给受电网,提供给本车辅助单元或同一电网中相邻运行列车使用的制动方式。再生制动取决于受电网的接收能力、网压的高低以及载荷的利用能力。

(2)电阻制动(能耗制动)

当受电网网压过高,不能接受反馈电能,此时的电能只能通过列车上的电阻器发热,转化的热量通常靠风扇强迫通风,使其散逸于大气中,这种制动方式为电阻制动。电阻器一般能提供较稳定的制动力,但需要在车辆底架上安装体积较大的电阻箱。

(八)辅助电源系统

1. 三相交流 380 V 电源

其主要负载有空气压缩机、空调系统、各类风机、220 V 插座等。

(1)集中式供电

一列车只有两个 380 V 辅助逆变器,分别给两个"半列车"供电。在列车由两个单元车组成的情况下,三相 380 V 电路一般不通过半自动车钩连接,即两个单元车的三相 380 V 电路是独立的。

(2)分散式供电

每节车都配备一个 380 V 辅助逆变器,除供给本车辅助负载外,还可部分与相邻车的负载交叉供电。

2. 直流 110 V 电源(蓄电池充电器)

(1)独立设置

单独将 DC 1500 V/750 V 电压经逆变、变压、整流而得到 DC 110 V,一般在 380 V 辅助逆变器分散式布置中采用。

(2)结合设置

从 380 V 辅助逆变器的逆变、变压后的中间电路取得部分输出,经整流得到 DC 110 V,一般在 380 V 辅助逆变器集中式中采用。

为了保证故障状态下列车的运行能力,列车上 110 V 电源是冗余设置的,一个充电器的容量就能满足整列车的需求。

3. 蓄电池

蓄电池是列车的重要设备,为在运营时列车失去外来供电的情况下,提供临时供电,是必不可少的安全保障,也是列车停放后重新激活的电源。

列车一般设置两组蓄电池,总容量可满足 45 分钟内列车部分 110 V 控制电路、各系统电子控制电路、指示灯、广播系统、乘客信息显示系统部分功能、客室紧急通风、紧急照明以及开关客室门一次的要求。

三、城轨车辆的检修与维护

车辆的检修与维护主要是对城轨车辆各子系统进行检测、诊断、检修和维护，确保车辆的运行质量，保证列车运行的安全性、平稳性和舒适性。根据目的的不同，城轨车辆的维修方式通常可以分为预防性维修和故障性维修两大类。

(一)预防性维修

为了限制故障的产生，在故障率没有超过事先确定的指标之前对设备采取的维修措施称为预防性维修。通常有以下两种形式。

1. 计划修

根据事先制定的维修计划，当达到一个事先确定的时间或者车辆运行里程时，对相关设备进行检查和处理的检修方式，称为计划修。对于故障发生与工作时间有密切关系且无法监控的零部件，通常优先采用这种检修方式。常见的计划修主要包括日检、双周检、月检、三月检、年检、架修、大修等修程。对于运行比较成熟的公司，均衡修也是一种经常采用的检修方式。所谓的均衡修，就是将架修、大修内容分解到年检各修程中，以减少列车的停时，提高车辆利用率。

2. 状态修

在对设备进行检测的基础上，一旦设备的某一参数超过了事先确定的限定警戒值时便介入维修，并根据参数的变化趋势及情况对设备进行检修的方式，称为状态修。状态修通常应用在能以参数或标准进行状态检查的零部件上。

(二)故障性维修

在某个部件出现故障后所采取的维修方式，称为故障性维修(有的也称为"临修")。其具有维护工作量最少、维护成本较低的优点。但由于其具有不确定性的明显特点，仅适用于对行车无直接联系、设备运行未定且已经做了足够备份的系统或设备的检修。

模块五

了解轨道交通供电系统

知识图谱

概述导语

电气化铁路是铁路种类中的一种，具有一些其他铁路种类所不具备的优点，例如清洁污染少、能耗少、运输量大、快速等，是今后交通运输建设的新趋势.电气化铁路顾名思义，其动力主要是靠供电系统提供，以实现牵引电力机车或者动车组运行。因此，我们有必要了解电气化铁路供电系统的组成、供电方式、制式，掌握牵引变电所、接触网和远动系统的作用，为日后从事轨道交通相关岗位奠定基础。城市轨道交通供电系统为城市地铁、轻轨等轨道交通工具提供可靠优质的电能，是保证城市轨道交通正常运行的关键部分。供电系统设备复杂，必须加强定期检修监测和日常维护保养，保证供电安全可靠，设备稳定运行。

通过本模块的学习，熟悉城市轨道交通牵引供电系统的组成、优缺点；了解城市轨道交通中压环网供电系统和低压配电系统；掌握低压配电系统配电形式；了解杂散电流的危害和防护措施；了解变电所综合自动化系统作用。

学习目标

1. 能力目标

(1) 能认识电气化铁路牵引供电系统的组成；

(2) 能区分电气化铁路牵引供电系统主要供电方式、类型和适用范围；

(3) 能区分轨道交通接触网不同类型的优缺点；

(4) 能认识轨道交通牵引变电所的作用和分类，认识轨道交通远动系统的作用。

2. 知识目标

(1) 了解轨道交通牵引供电系统的组成及分类，熟悉轨道交通各供电方式的特点；

(2) 掌握普铁、高铁、城市交通轨道中典型的接触网的组成及特点；

(3) 掌握牵引变电所、主接线、牵引网等概念、作用，掌握远动系统相关概念和作用；

(4) 熟悉城市轨道交通牵引供电系统的组成结构；

(5) 掌握中压环网供电系统和低压配电系统的结构形式；

(6) 了解杂散电流的危害和防护措施，了解变电所综合自动化系统结构及作用。

3. 素质目标

(1) 具有严谨求实的工作作风；

在线测评

(2) 具备团结协作精神；

(3) 具有精益求精的工匠精神，具有良好的职业道德素养。

项目一　了解电气化铁路供电系统

一、电气化铁路牵引供电系统

牵引供电系统是指从电力系统或一次供电系统接受电能，通过变压、变相或换流（将工频交流变换为低频交流或直流电压）后，向电力机车或动车组负载提供所需电流制式的电能，并完成牵引电能传输、配电等全部功能的完整系统。牵引供电系统的性能直接影响列车牵引功率的发挥和牵引传动控制系统的性能。

（一）牵引供电系统的组成

牵引供电系统是电力系统的特殊组成部分，是专门针对电力机车或者动车组运行提供牵引动力的供电系统。该系统用电量大、分布广，且电压等级、供电方式等均与其他电力系统有明显不同，因而形成相对独立于电力系统的电气化铁路牵引供电系统，简称牵引供电系统。电气化铁路牵引供电系统与电力系统关系如图5-1-1所示。

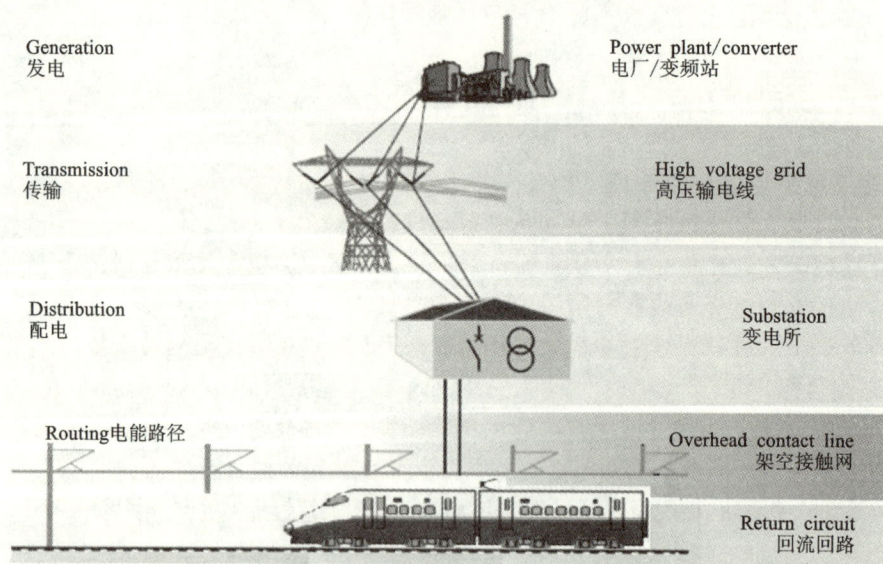

图 5-1-1　电气化铁路牵引供电系统与电力系统关系

牵引供电系统主要由牵引变电所及牵引网组成。牵引供电系统是一级负荷，为了保证供电的可靠性，由电力系统送到牵引变电所的高压输电线路均为双回路。牵引变电所将电力系统通过高压输电线送来的电能加以降压和变流后输送给接触网，并经钢轨回流形成完整回路，以供给沿线路行驶的电力机车或动车组。

牵引供电回路的构成是牵引变电所、馈电线、接触网、电力机车、钢轨与大地、回流线。这个闭合回路中，通常将馈电线、接触网、钢轨与大地、回流线统称为牵引网。处于这个回路中的专门向电力机车供电的变电所被称为牵引变电所。电气化铁路牵引供电系统的组成如图 5-1-2 所示。

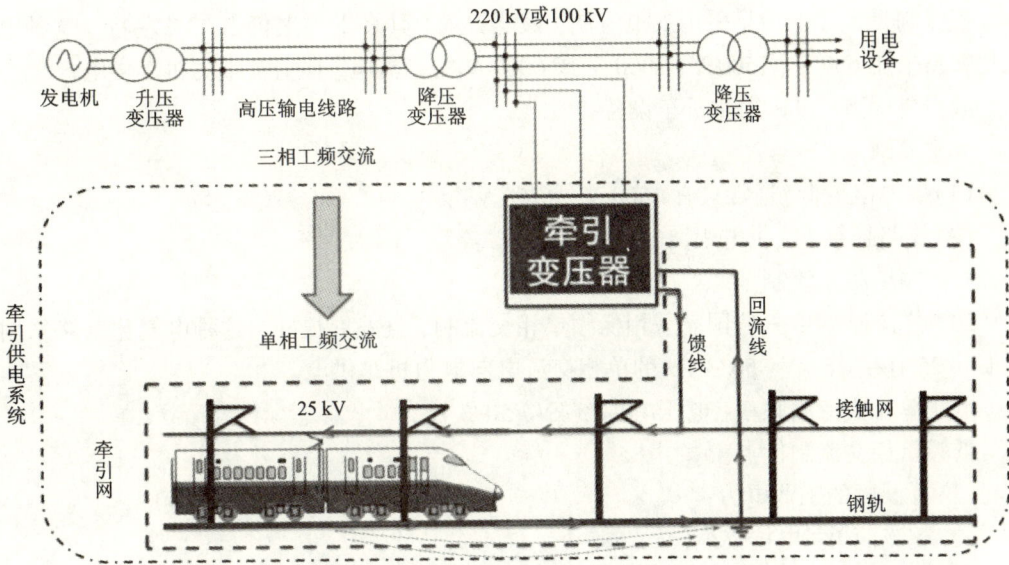

图 5-1-2　电气化铁路牵引供电系统的组成

(二) 牵引供电系统的优缺点

电气化铁路牵引供电系统的优点主要体现在如下几个方面：

(1) 电力牵引可节约能源，综合利用能源。

(2) 电力牵引可提高列车的牵引质量，提高列车的运行速度。

(3) 电力牵引制动功率大，运行时安全性高。

(4) 电气化铁路运输的成本费用低。

(5) 电力牵引易于实现自动化，利用采用先进科学技术，利于改善劳动条件，利于环境保护。

电气化铁路牵引供电系统的缺点主要体现在如下几个方面：

(1) 基本建设投资较大。

(2) 对电力系统存在某些不利因素。因为牵引供电用电是单相负荷，将会在电力系统中产生较大的负序电流和负序电压，而且电力机车的功率因数较低、高次谐波含量较大等都会给电力系统造成不良影响。

(3) 对铁路沿线附近的通信线路造成一定的电磁干扰。

(4)接触网需要停电检修，要求在列车运行图中留有一定的天窗时间，在此时间内列车要停止运行。

（三）牵引供电系统的电流、电压制式

根据各国的国情不同，牵引供电系统采用的电流、电压制式主要有如下几种。

1. 直流制

直流制是世界上最早采用的电流制，截至目前，其在世界上仍占43%左右。这种电气化铁路采用600 V、1500 V、3000 V或6000 V的直流电，向直流电力机车供电。

其主要优点：可以简化机车设备。

其主要缺点：

(1)供电电压低(通常只有1500 V或750 V)；

(2)线路损耗大，供电距离短(≤30 km)。

2. 低频单相交流制

20世纪初，西欧一些国家采用低频单相交流制，且发展很好。这种电气化铁路采用11 kV、25 Hz，15 kV、50/3 Hz的单相交流电向电力机车供电。

低频单相交流制频率：电压11~15 kV，50/3 Hz。

低频单相交流制优点：

(1)有低频的工业电力；

(2)整流简单，电抗较小；

(3)和直流制相比，导线截面小，送电距离长(50~70 km)。

低频单相交流制缺点：供电频率与工业供电频率不同，故须有变频装置或由铁路专用的低频发电厂供电。

3. 三相交流制

个别国家如瑞士、法国等采用3.6 kV的三相交流制，电力机车采用三相交流异步电动机，部分胶轮轨道交通系统也使用三相交流供电。

其主要优点：

(1)三相对称，不影响电力系统的稳定性。

(2)牵引变电所和电力机车结构相对简化。

(3)三相异步电动机运行可靠、维护方便，机车功率大、速度高、功率因数高(接近于1)。

(4)能将无功功率、通信干扰减到最小。

其主要缺点：机车供电线路复杂，异步电动机调速比较困难。

4. 工频单相交流制

工频单相交流制是电气化铁道发展中的一项先进供电制，最早出现在匈牙利，电压16 kV。1950年法国试建了一条25 kV的工频单相交流制电气化铁道，随后日本、苏联等相继采用(20 kV)。目前该种电流制已占到40%以上。这种电气化铁路采用25 kV工频单相交流电向电力机车供电。这是一种比较先进的电流、电压制，它引起了世界各国

的重视。我国的电气化铁路从开始就采用了这种工频单相交流制，为我国电气化铁路的发展奠定了良好的基础。

其主要优点是：

(1)供电系统结构简单。牵引变电所从电力系统获得电能，经过电压变换后直接供给牵引网。

(2)供电电压增高，既可保证大功率机车的供电，提高机车牵引定数和运行速度，又可使变电所之间的距离延长，导线面积减小，建设投资和运营费用显著降低。

(3)交流电力机车的黏着性和牵引性能良好，牵引电动机可在全并联状态下运行，防止轮对空转的恶性发展，从而提高了黏着系数。

(4)和直流制相比，减小了地中电流对地下金属的腐蚀作用，一般可不设专门的防护装置。

各种电流制的电力牵引供电系统的设备有很大的差别。我国电气化铁路牵引供电系统主要采用工频单相交流制，城市轨道交通系统采用直流制。

(四)牵引供电系统的供电方式

根据牵引供电系统中设备和接线不同，采用的供电方式主要有直接供电方式(TR)、吸流变压器供电方式(BT)、自耦变压器供电方式(AT)、直供+回流(DN)供电方式(TRNF)、同轴电力电缆供电方式(CC)。

1. 直接供电方式(TR)

直接供电方式(TR)是将牵引变电所输出的电能直接供给电力机车的一种供电方式，如图 5-1-3 所示。

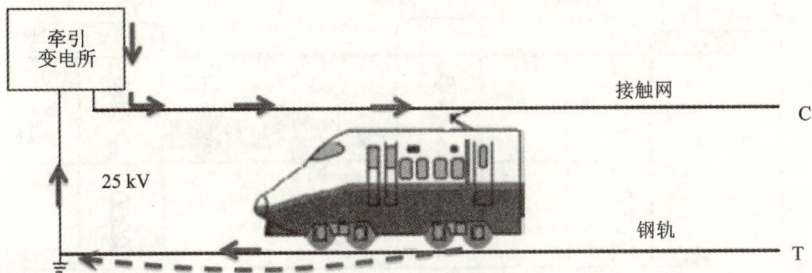

图 5-1-3　直接供电方式

直接供电方式的优点：结构简单、投资省。缺点：由于牵引供电系统为单相负荷，该供电方式的牵引回流为钢轨，是不平衡的供电方式，对通信线路产生感应影响大；回路电阻大，供电距离短(十几公里)。

2. 吸流变压器供电方式(BT)

这种供电方式需要在接触网上每隔一段距离装一台吸流变压器(变比为 1:1)，其原边串入接触网，次边串入回流线(简称 NF 线，架在接触网支柱田野侧，与接触悬挂等高），每两台吸流变压器之间有一根吸上线，将回流线与钢轨连接，其作用是将钢轨中的回流"吸上"去，经回流线返回牵引变电所，起到防干扰效果，如图 5-1-4 所示。

由于大地回流及所谓的"半段效应"，BT 供电方式的防护效果并不理想，另外由于"吸—回"装置造成接触网结构复杂，机车受流条件恶化，近年来已很少采用。

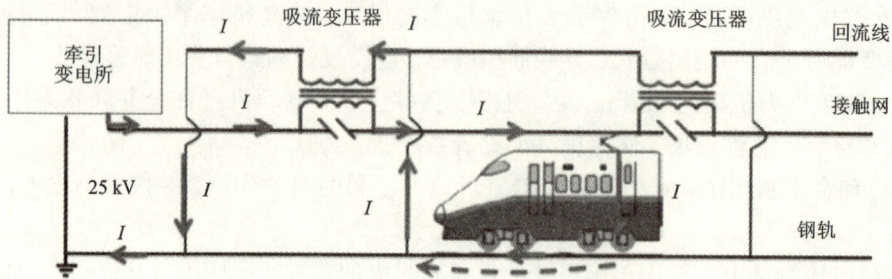

图 5-1-4　吸流变压器供电方式(BT)

3. 自耦变压器供电方式(AT)

采用 AT 供电方式时，牵引变电所主变输出电压为 55 kV，经 AT(自耦变压器，变比为2∶1)向接触网供电，一端接接触网，另一端接正馈线(简称 AF 线，亦架在田野侧，与接触悬挂等高)，其中点抽头与钢轨相连。AF 线的作用同 BT 供电方式中的 NF 线一样，起到防干扰功能，但效果比 NF 线要好。此外，在 AF 线下方还架有一条保护(PW)线，当接触网绝缘破坏时起到保护跳闸作用，同时亦兼有防干扰及防雷效果，如图 5-1-5 所示。

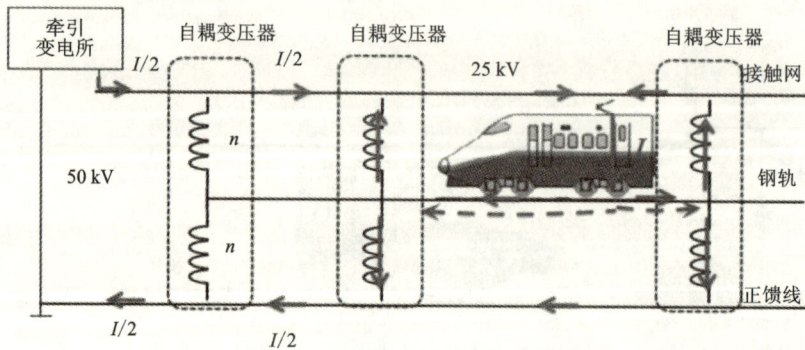

图 5-1-5　自耦变压器 AT 供电方式

显然，AT 供电方式接触网结构也比较复杂。AT 供电方式下，田野侧挂有两组附加导线，AF 线电压与接触网电压相等，PW 线也有一定电位(约几百伏)，增加故障概率。当接触网发生故障，尤其是断杆事故时，更是麻烦，抢修恢复困难，对运输干扰极大。但由于牵引变电所馈出电压高，所间距可增加一倍，并可适当提高末端网压，在电力系统网络比较薄弱的地区有其优越性。我国高速铁路主要采用此供电方式。

4. 直供+回流(DN)供电方式(TRNF)

如图 5-1-6 所示，带回流线的直接供电方式取消 BT 供电方式中的吸流变压器，保留了回流线，利用接触网与回流线之间的互感作用，使钢轨中的回流尽可能地由回流线流回牵引变电所，因而部分抵消接触网对邻近通信线路的干扰，其防干扰效果不如 BT 供电方式，通常在对通信线防干扰要求不高的区段采用。这种供电方式设备简单，因此供电设备的可靠性得到了提高；由于取消了吸流变压器，只保留了回流线，因此牵引网阻抗比直供方式低一些，供电性能好一些，造价也不太高。这种供电方式在我国电气化铁路上得到了广泛应用。

这种供电方式实际上就是带回流线的直接供电方式，NF 线每隔一定距离与钢轨相连，既起到防干扰作用，又兼有 PW 线特性。由于没有吸流变压器，改善了网压，接触网结构简单可靠。我国普速铁路和城市轨道交通系统主要采用该方式。

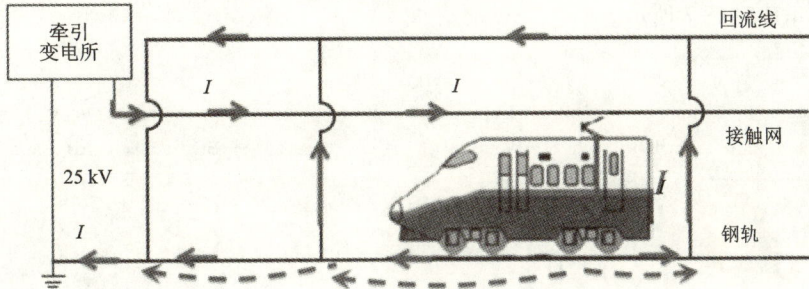

图 5-1-6   直接+回流 DN 供电方式

5. 同轴电力电缆供电方式(CC)

同轴电力电缆供电方式(CC)是在牵引网中沿铁路埋设同轴电力电缆，其内部导体作为馈电线与接触网并联，外部导体作为回流线与钢轨并联的供电方式。这种供电方式由于投资大，目前被很多地区采用。

二、牵引变电所

牵引变电所是指将发电厂经电力传输线送来的电能变换成适合机车车辆所需的电压，并分送到接触网或接触轨(第三轨)的场所。它可分为直流牵引变电所和交流牵引变电所。前者将电力传输线送来的高压交流电经变压器降压，然后经整流器变为直流后，送接触网或接触轨。后者可分为工频、低频单相及工频三相交流牵引变电所，它们分别把电力传输线送来的电能变换成上述三种交流电后，分送到相应的接触网。牵引变电所的主要设备有用于变换电压的变压器、用于接受和分配电能的配电装置以及用于控制和保护的开关等。

牵引变电所是电力系统的一级负荷，必须引入两路独立电源以保证其持续不断地提供电能。牵引变电所额定电压为 27.5 kV 或 55 kV(AT 供电方式下)。它主要有三大作用：

(1)变换电压。

(2)集中分配电能。

(3)调整电压。

(一)交流牵引变电所

我国电气化铁路牵引变电所采用单相工频交流制，是将国家电网中 110 kV 或 220 kV 的三相高压交流电变换为 27.5 kV 交流电，然后向铁路上、下行两个方向的接触网（额定电压为 25 kV 供电，牵引变电所每一侧的接触网都称作供电臂。该两臂的接触网电压相位是不同相的一般是用耐磨的分相绝缘器。相邻牵引变电所间的接触网电压一般为同相的其间除用分相绝缘器隔离外，还设置了分区亭，通过分区亭断路器（或负荷开关）操作，实行双边（或单边）供电。典型的高速铁路牵引变电所 AT 供电方式下的交流制系统图如图 5-1-7 所示。

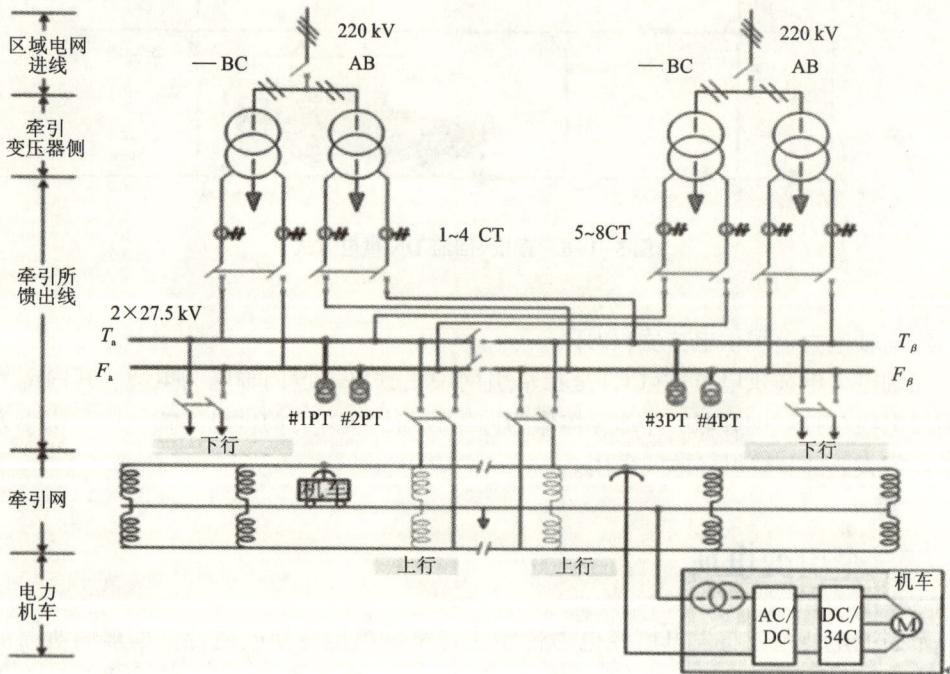

图 5-1-7　高速铁路牵引变电所的交流制系统图

交流牵引变电所还包括分区所（亭）、开闭所、AT 所。

分区所有时又叫分区亭，设置于两个牵引变电所的中间，增加供电的灵活性、可靠性。它可使两相邻的接触网供电区段（同一供电臂的上、下行或两相邻变电所的两供电臂）实现并联或单独工作。如果分区厅两侧的某一区段接触网发生短路故障，可由供电的牵引变电所馈电线断路器及分区亭断路器，在继电保护的作用下自动跳闸，将故障段接触网切除，而非故障段的接触网仍照常工作，从而使事故范围缩小一半。

开闭所牵引网有分支引出时，为保证不影响电力牵引安全可靠供电而设的带保护跳闸断路器等设施的控制场所。多设于枢纽站、编组场、电力机务段和折返段等处。在供电分区范围较大的复线 AT 牵引网中，有时为了进一步缩小接触网事故停电范围和降低牵引网电压损失和电能损失，也可在分区所与牵引变电所之间增设开闭所，也称辅助分区所。开闭所的主要设备是断路器。

AT 所是电气化铁路牵引供电系统采用 AT 供电方式时，专门在铁路沿线每隔 10 km 左右设置一台自耦变压器 AT 的场所。

(二) 直流牵引变电所

城市轨道交通牵引变电所是将交流中压电压经降压整流变成直流 1500 V 或直流 750 V 的电压，为电动列车提供牵引供电。其中正极连接触网、负极接钢轨，相对于交流系统多了整流环节。城市轨道交通牵引变电所采用的直流制系统图如图 5-1-8 所示。直流牵引变电所没有分区所和 AT 所。

城市轨道交通中的变电所根据其功能可分为主变电所、牵引变电所、牵引降压混合所和降压变电所。

城市轨道交通中的主变所是将城市电网的高压(110 kV 或 220 kV)降压后提供给城市轨道交通中的牵引变电所和降压变电所，一般设有两台主变压器。城市轨道交通系统中设有主变电所的就是采用了集中供电方式；如果未设主变电所，直接由各牵引变电所分别从城市电网引入电能的外部电源引入方式就叫分散供电方式。

城市轨道交通中的牵引变电所是将城市电网区域变电所或主变所送来的 35KV 电能经过降压合整流转换成直流电能。

牵引、降压混合变电所是既有牵引变电所相关设备还配有动力变压器，可经降压后供给低压配电向来使用。

降压变电所仅为车站与线路区间的动力、照明负荷和通信信号电源供电。图 5-1-8 所示为城市轨道交通牵引变电所采用的直流制系统图。

(三) 电气接线

牵引变电所包括分区亭、开闭所、AT 所等，为了完成接受电能、高压和分配电能的工作，其电气接线可分为两大部分，即一次接线(主接线)和二次接线。

主接线是指牵引变电所内一次主设备(即高压、强电流设备)的连接方式，它反映了牵引变电所的基本结构和功能。牵引变电所的主接线是由各主要电气设备(包括变压器、断路器、隔离开关、母线、互感器、避雷器及连接线路等)按一定顺序连接而成的、接受和分配电能的总电路。体现电气一次回路中主要电气设备的连接线路的图纸，叫作电气主接线图，如图 5-1-9 所示。

二次接线是指牵引变电所内二次设备(即低电压、弱电流的设备)的连接方式。其作用是对主接线中的设备工作状态进行控制、监察、测量以及实现继电保护与运动化等。

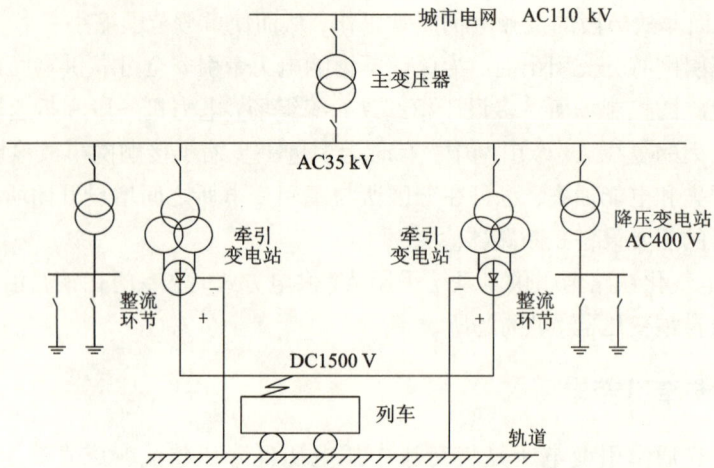

图 5-1-8 城市轨道交通牵引变电所采用的直流制系统图

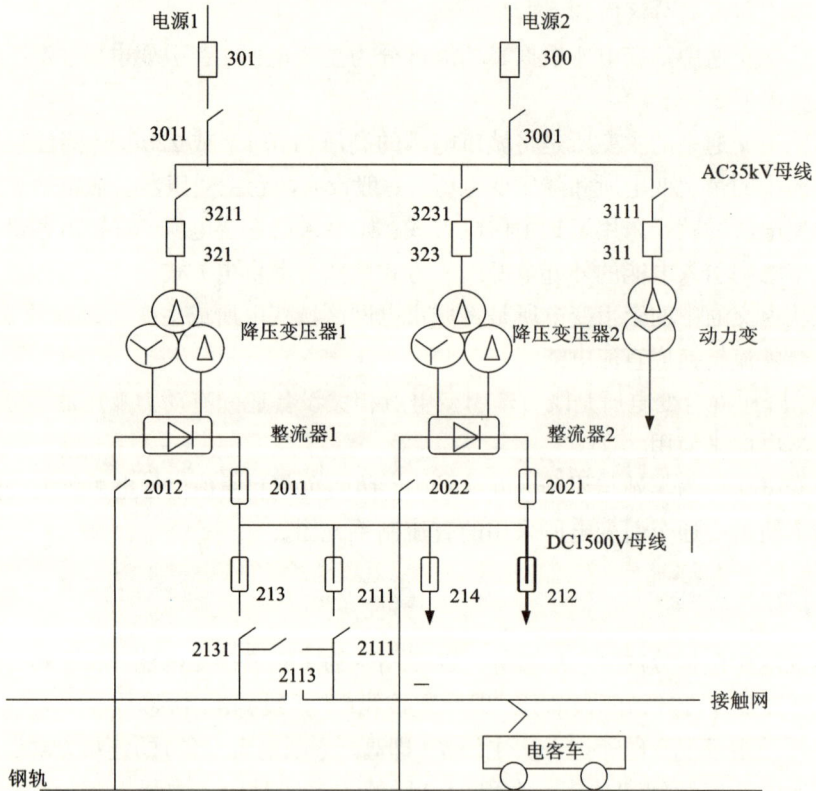

图 5-1-9 牵引变电主接线图

110 kV 电缆(电源 1):将地方 110 kV 变电所的电能引入城轨主变电所。

110 kV GIS:实现 110 kV 电能分配及线路保护功能。

110 kV/35 kV 主变压器(降压变压器):将电压从 110 kV 变为 35 kV。

35 kV 开关柜（GIS）：实现电能分配及输电线路的保护。

35 kV 电缆(AC35KV 母线)：传输 35 kV 等级电能线路的电缆。

35 kV/400 V 动力变压器(动力变)：将 35 kV 电压降低为 400 V 电压，主要用于变电所内生活用电。

整流变压器：将 35 kV 电压降低为适合整流器工作的电压，并具备移相功能。

整流器：将交流电转换成直流电，供给电力机车。

1500 V 直流电缆(DC1500 母线)：实现 1500 V 直流电能传输。

断路器(图中长方形，如 321)：主要负责接通或断开电路的开关设备。

隔离开关(图中开关，如 3211)：主要负责配合断路器进行倒闸操作，形成明显的断开或闭合点。

电分段(图中 2113)：主要负责将电路分隔成两部分，便于电路的灵活分段操作。

牵引变电所中的电气设备分为运行、备用(冷备用及热备用)、检修三种状态。将设备由一种状态转变为另一种状态的过程叫作倒闸。通过操作隔离开关、断路器以及挂、拆接地线将电气设备从一种状态转换为另一种状态或使系统改变了运行方式，这种操作就叫作倒闸操作。倒闸操作必须执行操作票制和工作监护制。根据电气主接线图可以指导开展牵引变电所实际倒闸作业。

三、接触网

接触网是在电气化铁路牵引供电系统中牵引网的主要组成部分，交流系统中其额定电压是 25 kV，允许的最高电压不超过 29 kV，最低电压不低于 19 kV。直流系统接触网额定电压为 1500 V 或 750 V。

牵引网包括接触网、馈电线、回流线和钢轨回路。

馈电线：从牵引变电所向接触网输送牵引电能的导线，它把经牵引变电所变换成符合牵引制式用的电能馈送给接触网。

回流线：用以供牵引电流返回牵引变电所的导线。

电分段：为便于检修和缩小事故范围，在纵向或者横向将接触网从电气连接上互相分开的装置。

轨道回路：利用列车走行轨作为牵引电流回流的电路。在采用跨座式单轨电动车组时，需沿线路专门敷设单独的回流线。轨道回路也包括大地。

接触网：沿钢轨架设、通过与电力机车的受电弓或受电靴接触取流的特殊电力供电线路。

接触网按其结构可分为架空式和接触轨式，架空式接触网又可按其悬挂方式分为柔性接触网和刚性接触网。狭义的接触网指架空柔性接触网，我国电气化铁路主要采用架空柔性接触网，城市轨道交通车联段等地上区段也大多采用架空式柔性接触网，如图 5-1-10 所示。

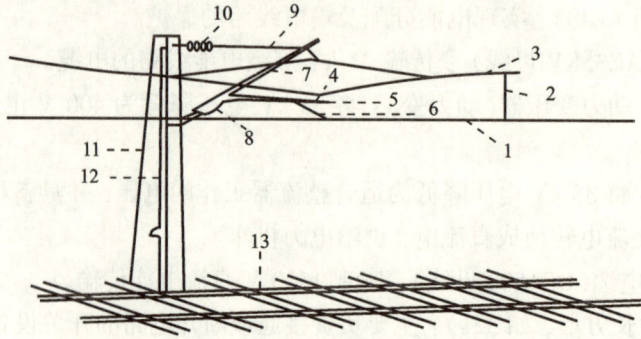

图 5-1-10　地面架空式接触网

1—接触线；2—吊统；3—承力索；4—弹性吊统；5—定位管；
6—定位器；7—腕臂；8—棒式绝缘子；9—拉杆；
10—悬式绝缘子；11—支柱；12—接地线；13—钢轨

(一) 柔性接触网的组成

架空柔性接触网是沿铁路线上空架设、"之字形"布置、向电力机车供电的特殊形式的高压输电线路。其由接触悬挂、支持装置、定位装置、支柱与基础四部分组成。

接触悬挂包括接触线、吊弦、承力索以及连接零件和绝缘子。接触悬挂通过支持装置架设在支柱上，其功用是将从牵引变电所获得的电能输送给电力机车。接触悬挂的核心部件是主要负责向电力机车提供电能的导线——接触线。接触线的主要材质为铜，以便导电，加入少量其他金属用于加强其机械性能。

支持装置用以支持接触悬挂，并将其负荷传给支柱或其他建筑物。根据接触网所在区间、站场和大型建筑物而有所不同。支持装置包括腕臂、水平拉杆、悬式绝缘子串、棒式绝缘子及其他建筑物的特殊支持设备。

定位装置包括定位管和定位器，其功用是固定接触线的位置，使接触线在受电弓滑板运行轨迹范围内，保证接触线与受电弓不脱离，并将接触线的水平负荷传给支柱。

支柱与基础用以承受接触悬挂、支持和定位装置的全部负荷，并将接触悬挂固定在规定的位置和高度上。我国接触网中采用预应力钢筋混凝土支柱和钢柱，基础是对钢支柱而言的，即钢支柱固定在下面的钢筋混凝土制成的基础上，由基础承受支柱传给的全部负荷，并保证支柱的稳定性。预应力钢筋混凝土支柱与基础制成一个整体，下端直接埋入地下。

(二) 刚性接触网的结构

架空刚性接触网是在铁路沿线上空架设汇流排用于固定接触线，稳定性优于柔性架空接触网。其有两种典型代表：以日本为代表的 T 形结构和以法国、瑞士等国为代表的 Π 形结构，如图 5-1-11 所示。刚性接触网广泛用于地下铁道供电，其可降低结构高度，大大缩小空间，零部件少，维护、维修成本低。目前我国主要采用 Π 形结构。

刚性接触网由架空刚性汇流排、接触线、支持定位装置、绝缘部件及架空地线等部

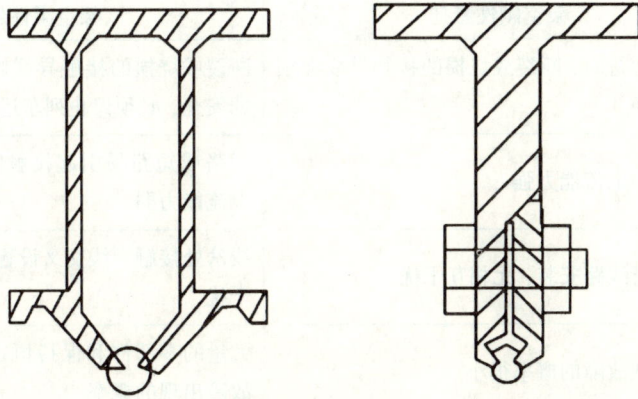

Π形和T形汇流排示意

图 5-1-11　Π 形结构和 T 形结构的架空刚性接触网

分组成。接触悬挂主要由汇流排、接触线、膨胀元件、接头、中心锚结组成。回流网一般由回流电缆、均流电缆、回流铜排、均流排、钢轨、负极隔属物组成，主要为牵引电流提供回路。架空刚性接触网与架空柔性接触网的比较见表 5-1-1。

表 5-1-1　架空刚性接触网与架空柔性接触网的比较

项目	架空刚性悬挂	架空柔性悬挂
原理	刚性悬挂没有张力补偿装置	需要张力补偿装置
	线岔处汇流排为平行排列	线岔处接触导线多为交叉布置
	汇流排不需要抬高	下锚处接触导线必须抬高
	汇流排允许大电流通过，可取消加强线	必要时须设加强线
维护	由于刚性悬挂系统汇流排无张力，维修时间可以适当延长	大量的接触网零部件和补偿装置要求巡视维修频繁
	较少的导电器件使安全性能更好	事故的风险较高
	各段更换不会影响到相邻的分段	耗费时间长，需要保持补偿张力恒定
	因为没有机械张力，即使有一段被烧断的接触网导线也无需立即更换，可以等到无列车运行时间进行，但更换需要进行整锚段更换	烧断的接触网导线需要立即更换，但可以部分更换
	磨耗均匀	每一个悬挂定位点为一个"硬点"使得磨损不均匀
	允许磨耗可为接触导线的 50%	当正常磨损 30% 以上时，接触网需要调整或者更换。

项目	架空刚性悬挂	架空柔性悬挂
安全性和可靠性	当列车运行时，断裂或烧损的接触导线无须立即更换	断裂或烧损的接触导线将危及人或者设备的安全，必须停止列车运行
	承受短路电流能力强	闪络或短路易引起接触网故障，承受短路电流能力弱
	线岔平行线路安装，无相互干扰	线岔处接触导线交叉设置，正线、站线相互干扰
	系统出现故障的概率很小	大量的零部件和保持恒定补偿张力增加了故障出现的概率

（三）接触轨式接触网

接触轨是沿着走行轨道一侧平行铺设的附加第三轨，如图 5-1-12 所示，故又称第三轨式接触网，国内大部分第三轨式接触网电压为 DC750 V，广州地铁 4 号线采用 DC1500 V 第三轨式接触网。

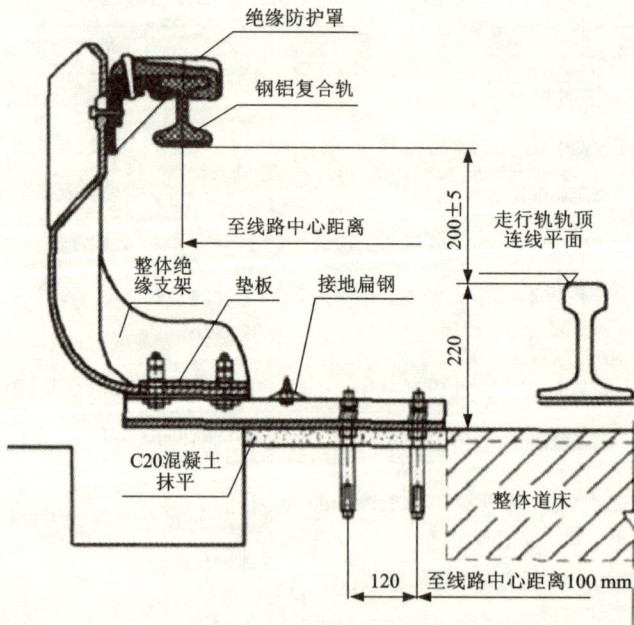

图 5-1-12　接触轨结构

接触轨的主要优点有：电动车辆受电靴与第三轨接触面较大且对其磨损极小，故维护简单；修建地下线可降低净空，减小开挖土方；在地面对城市景观影响较小，适用于电压较低的制式。主要缺点有：车辆不能脱离电源；电压偏低，对于大运量的车辆供电，使得牵引变电所的距离较近。

第三轨式接触网是一种传统的刚性接触网，采用导电率较高的钢轨制成。但若采用 DC750 V 电压，输点距离有限，为弥补这一缺陷，目前世界上已有 60 多个城市采用钢铝复合接触轨代替低碳钢接触网轨。

(四)接触网系统的特点及要求

接触网担负着把从牵引变电所获得的电能直接输送给列车使用的重要任务。因此接触网的质量和工作状态将直接影响着列车的运行状态。由于接触网没有备用，线路上的负荷又是随着列车的运行而沿接触线移动和变化的，工作环境苛刻，因此对接触网设备的状态要求较高，主要有以下几个方面的要求。

(1)在机械结构上具有良好的稳定性。要求在高速运行和恶劣的气候条件下，能保证列车质量良好持续取流。

(2)接触网设备及零件具备互换性。

(3)接触网设备及零件有足够的耐磨性(尤其是接触线)和抗腐蚀能力，以延长设备的使用寿命。

(4)要求接触网对地绝缘良好，安全可靠。

(5)结构尽量简单，以便于施工及运营维修。同时在事故情况下，便于抢修和迅速恢复送电。

(6)尽可能地降低成本，尤其要节约有色金属及钢材。

总的来说，要求接触网无论在任何条件下，都能保证供给列车电能，使列车在线路上安全、高速运行，同时尽可能地应用新技术并节省投资、方便检修。

四、远动系统

远动系统是指对电气化铁路运行过程进行监视和控制的系统，它包括对必需的过程信息的采集、处理、传输和显示、执行等全部的设备与功能。

电气化铁路牵引供电系统远动控制技术实现的功能主要包括遥测(YC)、遥信(YX)、遥控(YK)、遥调(YT)和遥视(YS)五方面的功能，简称"五遥"功能。而为了保证电力系统运动各种功能的可靠实现，主要通过数据采集技术、信道编码技术和通信传输技术三部分来实现调度端对被控站的远方动作控制。

遥测(YC)：对被控站的运行状态和参数进行采集测量。

遥信(YX)：将被控制的设备状态信号远距离传给调度所。

遥控(YK)：从调度所发出命令以实现远方操作和切换。

遥调(YT)：指调度所直接对被控站某些设备的工作状态和参数进行调整。

遥视(YS)：将被控站设备的视频信号传送给调度所，实现远方图像监视。

远动系统的基本作用就是实现调度端对被控端设备的监视与控制操作，所以远动系统的组成应包括调度端、执行端和通信信道三部分。

(一)调度端

调度端是远动系统遥控、遥调指令信息的产生部分，也是被控端设备对象遥测、通信信息的接收部分。电气化铁道牵引供电远动系统调度端安装在中心城市的调度控制中心。

在远动系统中，为配合调度端工作，调度控制中心还配备有模拟屏、打印机、工程师终端、VDU 显示设备(含键盘、鼠标器等人机接口)、通信处理器及不间断电源(UPS)等设备。

调度端的主要任务就是对被控端送来的信息进行加工、处理(如有功功率、无功功率、电能量等)，并根据需要进行各种报表、记录得打印、存储、显示，对事故信号进行报警，以及由操作员通过人机接口向各被控对象发出操作命令等。

采用计算机技术的远动系统称作远方监控与数据采集系统，也称为 SCADA (supervisory control and data acquisition system)。其主要功能是依靠软件编程来实现的，突出优势在于信息数据处理、人机对话和自动巡回检测等。

(二)执行端

执行端是远动系统遥控、遥调指令信息的接收与执行部分，也是被控端设备对象遥测、遥信信息的采集与发送部分。

电气化铁道远动系统执行端分布安装在被控对象的所在地，其主要功能则是采集牵引变电所内各开关量的状态、电气量的参数并及时上送调度端，以及执行控制端发来的各种操作命令等。执行端为实现远动系统的功能完善，一般还具备被控设备对象发生事件的顺序记录、自恢复和自检测功能。

在 SCADA 中，执行端也称为远方终端装置(RTU)。计算机远动系统的执行端主要包括计算机、数据采集电路、显示器和打印机等设备，其主要功能依靠软件编程来实现。

(三)通信信道

远动系统中信道的主要功能是承担控制端与被控端之间的信息数据、命令的传输。通常，把从控制端向被控端发送的数据成为"下行"数据，把从被控端向控制端发送的数据称为"上行"数据。

五、职业规范

铁路牵引供电部门的主要工种有接触网工、变电值班员、变电检修工、轨道作业车司机、电力线路工等。城市轨道交通供电部门的主要工作有接触网检修工、变电检修工(或高压电工)、轨道作业车司机、电力线路工等。

铁路供电部门运营维护和检修岗位的职业规范包括：遵守法律、法规和有关规定，爱岗敬业、具有高度责任心，严格执行工作程序、工作规范、工作标准和安全操作规程，工作认真负责，具有良好的团队合作精神，爱护设备及工具、仪器、仪表，着装符合规定，保持工作环境清洁有序、文明生产，刻苦学习、钻研业务，努力提高技术文化素质。

> **交通强国**
>
> 　　在高铁列车将乘客安全送达目的地的背后，有这样一群特殊的铁路人，保证了高铁列车牵引系统的安全供电，他们便是接触网维修工。接触网是给高铁列车提供电能的电网，高铁列车通过受电弓与接触网接触，获取飞速前进的动能。然而，受电弓向上对接触网产生抬升力，加上各种天气的影响，经常会造成接触网部件的螺丝松动和参数变化，影响着高铁列车的安全运行。因此，接触网维修工一年四季都要对接触网设备进行不间断地巡视检查。他们总是要赶在没有列车运行的时间开始高空的"极限作业"。寒冷和危险时时伴随着他们，但正是由于他们的辛劳付出才让千万乘客的安全得到了保证。

项目二　城市轨道交通供电系统

一、城市轨道交通供电系统作用

　　城市轨道供电系统是轨道交通的重要组成部分，没有城市轨道供电系统的可靠安全供电，就不可能有城市轨道交通的正常运行。城市轨道交通供电系统由主变电所、牵引变电所、降压变所、馈电线、接触网、走行轨、回流线、迷流防护系统等部分组成，如图5-2-1所示。其中，主变电所把从城市电网 110 kV 电源引入的三相高压交流电降压配送给轨道交通沿线的牵引变电所和降压变电所。牵引变电所是将交流电经降压整流后换成适合于电动列车应用的直流电(1500 V)。降压变电所从主变电所引入电源，经配电变压器将电压降至 0.4 kV，为车站用电设备提供电源。直流馈电线是将牵引变电所的直流电输送到接触网上。接触网是沿电动列车行驶轨迹架设的特殊供电线路，电动列车通过其受电器(集电器)与接触网的直接接触而获得电能。走行轨是牵引供电回路的一部分，回流线将轨道回流引向牵引变电所。迷流防护系统是将经轨道流入大地的杂散电流通过迷流网收集起来，通过排流柜及其电缆将迷流送回整流器的负端，保护地下或地面建筑物的结构钢筋不被腐蚀。

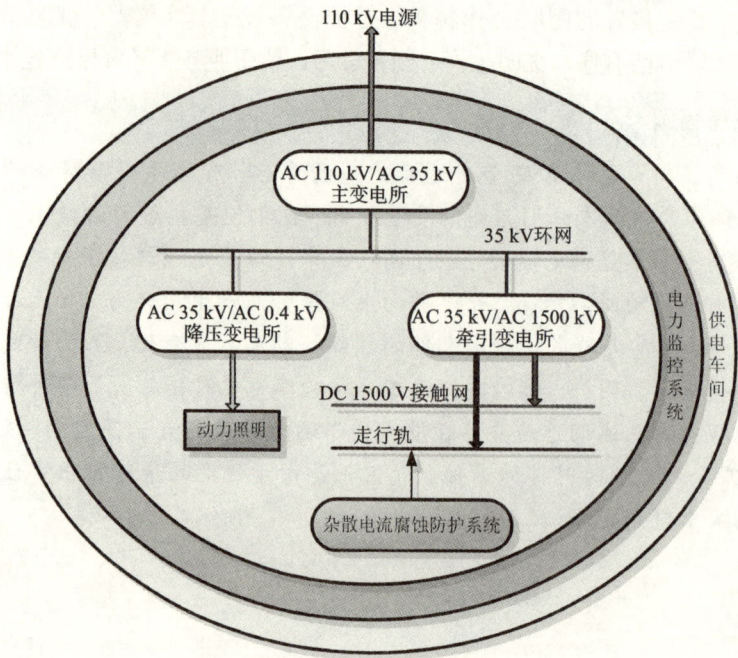

110 kV电源

AC 110 kV/AC 35 kV
主变电所

35 kV环网

AC 35 kV/AC 0.4 kV
降压变电所

AC 35 kV/AC 1500 kV
牵引变电所

动力照明

DC 1500 V接触网

走行轨

杂散电流腐蚀防护系统

电力监控系统

供电车间

图 5-2-1　城市轨道供电系统

（一）供电负荷及要求

　　城市轨道交通供电不同于一般工业企业供电和民用供电，它主要是为运送乘客的列车提供持续的电能，这些电动列车往往处于交通线路沿线的不同线段、不同运行状态之中，有高架地面、地下，有上坡、下坡，还有牵引（包括启动状态）、滑行、制动（包括电气再生制动）等。列车的运行工况比较复杂，对供电的质量和可靠性要求高。因此，城市轨道交通需要一个稳定而又经济合理沿线路敷设的城市轨道交通供电电网。

　　此外，城市轨道交通供电系统还要对为乘客运营服务的辅助设施进行供电。这些设施包括照明、自动扶梯、通信、信号、通风、给排水、防灾报警、自动售票机和检票机等。城市轨道交通供电是城市电网中的重要用户。大量的人群滞留在车站和列车上的时间长短不一，交通供电的中断不仅会造成交通运输的全线瘫痪，而且可能导致生命和财产的重大损失。因此，交通供电系统必须具备高度的可靠性和安全性。

　　（1）系统中供各级供电网络的变配电设备本身负荷。这类设备的负荷主要包括变压器损耗，线路损耗，各种电流、电压互感器的线圈损耗等。一般这类设备随着客运量的变化，只是稍有变化。

　　（2）客运列车的负荷。这类负荷是城市轨道交通供电系统中的主要负荷。并随着客运的高峰低谷的变化而变化，夜间列车停运，负荷为零。这类负荷可靠性要求最高。

　　（3）车站用户的负荷。这类负荷主要包括电梯和自动扶梯、环控设备、车站照明、售检票系统、通信、信号、消防报警系统、给排水系统等。这类负荷在客运时间段是高峰，列车停运时间段是低谷。车站用户多为是低压用户，其中通信、信号等对电能质量要求最高。

（4）车辆段维修负荷。这类负荷在客运时间段是低谷，列车停运时间段是高峰。

（5）车站商业用电。这类负荷主要包括商铺、广告、餐饮等，特点是种类多、负荷量大。负荷高峰主要在白天运营期间。

综上分析，就可看出整个系统总的负荷变化的情况。一般来说客运高峰时是供电的负荷高峰；客运低谷时是供电的负荷低谷。城市轨道交通供电必须满足这些负荷的变化，才能保证整个轨道交通运营的正常。

（二）供电系统运行的经济性

城市轨道交通是国家电网的一个特大用户，也是一个耗能大户，必须实行经济运行。城市轨道交通供电系统经济运行的基本原则是在保证电力系统安全可靠运行和电能质量符合标准的前提下，尽量降低总电能的损耗量，提高电能的使用效率。这就对整个电力系统中耗电设备从设计、选型到运行和管理提出了更高的要求。对运行中的变配电设备，要降低损耗，首先必须从合理安排系统运行方式入手，因为这些措施不仅不需要增加投资，而且在降低损耗的技术措施中是最合理和最经济的。通过适当调整各级电网的运行电压、合理组织变压器的经济运行、调整用户的负荷曲线、安排好设备检修计划等措施来加强电网的运行管理，才能实现电网的经济运行，从而达到降低系统损耗的目的。

所以要想实现系统的经济运行，就必须把握负荷的变化情况，及时调整运行方式。要想保证用户的电压稳定在额定值附近，就必须了解系统无功的变化情况，平衡系统的无功负荷，合理调整主变压器的分接头开关的位置。这就需要供电系统能满足经济运行的要求。

（三）城市轨道供电系统的电力制式

牵引供电制式按接触网的电流制有直流制和交流制两种。直流制是将高压、三相交流电源经牵引变电所降压和整流后，向接触网提供直流电。交流制是将高压、三相交流电源在变电所降压后，向接触网提供交流电。我国电气化铁路的牵引供电制式就采用单相工频 25 kV 交流制。

然而，城市轨道交通牵引供电制式的确定和电气化铁路有很大的不同。电气化铁路站点间距长，周围空间环境宽，绝缘安全距离大，可选用较高的触网电压，而城轨交通站点间距短，周围环境狭窄，绝缘安全距离小，触网电压不能选得很高，但考虑到电压损失，触网电压又不能太低，所以采用直流供电较为妥当。同时因为直流电不产生电抗压降，在相同的电压等级下，在电压损失方面直流供电优于交流供电，且触网结构也较为简单，因此城市轨道交通几乎都采用直流供电制式。

二、城市轨道供电系统的环网

城轨供电系统是属于集中受电，一条线路通常有两座或两座以上主变电站，各自从不同源的市电网接受两路电源，经1#和2#主变降压，分别通过其35 kV I/Ⅱ段母线对所辖负荷构成两路供电网络，在这个网络中各牵引变电站或混合变电站相互之间都有联络线，形成相互连接的网络。各牵引变电站或混合变电站除了向主变接受电源以外，还可以通过联络线向邻站接受电源，同样也可以向邻站馈出电源。这样的一种接线形式就称为环网（图5-2-2）。正常运行时，主变电站对所辖负荷分别供电，各个主变电站各自向所辖的负荷供电，各自的供电网络互不相连，但当电源线路检修或故障时，正常运行的主变电站通过其中一路网联开关向另一故障主变变电站供电，这时两个主变的两个网络中的一路供电网络就联系在一起了，这样就大大提高了供电的可靠性。

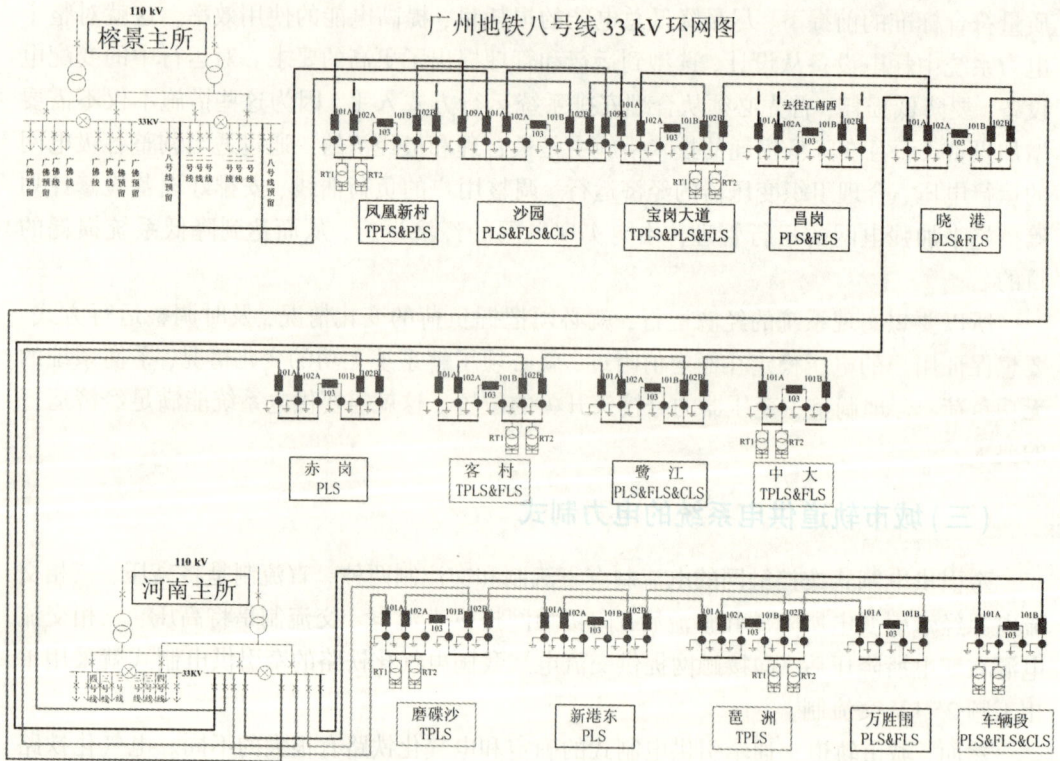

图 5-2-2　供电环网

三、低压配电系统

(一)低压配电系统作用

低压配电系统是城轨供电系统的关键,经济、合理可靠性高的配电形式是城轨运营的前提。低压配电系统主要由配电电源、输送线路、低压配电室开关柜、电缆线路、配电箱及负荷组成。配电电源主要是为保障城轨的正常运行,开关柜装置控制低压配电系统的电压和辅助设备的电路及对电能质量的监测,系统配电设备及线路保障城轨低压系统的安装及铺设的安全性、可行性。

低压配电系统可对城轨设备进行直接控制和车站综合控制,城轨低压系统中的开关柜可对城轨设备元件进行过载保护及其他特性的保护功能,车站照明系统用电归属于低压配电系统,对城轨照明设备的控制能保障照明系统的稳定可靠运行。低压配电系统是直接向轨道交通中的其他系统提供电能的重要子系统,同时还负责监测控制通风空调、给排水和照明等设备的运行状态。城轨中智能低压配电系统不仅保证城轨运行的安全可靠,也实现了对城轨整体运行设备的管控,低压配电系统对城轨设备的控制更加智能化。

(二)低压配电系统配电形式

1.按主干线的构成分类

(1)放射式配电接线方式。其特点是配电线路相互独立,因而具有较高的可靠性,某一配电线路发生故障或检修时不致影响其他配电线路。但放射式配电接线方式中,从低压配电柜引出的干线较多,使用的开关等材料也较多。这种接线方式般适用于供电可靠性要求高的场所或容量较大的用电设备,如图5-2-3所示。

(2)树干式配电接线方式。其特点与放射式配电方式相反,系统具有一定的灵活性,耗用的有色金属材料较少,但干线一旦发生故障,将造成较大范围的影响,因而其供电可靠性较差。该接线方式一般适用于负荷容量较小,分布均匀且供电可靠性无特殊要求的用电设备,如用于一般照明的楼层分配电箱等,如图5-2-4所示。

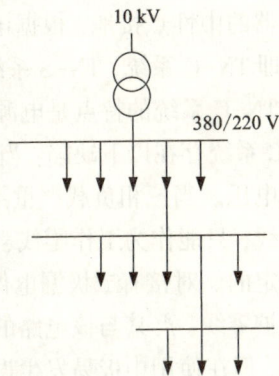

图5-2-3 放射式接线

(3)混合式配电方式兼顾了放射式和树 F 式两种配电方式的特点,是将两者进行组合的配电方式。如高层建筑中,当每层照明负荷都较小时,可以从低压配电屏放射式引出多条干线,将楼层照明配电箱分组接入干线,局部为树干式。

在城轨低压配电系统中,以低压配电室向一般系统负荷供电,大多数采用放射式供

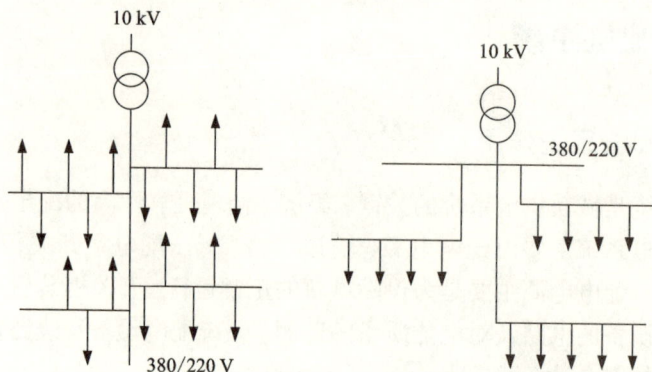

图 5-2-4　树干式接线

电的模式，个别负荷可采用树干式供电。

2. 按接地方式分类

根据国家标准《低压配电设计规范》的定义，将低压配电系统分为三种，即 TN、TT、IT 三种形式。其中，第一个大写字母 T 表示电源变压器中性点直接地，I 则表示电源变乐器中性点不接地(或通过高阻抗接地)。第二个大写字母 T 表示电气设备的外壳直接接地，但和电网的接地系统没有联系。N 表示电气设备的外壳与系统的接地中性线相连。

TN 系统：电源变压器中性点接地，设备外露部分与中性线相连。电力系统的电源变压器的中性点接地，根据电气设备外露导电部分与系统连接的不同方式又可分为三类，即 TN-C 系统、TN-S 系统、TN-C-S 系统。

TN-C 系统的特点是电源变压器中性点接地，保护零线(PE)与工作零线(N)共用。TN-C 系统存在以下缺陷：当三相负载不平衡时，在零线上出现不平衡电流，零线对地呈现电压。当三相负载严重不平衡时，触及零线可能导致触电事故。通过漏电保护开关的零线，只能作为工作零线，不能作为电气设备的保护零线，这是由漏电开关的工作原理决定的。对接有二极漏电保护开关的单相用电设备，如用于 TN-C 系统中其金属外壳的保护零线，严禁与该电路的工作零线相连接，也不允许接在漏电保护开关前面的 PEN 线上，但在使用中极易发生误接。重复接地装置的连接线，严禁与通过漏电开关的工作零线相连接。TN-S 供电系统，将工作零线与保护零线完全分开，从而克服了 TN-C 供电系统的缺陷，所以现在施工现场已经不再使用 TN-C 系统。

TN-S 系统的整个系统的中性线(N)与保护线(PE)是分开的。它的特点是当电气设备相线碰壳时，直接短路，可采用过电流保护器切断电源；当 N 线断开，如三相负荷不平衡，中性点电位升高.但外壳无电位，PE 线也无电位；TN-S 系统 PE 线首末端应做重复接地，以减少 PE 线断线造成的危险。TN-S 系统适用于工业企业大型民用建筑。

TN-C-S 系统由两个接地系统组成，第一部分是 TN-C 系统，第一部分是 TN-S 系统，其分界面在 N 线与 PE 线的连接点。PE 线连接的设备外壳在正常运行时始终不会带电，所以 TN-C-S 系统提高了操作人员及设备的安全性。

TT 系统：电源中性点直接接地，电气设备的外露导电部分用 PE 线接到接地极（此接地极与中性点接地没有电气联系）。在采用此系统保护时，当个设备发生漏电故障，设备金属外壳所带的故障电压较大，而电流较小，不利于保护开关的动作，对人和设备有危害。

IT 系统：电力系统的带电部分与大地何无直接连接（或经电阻接地），而受电设备的外露导电部分则通过保护线直接接地。这种系统主要用于 10 kV 及 35 kV 的高压系统和矿山、井下的某些低压供电系统。

城轨低压配电系统受接线方式设备选择安装线路铺设等因素的控制，其中受接地方式的控制较为明显。低压配电系统的接地方式以城轨配电电源端、城轨低压配电设备外装置可导电部分与地接触的关系来判定。我国的城轨低压供电系统接地方式大部分采用三相五线制系统，以此方式可解决城轨地下结构的钢筋自然接地。通常采用 TN-S 系统，动力设备的外解可导电部分均与 PFE 线可靠连接，配电箱、切换箱控制箱保护钢符等均与就近 PE 线可靠连接。

在目前的低压配电方式下，城轨车站内的设备房间公共区布满电缆，低压电缆沿桥架铺设到系统用电设备的配电箱及变电所内的低压开关柜中，各级负荷电源从低压开关柜接引，通过电缆向系统用电设备配电，以低压配电空向系统负荷一般采用放射式供电模式供电。

总而言之，低压配电系统是城轨运行供配电的一个重要环节，对于各项低压用电设备的技术要求尤其高，因而须以高技术、高安装、高维护的"三高"原则来保障城轨低压配电系统的安全正常运行。低压配电系统提高了城轨设备运行的自动智能化程度，缩短了城轨低压配电系统的调试运行时间，对城轨设备维护起着不可或缺的作用。

四、杂散电流

（一）杂散电流产生与危害

在直流牵引供电系统中，接触网与牵引变电站的正极连接。钢轨除用作行车外，还兼作负回流线，与牵引变电站的负极连接。在地铁运行时，钢轨中流过电流，在钢轨上形成对地的电位分布，致使钢轨回流的过程中的一部分电流，通过过渡电阻（走行轨与排流网之间过渡电阻和排流网与主体结构钢筋的过渡电阻，如图 5-2-5 所示），道床、主体结构钢筋泄漏，流入大地。再由大地流回走行轨并回到牵引变电站的负极。这部分由钢轨散流到大地电流就叫作杂散电流，又称地铁迷流。

杂散电流所经过的路径可概括为两个串联的腐蚀电池，即电池 I：A 钢轨（阳极区）→B 道床→C 排流网（阴极区）；电池 II：D 排流网（阳极区）→E 道床→F 钢轨（阴极区）。

杂散电流在流出主体结构钢筋和其他金属管线处会产生电化学腐蚀，尤其地铁运行若干年后，钢轨与道床之间的绝缘扣件老化或者外表脏污，使钢轨与排流网之间的过渡

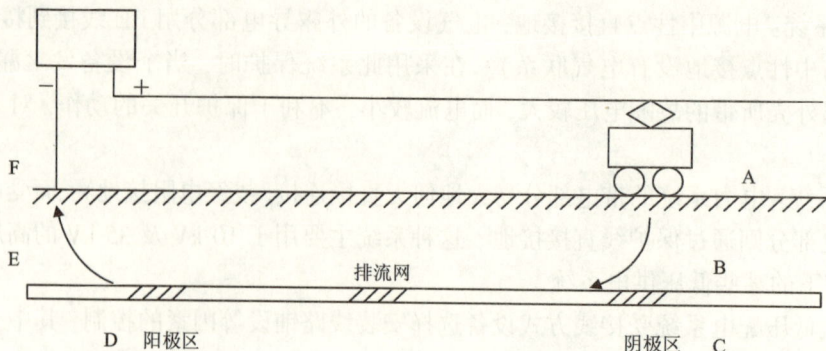

图 5-2-5　杂散电流示意图

电阻变小，导致杂散电流逐渐增大，日积月累，造成比较严重的腐蚀。当电动列车所在处附近的杂散电流从走行轨流向金属体时，使金属体对地电位形成阴极区。在变电所附近，杂散电流从金属体流回走行轨和变电所，金属体对地电位形成阳极区。在阳极区，杂散电流从金属体流出的地方将出现电解现象，这种电解现象导致金属体被腐蚀。轨道交通系统内部和附近的金属管线、各种地下电缆的金属铠装层或金属结构件，在电腐蚀的长期作用下，将受到严重的损坏，从而影响设备的正常使用。

若杂散电流流入电气接地装置又将引起过高的接地电位，使某些设备无法正常工作。由此可知，杂散电流及其影响是极需重视的专门问题。

（二）杂散电流防护

1. 减少杂散电流的方法

从杂散电流产生的原因，可以得到治理的方向，即"堵"和"排"。

"堵"包含两层意思：一是减少杂散电流量，可通过适当限制供电区段长度，减小供电区段内的负荷和钢轨电位，设置钢轨均流线和钢轨电位限制器也可降低钢轨电位。直流供电设备和回流钢轨采用绝缘安装，从而减少杂散电流。二是钢轨道与地绝缘越好，杂散电流也就越小，为此在钢轨道与混凝土轨枕之间、紧固用螺栓与混凝土轨枕之间、扣件与混凝土轨枕之间采取绝缘，要求每公里轨道对杂散电流收集网的泄漏电阻值大于15Ω。对于车辆段钢轨对道床的泄漏电阻较低，杂散电流较大的区段，设置单向导通装置，限制杂散电流的扩散。对隧道内的金属管线和其他金属设施采取材质选择和对地绝缘等措施，限制杂散电流向其泄漏。

"排"即设置杂散电流收集网，逐层屏蔽。利用杂散电流的首次经过的通路——道床内的结构钢筋，将钢筋良好连通形成第一道屏蔽网，防止杂散电流向道床外部漏泄；利用隧道结构钢筋连通形成第二道屏蔽网，既保护自身受到腐蚀，又防止杂散电流向隧道外部漏泄，避免危及市政公共设施。另外在牵引变电所内设置排流装置，构成排流通路。

2. 轨道交通杂散电流的防护措施

牵引回流系统主要由钢轨，负回流线、上下行均流线等组成。理论和工程实践都已证明：抑制杂散电流首先要保持牵引回流回路的畅通，减小回路电阻，同时应设法尽量加大钢轨与道床的过渡电阻。

杂散电流的防护措施如下。

（1）选择较高的直流牵引供电的额定电压，以减少牵引电流和杂散电流。

（2）采用双边供电方式。

（3）尽可能减少钢轨间的接触电阻或增加附加回流线。

（4）尽量提高钢轨对地的绝缘。

（5）尽可能远离或避免平行设置地下金属管道、电缆等，并对其采用适当的防腐措施。

（6）采取各种排流措施，如极性排流、阴极保护等保护措施。

（7）轨道交通车站、变电所内的交、直流高压开关柜、变压器、动力照明箱、电动机、水泵、直流 1500 V 牵引用变压器、直流柜、整流设备、车站电缆桥架，自动扶梯等全都采用绝缘法进行安装（与主体钢筋绝缘），以上设备均单独从接地排引绝缘接地线，进行接地保护，严禁将主体结构钢筋作接地线，进行接地保护。

（8）接地极和引入车站、变电所接地线应与车站、变电所等建筑物的主体结构钢筋绝缘，并需对每个引入点结构孔洞进行绝缘和防水处理。

（9）每个轨道交通车站只能有一个接地点，接地极材料选择应考虑耐腐蚀的性能要求。

地面段及车辆段杂散电流防护措施如下。

（1）地面段轨道采用带绝缘扣件的混凝土轨枕。

（2）为减少回流走行轨的电阻，一般采用长走行轨。

（3）所有通向地面的金属管道和电缆等，均加装绝缘管和绝缘接头。

（4）与地面轨道（直流牵引用回流走行轨）平行埋设的金属管道，进行防腐处理和绝缘处理，并应离轨道 3~5 m 铺设。

（5）车辆段内检修库房屋金属构件和轨道要构成电气连接，并接地（接地电阻 0.5Ω）同时库内外轨道要绝缘分段。

（6）由轨道交通区间至敞开段的回流轨道，由正线进入车辆段的轨道和车辆段至正线的轨道要进行绝缘分段。

3. 隧道区间杂散电流防护措施

（1）采用长走行轨，减少回流走行轨阻抗。

（2）轨道与混凝土轨枕间，紧固用螺栓与混凝土轨枕间，扣件与混凝土轨枕间采用加强绝缘的措施。

（3）在道床内，用钢筋纵、横向焊成迷流收集网。须注意收集网绝对不能与主体钢筋相连。

4. 设备的防腐蚀措施

上述种种技术措施能使杂散电流大大减小，但仍旧免不了有一小部分杂散电流从混凝土道床流到隧道结构内金属导体上，若不采取措施，这部分杂散电流会使金属导体产生腐蚀。因此，还必须对各种设备采取的减少杂散电流防腐蚀措施。

排流柜是收集地铁杂散电流的设备，主要由隔离二极管、分流器、隔离开关、电流表等元件组成，将排流柜接入牵引站 1500 V 直流负极与大地集流网之间。二极管起了限制电流方向的作用，使电流方向始终是由排流网流向牵引站的直流母线。这样就起了收集散失电流的目的，也就是排走了流入大地的电流。

五、变电所综合自动化系统

（一）SCADA 系统介绍

1. SCADA 定义

SCADA（supervisory control and data acquisition），其定义是"监控和数据采集"。SCADA 系统又称远动系统。

2. SCADA 系统的特征

（1）远程性：远动系统远程表现在系统使用了通信技术。

（2）实时性：数据采集能及时反映到调度中心；调度中心的控制命令也能及时下达至控制对象。

3. SCADA 系统的基本组成

远动系统一般由主站系统、通信通道和远方终端系统三大部分组成，如图 5-2-6 所示。

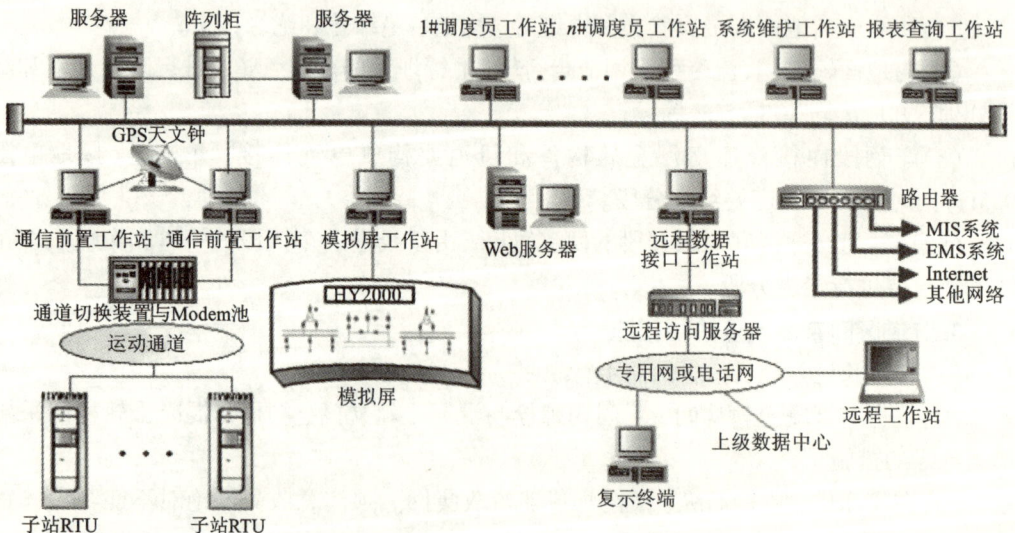

图 5-2-6　远动系统硬件结构图

(二)SCADA 系统功能介绍

城轨电力监控 SCADA 系统是实现城轨电力系统远程监控的平台，它集监视、测量、控制、调节功能于一体，行业中也称之为"四遥"，即遥信、遥控、遥测、遥调等四大功能。

(1)遥控(DO)：也称开关量输出。实现对供电的断路器、电动隔离开关等供电设备远程实施分合闸控制，控制的方式又分为：单独遥控，程序遥控，遥控试验，复归操作，模拟操作，闭锁、解锁操作，其他安全操作。

(2)遥调(AO)：也称模拟量输出。遥调是实现保护整定值或者可调变压器的远程调整或调节，使用量相对较少。

(3)遥信(DI)：也称开关量输入。利用开关量采集输入模块采集各出线回路开关分合闸状态、开关故障报警信号、失压报警信号、过压报警信号以及框架式开关的位置等开关量实现监控。

(4)遥测(AI)：也称模拟量输入。主要遥测量包括电流、电压、功率因数。

电力监控 SCADA 系统主要包括控制中心和各变电站两个部分，变电所各种设备的保护、控制、信号、闭锁、测量计量以及通信等实现方式，采用集计算机技术、通信技术、网络技术等为一体的变电所综合自动化系统。具体功能如下。

1. 继电保护功能

35 kV 进/出线保护、35 kV 母联保护、35 kV 馈线保护、1500 V 直流保护、配电变压器本体保护、整流机组本体保护、0.4 kV 进线保护、0.4 kV 母联保护等。

2. 自动装置功能

设置 35 kV 母联自动投入功能、1500 V 带线路测试的自动重合闸功能、0.4 kV 母联自投功能、所内交流装置进线主备自动投入功能等。

3. 监控功能

监控系统的功能如下。

(1)数据采集功能；

(2)事件顺序记录 SOE；

(3)故障记录及故障录波；

(4)操作控制及信号显示功能；

(5)人机联系功能。

4. 信号功能

对开关位置、故障信息、保护动作信号、预告信号等设备运行状态进行实时采集、显示、报警、存储等处理，并转发至综合监控系统。

5. 测量与计量功能

通过配置电量采集模块对变电所内各种模拟量及脉冲量进行采集，可在显示器上显示实时数据，并通过电力监控系统将信息送往控制中心。(详见变电所《测量与计量》部分描述)

6. 所内通信功能

通过所内通信网络实现主监控单元与开关柜内保护测控单元等各种智能电子装置之间的数据交换。

7. 远程通信功能

通过综合监控系统提供的数据传输通道实现变电所与综合监控系统电力调度子系统的数据交换。

8. 液晶显示器及事故、预告音响功能

液晶显示器采用数字通信方式与主监控单元通信，显示所内主接线图、所有事故、预告信号及柜号、所内各智能电子装置的运行状态、各种开关状态及动态实时数据等内容。所内任何事故、预告信号均发音响信号，音响在一定的时间内自动解除，时间可调节，音响设备设置有"投入""撤除"功能。

9. 系统故障诊断功能

所内任何智能电子装置发生故障，均应报警，单个智能电子装置的故障，不影响整个网络的运行。任何智能电子装置的故障报警信息均能在综合监控系统的综合自动化系统结构画面上显示并报警。

10. 系统维护功能

通过外接便携式维护计算机能对控制信号屏内主监控单元软件进行编程、修改、调试及对各微机保护测控单元(或监控单元)软件进行日常维护。

11. 时钟同步功能

变电所综合自动化系统具有与通信机械室通信系统的子时钟同步对时功能，同时预留与综合监控系统对时的功能。

12. 系统具有容错、自检、失电保护、来电自恢复功能。

交通强国

北京地铁，是服务于中国北京市的城市轨道交通系统，也是国际地铁联盟的 17 个成员之一，其第一条线路于 1971 年 1 月 15 日正式开通运营，使北京成为中国第一个开通地铁的城市。截至 2019 年 12 月，北京市轨道交通路网运营线路达 23 条、总里程 699.3 公里、车站 405 座(包括换乘站 62 座)。截至 2019 年 12 月，北京地铁在建线路 15 条。到 2020 年，北京地铁将形成由 30 条线网运营，总长 1177 公里的轨道交通网络。2017 年 12 月 23 日起，北京地铁交通全路网实现线上购票、车站取票。2018 年 2 月 1 日，北京地铁新添"科技岗"，乘客出门前就可用手机查询附近地铁站拥挤度，选择舒适度最高的车站上车。2019 年 1 月 20 日起，北京地铁通试行推出电子定期票，为乘客的地铁出行增添新选择。2020 年 10 月 27 日，北京市启动轨道交通车站配置自动体外除颤仪(AED)工作。

模块六
认识轨道交通通信系统

知识图谱

概述导语

　　轨道交通通信系统是直接为铁路运输生产和铁路信息化服务的通信设施，承担着语音通信和数据传输的主要任务。随着铁路运输装备和运输承载能力的飞速发展，现代化的铁路对通信方式的要求越来越多，依赖程度越来越高，铁路通信已成为铁路运输不可或缺的组成部分。

学习目标

1. 能力目标

（1）能够识别铁路现场各类通信设备的功能；

（2）能够描述各种通信系统的组成架构。

2. 知识目标

（1）了解铁路调度系统功能；

（2）熟悉电报和电话系统功能；

（3）认识铁路站场通信系统组成；

（4）了解通信电源系统的功能；

（5）掌握传输系统的原理；

（6）认识时钟系统的功能；

（7）认识乘客信息系统功能；

（8）认识闭路电视监控系统和广播系统功能。

3. 素质目标

（1）具有严谨求实的工作作风；

（2）具备团结协作精神；

（3）具有精益求精的工匠精神；

（4）具有良好的职业道德素养。

在线测评

项目一　了解铁路专用通信系统组成

一、数字调度系统

数字调度电话系统按调度业务性质可分为列车调度电话、货运调度电话、电力调度电话、客运调度电话、站场有线电话和站间有线电话等。

(一)列车调度电话

列车调度电话包含列车有线调度电话和列车无线调度电话。有线调度电话提供列车调度员与其管辖的各站、段值班员之间进行行车指挥使用的专线电话。目前，地铁通信传输系统实现了完全数字化，专用调度电话利用数字信道把沿线各站的各种专用通信业务综合起来，提供全面的数据、语音等服务，从而形成了以自控为主的、智能化的、全程全网的网络化综合调度指挥平台。

(二)货运调度电话

货运调度电话是供货运调度员与其管辖的货运员之间通话的专用电话。

(三)电力调度电话

电力调度是供在电力牵引区段的电力调度员与其管辖的牵引变电所、供电段及分区亭等工作人员之间通话的专用电话。为了保证在电力牵引区段不间断供电的需要，设有连接有关电业部门的直通电话。为了使列车调度员与电力调度员取得密切联系，列车调度台与电力调度台设在同一调度所内。

(四)客运调度电话

客运调度电话是供客运调度员与其管辖的客运站、车务段值班员之间通话的专用电话。其设备、功能与列车调度电话类似。

(五)站场有线电话

站场有线电话供铁路站场进行各种作业指挥和业务联系用的专用通信，是铁路通信的重要组成部分。站场有线电话对改善客运服务质量、提高运输效率、缩短车辆周转时间、保证行车安全都具有重要的意义。

(六)站间有线电话

站间有线电话又称闭塞电话，是供相邻的车站值班员联系办理行车业务的专用电话。可用作区间被迫停车的列车和在区间工作的工务、电务、电力等工作人员与车站值班员或有关领导进行紧急防护和业务联系的专用电话。

二、无线列调系统

在铁路运输指挥系统中，列车调度员除了利用有线调度系统与车站值班员进行通信联络外，在许多场合尤其是紧急情况下，需要通过无线通信设备与机车司机、车辆乘务员、列车长进行信息传递，实现行车指挥、业务联络，包括调度命令传递、车次号传输、道口预(报)警等很多数据无线传输任务。铁路列车无线调度通信系统作为最主要的铁路移动通信应用系统，其应用情况直接关系到铁路运输的安全和效率。目前，普铁上使用450M列车无线调度通信系统，高铁上使用GSM-R数字移动通信系统承载的列车无线调度通信系统。除了用于调度通信，450M系统还增加了无线车次号校核信息、调度命令信息、列车尾部风压报警信息等数据业务传送功能。

450M通信未作任何签权加密处理，无法对用户身份进行识别，给行车安全带来隐患；采用对讲组网方式，没有信道共用技术，信道利用率低；存在严重的同频干扰、邻道干扰，特别是铁路枢纽地区用户多时，已不能正常应用，所以目前的趋势是发展GSM-R技术。

GSM-R数字移动通信网可以承载目前铁路各种无线通信系统业务，包括列车无线调度通信、平面调车及各部门各工种的对讲机通信系统；提供列车调度、编组场调车、区间维修、工程施工、应急抢险及普通公务通信等需要的移动通信功能；可以取代传统的电缆加通话柱的区间通信方式，能够给铁路运输指挥带来更多的好处、提供更多的先进功能，满足铁路运输生产的各种基本要求。

图6-1-1为机车综合无线通信设备(CIR)。

图6-1-1　机车综合无线通信设备(CIR)

2010 年 8 月 13 日，华为宣布与欧洲最大的铁路运营商德国联邦铁路（Deutsche Bahn）的子公司 DB Systel 成功实现基于华为 GSM-R 系统的首次呼叫实验，这也是华为 GSM-R 系统在欧洲的首次成功呼叫，标志着华为 GSM-R 系统经受住了欧洲最大的铁路运营公司的严苛测试，具备为欧洲领先的铁路运营商提供高效优质的铁路通信服务的能力。

GSM-R 网络是现代化铁路的神经中枢，为列车控制、信号、编组、轨道以及机车工作人员提供集成的语音通信服务。相比现有的模拟信号网络，华为的 GSM-R 技术可以提供更全面的功能、更广的覆盖和更安全的保障，对于提高铁路运营的安全性和效率、降低运营成本起到至关重要的作用。自 20 世纪末投入 GSM-R 技术研发至今，华为逐步攻克了在复杂环境下和高速移动条件下铁路通信的安全性、可靠性、稳定性和无缝覆盖等技术难题，成为全球唯一符合 EIRENE（European Integrated Railway Radio Enhanced Network）规范中关于 500 km 时速要求的 GSM-R 设备商。

三、专用电话系统

专用电话系统包括调度电话、站内电话、站间和轨旁电话。

(一) 调度电话

调度电话由调度总机、调度台和分机组成。

1. 调度总机

调度总机是调度电话的核心，由具有交换功能的交换机组成，设置在调度中心，为调度人员提供专用的通信服务。轨道交通中一般设置行车调度、电力调度、环控调度、维修调度、公安调度等调度，配有录音设备。

2. 调度台

调度台配置在控制中心，为调度员进行调度之用。调度台分为传统的调度台和基于 PC 屏幕的软调度台。

按键式调度台一般有热线键、拨号键和功能键。热线键的一个热键对应一个用户、一组用户或全部用户，可以实现"一键通"；拨号键与传统的电话号盘一样，可在热线键损坏时拨出电话号码或拨出外线电话；功能

图 6-1-2　按键式调度台

键有通话保持、重拨、免提、翻页等功能。按键式调度台如图 6-1-2 所示。

基于 PC 屏幕的软调度台，在 PC 中加入调度台应用软件，外接扬声器和电话手柄等。软调度台改进软件和增加摄像头可以组成多媒体调度台，提供可视调度电话，具体如图 6-1-3 所示。

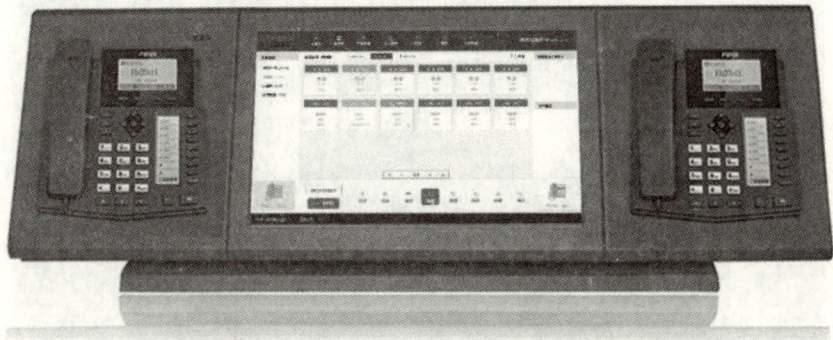

图 6-1-3　软调度台

3. 调度分机

调度分机配置在车辆段和各车站，通常采用普通电话机和数字话机。调度总机与分机点对点连接，分机接到中心调度员时铃响，这时值班员拿起话机手柄，按下送话按钮即可与调度员通话。分机呼叫总机，接机后无须按键即可直接接通总机，分机设有单工通话按钮和紧急呼叫键。

(二) 站内电话

站内电话可提供车站内部人员的直接通话和本站值班员与相邻车站或大区间值班员的双向热线通话，同时也能使乘客或车站工作人员在紧急情况下使用紧急电话。

站内电话由车站电话交换机、车站值班台和电话分机组成。车站电话交换机通常采用小型程控交换机来实现，与公务电话交换机相连；车站值班台设在车站控制室，供值班人员使用，一般用数字电话实现；电话分机，站内用户用普通电话机连接，一般一个车站有几十门分机。

(三) 站间和轨旁电话

站间电话是从相邻车站值班员之间联系的直通电话，行车电话机的双方任何一方摘机就可与对方通话。站间行车电话的通话范围仅局限于两个车站值班员之间，不允许越站通话。

轨旁电话(图 6-1-4)是为满足系统运营和维护及应急需要，安装在隧道里的电话。它是列车司机和维修人员及时联系车站及相关部门的一种手段。轨旁电话通过轨旁电缆连接站段交换机。

图 6-1-4　轨旁电话

四、电报与电话通信系统

（一）电报

电报（telegram）是最早使用电进行通信的业务，它利用电流（有线）或电磁波（无线）作为载体，通过编码和相应的电信号处理技术实现信息的远距离传输与信息交换。电报大大加快了消息的流通，是工业社会中的一项重要发明。早期的电报只能在陆地上通信，后来使用了海底电缆，开展了越洋服务。到了 20 世纪初，开始使用无线电拍发电报，电报业务基本上已能抵达地球上大部分地区。电报主要用来传递文字信息，使用电报技术传送图片的称为传真。

铁路电报通信是指利用数字信号传送上级指示、命令、办理业务等书面信息的一种通信方式，是铁路长途通信的一个重要组成部分。铁路电报通信按用途可分为普通电报、列车确报和传真电报等。作为铁路内部行政管理的通信工具之一的普通电报又可分为干线电报和局线电报两类。干线电报用于铁道部与各铁路局、各铁路局之间的联系，局线电报用于铁路局与较大车站之间的联系。

列车确报电报用于编组站间、编组站与区段站以及有编解作业并有整车到发的货运站间传递列车的编组情况、货物品类以及收发货人等信息。传输方式常用载波通路、数字通路等长途通路，对于级别较低的铁路电报可以采用实线或幻线通路。普报电报电路按多径路、多迂回、分级接续的原则，将干线电报电路和局线电报电路构成普报网；列车确报电路需按车流方向，在有关分局调度所、编组站间构成确报网。传真电报主要用来传送文件、图片和相片等书面信息，以便相关铁路单位和部门能够获得原件的副本。

电报设备主要包括电传打字电报机、传真电报机、载波电报机、微机终端、中文译码机、纸带发报机、电报交换机、人工电报机以及所需的附属设备。

(二)电话

电话通信是铁路通信方式中的重要组成部分,其网络结构及基本原理与传统电话网类似。飞鸿9000III智能话务系统是专门面向铁路的通话通信系统。飞鸿系统由前台座席系统与后台交换交换系统两部分组成。前台座席系统由班长台、话务台组成,后台交换系统由后台主控机、数字交换网络、各接口控制模块、接口电路组成。

1. 班长台

班长台具有系统配置的修改和维护功能,配置好的数据,直接通过网络传送到相应的话务台。可以监听任一话务员或任一长途线的状态,检查任一话务台的工作情况,可对当日、当班完成的话务量等内容进行统计,并按标准格式打印输出。可以对后台交换系统进行硬件检测和维护。

2. 话务台

话务台具有呼入话务进行记录,进行长途续接,长途半自动及立接、市话转接、查号、会议电话功能。

3. 后台主控机

后台主控机是一台工控机,具有非常高的稳定性。主控机控制整个后台系统运行、接收前台系统送来的各种命令、向前台系统输出各种状态信息、接收模块处理机送来的接口电路、信令电路的信息、向模块处理机发出交换信令、接口电路状态变换命令和接续命令。

4. 数字交换网络

数字交换网络由专用大规模的数字交换集成电路组成,可完成32对PCM总线(1024TS/1034TS)之间的无阻塞交换。

5. 接口控制模块

模块处理机采用Intel80198单片机,所有接口模块的控制部分都有相似的硬件,并定义了统一的接口标准。

6. 接口电路

接口电路与2.048 Mbit的PCM的一次群中继电路组成,完成与数字信号直接相连的任务。

五、铁路站场通信系统

站场通信是供铁路站场进行作业指挥和业务联系用的专用通信,是铁路通信的重要组成部分。站场通信系统对改善客运服务质量、提高运输效率、缩短车辆周转时间、保证行车安全具有重要的意义。

站场通信系统分共线电话、集中电话和自动电话三种：

（1）共线电话即同一系统的用户电话机共享一对回线的电话，可用作主任扳道员与扳道员相互联系的扳道电话，也可用作给水所与水泵房相互联系的给水电话。

（2）集中电话是将站场专用电话组合在一起的综合通信设备。集中电话一般用作站内调度员和值班员电话。站内值班员需要使用列车调度电话、站间行车电话、扳道电话等多台电话机和站场扩音装置等。为了使用方便，将各种电话和扩音装置的电路放在一个机箱内，就成为整体式电话集中机，其中各种电路分别有指示灯。电话集中机带有放大器、传声器、扬声器以及送受话器。

（3）自动电话即专用自动电话交换机，在车站内与运输作业有关的人员处装设自动电话分机，供他们相互联系使用。这种电话不接至地区电话网和长途电话网，只能用于站场内通信。

项目二　了解城市轨道交通通信系统组成

一、通信电源系统

电源系统的作用是为通信设备提供安全稳定可靠的电源。安全是指电源设备要采取保障安全的措施，稳定要求其供电的电压和频率的波动都必须在其允许的范围之内，可靠是指保证昼夜不间断地供电。

（一）电源系统的功能

（1）隔离作用：将电压波动、频率波动及电压噪声等因素阻挡在设备之前，使负载对电网不产生干扰，又使电网中的干扰不影响到负载。

（2）双路电源之间相互不间断切换。

（3）实现电压变换，满足现场各种设备的供电需求。

（4）实现频率变换，满足现场设备对频率变化的要求。

（5）为通信系统提供一定的后备电能。

（二）轨道交通通信系统对电源的要求

1. 独立供电、集中监控管理

城市轨道交通通信电源必须是独立的供电系统，必须要满足第一类电源要求，取得两路可靠独立的电源，其中一路为专盘专线。为了减少维护人员和无人值守的目标，城市轨道交通通信电源设备必须具有集中监控管理功能。

2. 保证不间断，无瞬变的供电

城市轨道交通通信电源设备应满足通信设备对电源可靠性的要求，满足其不间断供

电的需求。

3. 按一级负荷供电

电网的供电，应由变电所引接双电源、双回线路的交流电源至通信机房交流配电屏完成，当使用中的一路出现故障时，应能自动切换至另一路。

4. 直流供电

对要求直流供电的通信设备，应采用集中方式供电。电流供电系统可由直流配电盘、整流模块、直流变换器、逆变器、阀控式密闭铅蓄电池组组合机架组成，并应具有遥信、遥测、遥控性能和标准的接口及通信协议。通信设备的数字化对传输、交换及其他通信设备的直流电源电压要求基本一致。-48 V 作为直流基础电源电压，符合国际、国内标准以及数字通信的实际情况。

5. 交流不间断供电

对要求交流不间断供电的通信设备，可根据负荷容量确定采用逆变器供电或交流不间断电源(UPS)供电方式。

6. 容量满足期限

直流配电设备的容量应按远期负荷配置；整流器、直流逆变器、逆变器、交流不间断电源设备的容量应按近期负荷配置；蓄电池组应按期负荷配置，保证连续供电不小于4 小时。

7. 接地

为确保人身安全、设备安全和通信设备正常工作，可采用合设接地和分设接地的方式。

二、传输系统

传输系统是通信网的一部分，主要承载话音业务、数据业务以及视频业务的传送任务。传输系统用于铁路上各站点与站点及铁路集团公司之间信息的传输，是各种业务传输的通道。传输系统由发射系统、传输系统、接收系统组成。

(一) 发射系统

发射系统的主要任务是把电信号转换成为光信号，即电光转换。电信号输入到光端机，通过驱动电路对光源进行调制，产生带有信息的光信号，然后耦合到光纤进行传输。

目前的传输系统主要采用光纤传输，由光纤和中继器组成。光纤的主要功能是传输光信号，完成信号的传送任务。传输线路通常采用多条光纤构成的光缆，可以同时传输多个通道的信息，当其中一条光纤损坏中断时，其他光纤也可以起到备份的作用，不至于引起传输中断。

光信号在光纤中传输一段距离后，信号就会衰减，波形也产生失真。为了使光信号能够长距离传送，每隔一段距离就设置光中继器对光信号进行放大，以补偿光信号的衰减，同时对失真的光信号波形进行整形。

（二）接收系统

接收系统的主要任务是将接收到的光信号还原为电信号，进行光电转换，由光电检测器来完成。

传输系统的传输介质采用光纤，光纤通信具有以下特点。

1. 通信容量大

单模光纤的可用带宽高达 20 THz（1 THz 大约等于 1000 GHz），因此通信容量远超电缆。目前的技术，一对光纤上的传输速率可以研究到 10 Gbit/s（1 Gb 大约等于 1024 Mb），采用 320 路波分技术后，一地光纤可以传输的速率可以达到 3200 Gbit/s。

2. 中继距离长

用同轴电缆时，中继距离只用几公里。由于光纤损坏低，目前光纤通信系统中两中继站之间的最远距离已超过 300 km。如采用光放大器，则无须再生中继，便可直通上万公理。

3. 抗干扰能力强

光纤中传输的是光波，外界强电磁干扰的频率比它低得多，当然不可能对其干扰。光纤由石英材料制成，这是绝缘介质，所以雷电、工业火花、电弧、核辐射等都不会对它产生感应电磁干扰。

4. 重量轻

光纤材料的密度小，成缆后重量远比电缆轻。现在的 18 管同轴电缆重量为 18 kg/m，而 18 芯的光缆只有 0.15 kg/m。

5. 材料资源丰富，节约有色金属

光纤的主体成分是 SiO_2，沙子的主要成分即为 SiO_2，自然界中取之不尽。而电缆由铜制造，铜在地球上的含量十分有限，价格很贵。从经济角度看，光纤更有优势。

图 6-2-1 为华为传输设备 osn3500。

（三）常见传输技术

1. PDH 传输技术

准同步数字体系，是基于点对点的传输体制。目前 ITU-T 推荐应用的主要有两大数字体系，即 PCM24 路系列和 PCM30/32 路系列。北美和日本采用 1.544 Mbit/s 作为基群的 PCM24 路数字系列；欧洲和中国则采用 2.048 Mbit/s 作为基群的 PCM32/30 路数字体系。

PDH 准同步是指参与复接的各低次群的标称速率相同，而实际速率允许有一定偏差的数字体系。这导致了各支路不能够直接进行复接，而是要进行码速调整，使各支路信号保持同步后才能进行复接。这种机制决定了它有许多缺点，不能适应通信网的发展，必将被 SDH 所代替。但目前的通信网中仍存在大量的 PDH 设备，承担着大量的通信业

图 6-2-1　华为传输设备 osn3500

务，PDH 与 SDH 将会并存一段时间。

2. SDH 传输技术

SDH 即同步数字体系，它是取代 PDH 的新数字传输体制，主要针对光纤传输。它把北美(日本)和欧洲(中国)的两种 PDH 体系融合在统一的标准—同步传递模块 STM-N(N=1，4，16，64)之中，第一次真正实现了数字传输体制上的世界性标准。SDH 采用同步复用技术，可方便地插入和分出低速的支路信号，并具有全世界统一的网络接口、兼容而经济的传输设备基础、灵活的带宽分配、强有力的网络管理功能等，成为传输网的发展主流，为未来信息高速公路提供主要的物理平台。

3. WDM 技术

WDM 即波分复用技术，它是在同一根光纤上同时传输多个不同波长光信号的传输技术。采用波分复用技术，可以充分利用光纤的巨大带宽资源，实现超大容量传输。由于 WDM 系统的复用光通道速率可以为 2.5 Gbit/s、10 Gbit/s 等，而复用光信道的数量可以是 4、8、16、32 甚至更多，因此系统的传输容量可达到 300~400 Gbit/s。

4. MSTP 技术

MSTP 指多业务传输平台，它基于 SDH 平台同时实现 TDM、ATM、以太网等业务的拉入、处理和传送，提供统一的网管的多业务节点。

5. OTN 技术

OTN 即光传送网，是 ITU-T 所规范的新一代关传送体系。它是由一系列光网元经光纤链路互联而成，能提供光通道承载任何客户信号，并提供客户信号的传输、复用、路由、管理、监控和生成性功能的网络。OTN 技术将 SDH 的可运营和可管理能力应用到 WDM 系统中，同时具备了 SDH 的安全与调度和 WDM 大容量远距离传送的优势，能最大程度地满足多业务、大颗粒、大容量的传送需求。

(四)常见网元

SDH 传输网是由不同类型的网元通过光缆线中连接组成的，通过不同的网元来完成 SDH 的传送功能。这些功能包括上下业务、交叉连接业务、网络故障自愈等。SDH 传输网中常见的网元有以下 4 种。

1. 终端复用器(TM)

TM 主要用于网络的终端结点上。其作用是将支路端口的低速信号复用到线路端口的高速信号 STM-N 中，或从 STM-N 的信号中分离出低速支路信号。

2. 分插复用器(ADM)

ADM 用于 SDH 传输网的转接点处，是 SDH 传输网上使用最多、最重要的一种网元。ADM 有两个线路端口和一个支路端口。两个线路端口各接一侧的光缆，称为东向端口和西向端口。ADM 的作用是将低速支路信号交叉复用到线路上去，或从线路端口收到线路信号中拆分出低速支路信号，还可将东西向线路两侧的 STM-N 信号进行交叉连接。

3. 再生中继器(REG)

REG 是用于脉冲再生整形的电再生中继器，订婚是通过光/电变换、电信号抽样、判决、再生整形、电光变换等处理，以达到不积累线路噪声、保证传送信号波形完好的目的。REG 只处理 STM-N 帧中的 RSOH，并且不具备交叉连接功能。

4. 数字交叉连接设备(DXC)

DXC 主要完成 STM-N 信号的交叉连接。它实际上相当于一个交叉矩阵，用于完成各个信号间的交叉连接。DXC 可将输入的 M 路 STM-N 信号交叉连接到输出的 N 路的 STM-N 信号上。DXC 的核心是交叉矩阵，功能强大的 DXC 能够实现高速信号在交叉矩阵内的低级别交叉。

三、时钟系统

轨道交通系统整个网络的运行需要各部门在统一的时间基准下紧密配合，时钟系统向全运行网络提供一个统一的时间基准的系统。时钟系统具有高度的可靠性、准确性和各站点的统一性。时钟系统获得标准时间的方式一般采用 GPS 授时系统。一级母钟以及 GPS 授时系统安装于地铁控制中心通信设备室，二级母钟安装在各车站及车辆段通信设备室，子钟则根据需要安装在工作场所、站厅、站台等地供工作人员和旅客使用。

时钟系统在控制中心向传输系统、无线通信系统、公共电话系统、专用电话系统、闭路电视监视系统、广播系统、信号系统、电力监控系统、自动售检票系统、火灾自动报警系统、环境与设备监控系统及列车自动控制系统等系统提供准确、统一的时间信息，使全线执行统一的定时标准。它为地铁行车指挥、列车运行、设备管理提供统一的时间基准，确保通信系统以及其他重要控制系统协调同步。

(一) 时钟系统的特点

1. 安全可靠

母钟是整个时间系统的中枢部分，其工作的稳定性在很大程度上决定了整个系统的可靠性，因此要充分考虑其功能的实现与可靠性等综合因素，将控制中心及车站母钟关键部位采用双重热备份。当主单元发生故障时、能够自动切换到备用单元，实现主备单元之间的自动转换。正常情况下，母钟的时间基准由控制中心时间服务器传送，当服务器出现故障时，母钟将采用自身的高稳晶振作为时间基准。在资源允许的情况下，控制中心母钟与二级母钟之间可以采用主备两路以提高系统的整体可靠性。

2. 组网灵活

时钟系统采用分布式结构，通过计算机进行集散式控制，这样既便于用户按照自己的需要灵活配置，又可以保证在以后的工程中方便地对系统进行扩容。二级母钟可独立于中心母钟，单独控制所属子钟。当系统的某一部分发生故障时，整个系统仍能正常运行。

3. 维护方便

时钟系统的关键部位采用模块单元插接结构及标准元器件，相同规格的设备与部件之间具有可互换性，维护方便。

4. 抗干扰性强

采用抗电磁、抗电报干扰的设备和电缆，采取必要的防护措施，防止电磁波对时钟的干扰。在设备接口设备中，采取了有效的防高压、防静电隔离措施，防止了其他系统带来的电磁干扰，同时也不会对其他系统造成电磁辐射干扰。

5. 扩容空间

在中心接口、车站子钟驱动接口等处均留有较大扩展余地，以备将来线路延伸扩容和升级。

6. 美观性

时钟显示面向乘客，所以要与周围环境相协调。子钟的形式多种多样，数显示发光也丰富多彩，通常采用高亮度的 LED 数码管，并能够根据环境亮度进行调整。

(二) 时钟系统的组成

时钟系统的组成结构如图 6-2-2 所示。

时钟系统的主要设备如下。

1. 中心母钟

作为整个时钟系统的基础时钟，能够接收来自标准时间信号接收单元的信号，进行时间的校准，避免产生累计误差。中心一级母钟提供严格同步的时钟码，能够定时将校准后的时标信号，通过接口分配给各车站及车辆段的二级母钟及其他需要标准时间的系统以作为各系统的时钟同步信号，使其按照统一的时间标准运行。

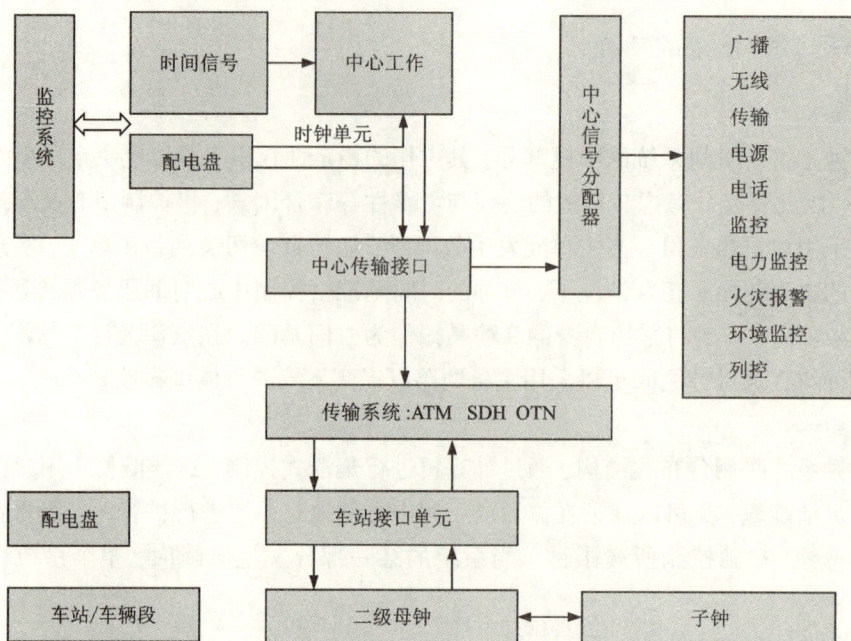

图 6-2-2 时钟系统组成的结构

2. 中心接口单元

中心信号分配器接收中心母钟产生的时钟码流信号，进行分配放大，产生多路标准接口信号后进行分配输出，提供给各地铁相关系统时钟同步信号。

3. 标准时间信号接收系统

为中心母钟系统提供高精度的时间基准，以实现时间系统的无累积误差运行。

标准时间源有国家授时中心 BPL/BPM、卫星 GPS/GLONAS/北斗、电视 CCTV 16H、广播时码同步等，一般地铁时钟系统可采用 GPS 和 CCTV 接收方式。

4. 监控系统

监控系统通过数据传输系统，能够实时监测全线时钟系统主要设备的运行状态，可进行故障管理、性能管理、配置管理及安全管理等集中维护功能，同时设置监测系统的声光告警指示器，对本系统的任何故障报警作同步传输，指示故障部位。

5. 时间信号传输

时钟系统在控制中心依靠中心母钟获得可靠的时间信息后，再通过编码将这些信息传输到不同地点、不同接口的设备。信号的传输大多采有 RS432 或 RS485 编码。通过综合配线架，接入 SDH、OTN 等数字通信系统的光缆终端的低速数据接口，进行车站间的传输。

6. 二级母钟

二级母钟通过数据传输通道，接收中心母钟发出的标准时间码信号，用以自身校准，使二级母钟与中心母钟随时保持同步，并产生时间驱动信号，用于驱动本站所有的子钟，并能向中心设备回馈车站子系统的工作信息。

7. 子钟

子钟通过接收二级母钟发出的时间码信号，进行时、分、秒时间信息显示。子钟又可分为指针式和数字式两种。一般在办公房间采用单面数字式子钟，在公共区（站厅、站台）采用指针式子钟。图6-2-3为站台数字式子钟。

图 6-2-3　站台数字式子钟

四、公务电话系统

公务电话是为地铁工作人员提供内部及外部公务通信而设立的一种电话。公务电话子系统采用了数字程控电话设备与市内公共电话网相连，实现了地铁内部对外通话。区间自动电话同时纳入公务电话系统与专用调度电话系统，为地铁区间作业人员提供电话通信。

（一）公务电话的功能

（1）电话交换：城市轨道交通内部用户之间的呼叫功能。

（2）非电话业务功能：包括电路数据业务/传真业务等，并能识别非话业务。

（3）计费功能：对各种业务进行计费。

（4）程控新业务：多方会议、三方通话、呼叫转移、呼叫等待、缩位拨号、预先录音通话等。

（5）编号：根据用户的需要，可以将公务电话内部用户的电话号码进行统一的编排。

（6）与市话网连接：城市轨道交通公务电话是一个独立的电话网，为了与外部进行通话，公务电话网需要与市话网络相连接。

（7）特殊功能：可以设置114查号台、112故障台、119火警台、120急救台和110报警台。

(二)公务电话系统组成

1. 数字程控交换机

数字程控交换机由话路设备和程控设备两大部分组成。话路设备主要包括种两接口电路(用户线接口和中继线接口等)和交换网络,程控设备主要包括中央处理器、存储器和输入/输出设备。

2. 交换网络

根据用户的呼叫要求,通过控制部分的接续命令,建立主叫与被叫用户间的连接通路。采用电子开关阵列构成的时分交换网络和由存储器等电路构成的时分接续网络。

3. 用户电路

实现各用户线与交换机的连接,通常称为用户线接口电路。主要有与模拟话机连接的模拟用户线电路,以及与数字话机、数据终端连接的数字用户线路。

4. 出入中继器

它是中继线与交换网间的接口电路,用于交换机中继线的连接。

5. 控制设备

它是程控交换机的核心,根据外部用户与内部维护、管理的要求,执行存储程序和命令,以控制相应硬件实现交换及管理功能。

五、乘客信息系统

乘客信息系统(passenger information system,PIS)是一个多媒体资讯发布、播控与管理的平台,也是一个全方位导乘和其他资讯服务分布式的数字播控网络。利用在地铁列车内的液晶屏和沿线地铁沿线地铁站台的大型等离子显示屏,发布各种信息,准确预报运营车辆到站时间、沿线车站、人文景观等资讯,为乘客提供运营服务、营销、安全、票务、广告等多方面的信息,也可实时转播新闻、天气预报、股市行情等外部信息,为乘客营造一个更加舒适、更加人性化的乘车环境。

乘客信息系统是一个多种类型、多种显示终端、多信息源、平行、分区、带优先级的媒体显示系统,不仅能发布数据量小的文本信息,还能播放数据量大的媒体文件信息。文本信息有预定义的普通信息、预定义的紧急突发信息、特殊信息、后续列车到站、离站时刻信息、最后一班车的换乘信息以及其他来源的文字信息;媒体信息则包括实时性导乘信息、商业广告、公益广告、电视转播等内容。系统采用光纤和无线网络传输方式,各类信息由于其发布的内容和时机不同,面向的乘客有所区别,可通过不同的媒体形式和显示终端进行发布。图6-2-4为站场屏幕信息显示。

乘客信息系统组成结构如下。

图 6-2-4 站场屏幕信息显示

(一)控制中心

控制中心负责外部信息流的采集、播出版式的编辑、视频流的转换、播出控制和对整个 PIS 设备工作状态的监控以及网络管理。

控制中心的主要设备有中心服务器、视频流服务器、中心操作员工作站、中心网管工作站、播出控制工作站、数字电视设备、外部信号源。这些设备构成了一个完整的播出和集中控制系统。

(二)车站子系统

车站子系统通过传输通道转播来自控制中心的实时信息,并在其基础上叠加本站的信息,如列车运行信息和各类个性化信息等。其主要设备有车站数据服务器、车站播控服务器、车站操作员工作站、屏幕显示控制器、网络系统等。

(三)车载子系统

车载子系统可以实时播放新闻和广告等音频、视频信息供列车上的乘客观看,同时实现 OCC 对列车车厢的实时监控,提高了对城市轨道交通运营与安全的管理能力。其主要设备包括车辆段监控站、车辆段和车站数字视频发送设备、无线集群系统、车载数字视频接收设备、车载 LCD/LED 显示控制器。

(四)网络传输子系统

网络传输子系统是指城市轨道交通主干通信网提供给 PIS 的通道,用于传输从 OCC 到各车站的各种数据信号和控制信号。

六、闭路电视监控系统

闭路电视监控系统对车站站厅、站台、出入口、机房等主要区域提供有关列车运行、防灾救灾、旅客疏导以及社会治安等方面的实时监控服务，以确保城市轨道交通系统安全运行。

系统主要功能如下。

(一)图像显示、监视功能

车站值班员、警务室值班员监视上、下行站台区及站厅区(进/出口、电梯、闸机、自动售票等)情况，中心调度员监视全线各车站情况。车站工作人员、中心调度员还可以对监控图像进行选择显示。

(二)录像功能

通过数字硬盘录像机，车站工作人员可对任何一路图像信号进行录像，并可将录制的图像回放到监视器上或通过网络接口远程调取图像观看。所录制的图像可以保存一段时间并可以转存到外部存储设备中。中心调度员可对所辖范围内的任何一路图像信号进行调看。

(三)图像汉字叠加功能

车站级设备可以在各幅图像上叠加显示一些必要的信息，包括车站名称、监控区域名称、摄像机编号及摄像日期和时间等信息，维护人员可以更改以上信息。中心设备如有需要也可具备汉字叠加功能，增加控制中心调度人员专用的信息。

(四)对摄像机的控制功能

控制中心各调度员和各车站值班员能够分别在远程和本地控制摄像机的云台和镜头焦距，用以调整摄像机摄像范围和视场大小，并可设定优先级。

(五)中心网管功能

负责对电视监控系统中包含的视频前端设备、控制设备和编码解码设备的运行状态进行综合的监视及管理，出现故障时能够自动报警并进行故障定位，在必要时对系统数据及配置进行及时的修改。

城市轨道交通闭路电视监控系统采用车站、控制中心两级互相独立的监控方式，平时以车站控制为主进行视频监控，控制中心的使用在不影响车站级设备的前提下进行。控制中心可选择各个车站任一摄像头的监控画面，在紧急情况下则转为以控制中心为主进行视频监控。图6-2-5为监控中心视频画面。

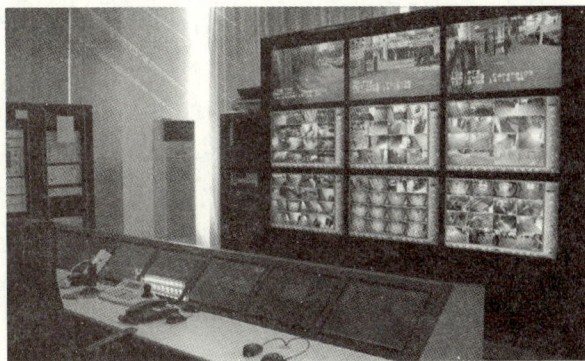

图 6-2-5　监控中心视频画面

七、广播系统

广播系统为乘客通告列车运行、安全、导向等服务信息，同时可根据需要选择监听向导等服务信息，向工作人员发布作业命令和通知。在紧急情况下，城轨防灾调度员还可以直接利用广播系统对其工作人员与乘客进行应急指挥、调度和疏导。

广播系统分为控制中心和车站广播两级控制的工作方式，控制中心的广播信息通过传输网络提供语音和数据通道传送到各站，实现中心调度员遥控选择分组联系各车站的功能，车站只实现本地信息的广播。车辆段和列车的广播则相互独立。此外，广播系统具有优先级，即控制中心调度人员的优先级高于车站值班员。根据运营防灾抢险的需要，控制中心的环控调度员具有最高优先级。

总体功能如下：

(1)广播系统可实现控制中心和车站/车辆段两级广播的要求，并可根据车站用户的具体情况，在站台的监控亭设置供站台站务员定向广播的播音台。

(2)控制中心能实现全线任意车站和任意广播区的组合，并向已设定的固定组合广播区域进行广播。控制中心调度员可选择监听全线车站的任一广播区的广播内容。

(3)车站广播可向站内的任一区域、多个区域、全部区域进行广播。可接收 ATS 信号的触发，自动对相应站台进行列车到达、发车时间的广播。在需要时，可用人工方式对车站站台知动广播式进行开启和关闭。

(4)列车广播能根据列车运行过程中提供的速度信号和关门信号实现列车在运行过程中的自动预报前方到站和列车到站的广播，也可通过操作面板上的键盘实现预报前方到站、报到站和其他广播内容。

八、通信系统的监控网管

通信系统具有集中维护管理功能，设置在控制中心的网络管理系统，可以集中管理传输环网的运行，实现网络管理的各种功能。传输系统通过本地管理接口和维护管理终端可方便地对节点、板卡以及传输信道进行配置管理，监听每个传输节点主要模块和用户模块的工作状态，当系统出现任何故障时，可提供声光警告和维护管理数据输出功能。

监控网管主要功能如下。

(一)配置管理

包括添加/删除节点、板卡业务、修改业务带宽或数量，显示网络类型、拓扑结构，显示节点类型和数量，端口数量信息，显示网络的所有业务的运行状态、系统总带宽、已占用带宽信息。管理的范围可由网络本身到每个用户模块的每个端口。

(二)故障管理

可以对网络进行实时监测，一旦发生故障，可以将故障信息显示在屏幕上并记录下来。故障管理包括告警信息收集显示、故障定位、故障统计和故障诊断。

(三)数据库管理

数据库用于储存用户的各种信息，这些信息包括环网的数量、节点的代号、节点中已安装的网络模块和用户模块的配置情况，各环网和节点的连接设置，警告和故障的报警信息，历史数据，等等。

(四)日志管理

记录网络中发生的所有事件并显示在屏幕上，包括配置的生成、改变和删除，业务的生成、改变和删除，板卡状态等，可显示的内容包括时间、种类、来源等事件的简单描述。还可以通过打印机将事件记录打印出来。

九、职业规范

铁路通信职业名称：铁路通信工。

职业定义：从事铁路、城市轨道交通通信线路施工、设备安装和维护的人员。

职业等级：初级、中级、高级、技师、高级技师。

职业守则：

(1)遵守法律、法规和相关规定。

(2)爱岗敬业，忠于职守，自觉履行各项职责。

(3)工作认真负责，严于律己。

(4)谦虚谨慎、团结协作、主动配合。

(5)严格执行操作规程，保证质量。

(6)爱护设备、工具、量具及仪器仪表等。

(7)重视安全、环保，坚持文明生产。

(8)刻苦学习，钻研业务，努力提高思想道德素质和科学文化素质。

模块七
认识轨道交通信号设备

知识图谱

概述导语

作为国民经济的大动脉,轨道交通运输系统的主要任务是安全、迅速、经济、合理地完成各类运输任务。而轨道交通信号设备则是确保完成各类运输任务的重要技术设备之一。

在行车或调车作业中,利用轨道交通信号设备向行车有关人员指示行车条件、保证行车安全、提高区间和车站通过能力以及解编能力、从整体上提高运输效率、提升运营管理水平。可以说,轨道交通信号设备相当于轨道交通运输系统的"中枢神经"。

本模块将从四个方面为读者介绍轨道交通信号设备与系统的基本作用和使用现状。通过本模块的学习,读者将了解到轨道交通信号基础设备的种类及作用、理解区间闭塞、车站联锁等信号系统的用途、了解轨道交通运行控制系统作用、展望信号设备及系统在普铁、高铁、城市轨道交通系统中的发展前景。

学习目标

1. 能力目标
(1)能在现场识别常见类型的信号机及信号表示器"信号三大件";
(2)能在现场识别常见型号轨道电路;
(3)能在现场识别道岔及转辙装置;
(4)能在现场识别车站联锁系统和区间闭塞系统的主体设备;

2. 知识目标
(1)了解信号显示在铁路运输中的作用及常见种类;
(2)了解轨道电路在铁路运输中的作用、常见类型以及轨道电路在普铁、高铁、城市轨道交通系统中的应用现状;
(3)了解道岔在铁路运输中的作用、主件部件转辙机的分类以及道岔在普铁、高铁、城市轨道交通系统中的应用情况;
(4)了解普铁、高铁、城市轨道交通系统中信号设备、信号系统的区别及特点。

3. 素质目标
(1)具有严谨求实的工作作风;
(2)具备团结协作精神;
(3)具有精益求精的工匠精神;
(4)具有良好的职业道德素养。

在线测评

项目一 认识轨道交通信号

一、了解信号的作用

轨道交通信号实际涵盖了普铁、高铁、城市轨道交通信号。虽然，城市轨道交通系统与普铁、高铁作业内容、行车方式均不同，但信号设备都是其重要的技术装备。信号是在行车、调车作业中，对乘务人员与行车有关人员指示运行条件而规定的物理特征符号，即指示列车运行及调车作业的命令。信号设备则是对于保证列车运行安全，有效提高运输效率、降低运输成本，改善行车条件的关键设施。

从广义上来说，铁路信号是保证行车安全、提高区间和车站通过能力以及编组站编解能力的自动控制及远程控制技术的总称。包括信号基础设备和信号控制系统两大部分。其中，信号基础设备包括信号装置、轨道电路、转辙要、继电器等，这些都是构成信号控制系统的基础设备；铁路信号控制系统包括有车站联锁系统、区间闭塞系统、列车运行控制系统 CTCS、调度集中系统 CTC 等，城市轨道交通信号控制系统则专指列车运行控制系统 ATC，列车运行控制系统 ATC 又由列车自动运行系统 ATO、列车自动监控系统 ATS、列车自动防护系统 ATP 构成。各类信号系统协同工作，实现对列车有效控制、提高通过能力、改善工作条件，在轨道交通运输中承担着越来越重要的作用，是实现行车高速度、高密度的重要保证。

二、了解信号设备

轨道交通系统常见信号设备主要有信号继电器、信号机和信号表示器、轨道电路、道岔及转辙装置。信号继电器类似于开关，是构成信号控制系统的重要元器件。信号机和信号表示器、轨道电路、道岔及转辙装置在轨道交通系统中俗称"信号三大件"，这三类信号设备在轨道交通运输中对保证行车安全，提高运输效率，传递信息，改善行车人员劳动条件起到了关键作用。

本模块中，我们将带领读者们详细了解"信号三大件"在轨道交通运输中所起的作用。作为非专业人士，仅了解信号设备的用途及基本种类即可。而对于专业人士，对三大件的掌握远不止于此，还应掌握从养护到检修、从原理到故障处理的各种知识。在现场日常工作中，养护和维修"信号三大件"，是信号工工作的主要职责之一。

三、了解信号系统

信号系统肩负着路网上行车设备的运用状况、列车运行的实时状态、运输调度指令控制等信息的传递与监控任务。信号系统由各类信号显示、轨道电路、道岔转辙装置等主体信号设备以及有关附属设施构成的一个完整的"信号、联锁、闭塞"体系。简单来讲，信号系统就是将各种实现特定功能的信号设备进行整合，形成系统，实现轨道交通运输系统中"信、联、闭"的体系。

信号系统主要由车站联锁系统、区间闭塞系统、驼峰信号系统、列车运行控制系统、行车调度控制系统、微机检测系统和其他安全技术系统等构成。本模块中，笔者将会向读者重点介绍车站联锁系统、区间闭塞系统和列车运行控制系统的用途与应用现状。

项目二　认识轨道交通信号基础设备

轨道交通信号基础设备是构成轨道交通信号系统的重要组成部分，主要有信号显示装置、道岔转辙设备、轨道电路等。

一、了解信号的分类

信号分为听觉信号和视觉信号。

(一)听觉信号

听觉信号是指以不同器具发出音响的强度、频率和音响长短时间等表达一定意义的信号。比如号角、口笛(图7-2-1)、响墩(图7-2-2)发出的音响以及机车鸣笛声，都属于听觉信号。这些听觉信号代表着某种具体意义，常用于行车或调车作业中。

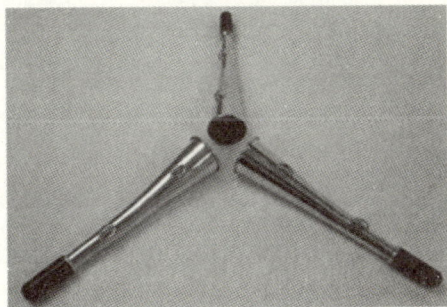

图7-2-1　口笛

图7-2-2　响墩

(二)视觉信号

视觉信号是以颜色、形状、位置、显示数目、灯光状态表达一定意义的信号。比如信号机、信号旗、信号表示器、信号标志等显示的信号都属于视觉信号。

视觉信号根据设置的位置不同分成手信号、移动信号、固定信号。手信号就是指车务人员手握的信号旗或手提的信号灯等；移动信号则是指根据需要临时在地面上设置的可以被移动的信号牌等；固定信号就是指设在地面或者机车上的固定不动的信号。通常情况下，设在地面固定不动的信号多指信号机、信号表示器；设于机车上的固定信号多指机车信号，这种信号设在机车驾驶室内便于司机在瞭望地面信号机视线不佳时使用。机车信号能自动地反映列车运行前方地面信号机的显示状态和运行条件，指示列车运行。在提速区段，机车信号已经逐渐作为主体信号而被广泛使用。

图7-2-3　信号机

图7-2-4　信号旗

二、认识信号显示装置

信号显示装置包括信号机和信号表示器两类。

(一)信号机

根据信号机的结构，地面信号机可以分为色灯信号机与臂板信号机。由于臂板信号机已经退出历史舞台，本书在此不再做过多累述。

色灯信号机使用可靠的交流电作为工作电源，用灯光的颜色、数量以及亮灯的状态来表示多种信号含义的信号机，色灯信号机的显示昼夜一致、占用空间小。在轨道交通运输系统中，与机车信号一起工作，向司机传达行车条件。色灯信号机实际又分成透镜式色灯信号机、组合式色灯信号机、LED信号机三类。(图7-2-5、图7-2-6、图7-2-7)。

1.透镜式色灯信号机

透镜式色灯信号机是采用透镜组(内透镜、外透镜)将光源发出的光线聚集成平行光束,完成信号显示。其特点是结构简单、安装方便、控制电路所需用电缆芯线少,目前在现场运用广泛。

2.组合式色灯信号机

组合式色灯信号机是在透镜式色灯信号机在曲线上显示距离不佳的情况下研制并提出的。组合式信号机信号灯泡发出的光通过滤色片变成,经过非球面透镜聚成平行光束,再由偏光镜折射偏散。相较于透镜式信号机,组合式信号机更能保证信号显示在曲线上的连续性。

3.LED 信号机

LED 信号机由铝合金材料构成,信号光源由 LED 发光二极管构成,无论是从重量还是从节能性来说,都优于透镜式信号机与组合式信号机。LED 信号机密封条件好、施工安装方便、使用寿命长,可以做到免维护。

目前,现场多采用透镜式色灯信号机。为了提高显示距离,透镜式色灯信号机之后发展出了组合式色灯信号机。同时为了节能,又便于安装和维护,近些年出现了 LED 色灯信号机并得到了很好的运用。

图 7-2-5　透镜式色灯信号机　　　图 7-2-6　组合信号机　　　图 7-2-7　LED 信号机

(二)信号表示器

信号表示器也是通过信号显示(视觉信号)的方式向行车人员传达行车或调车意图,对信号进行某些补充说明时所用到的显示设备。需要注意区分的是:信号表示器与信号机相比,其显示含义没有防护意义,不能像信号机一样作为主体信号向司机传递行车指令。信号表示器不能单独设置,必须作为信号机的辅助显示设备设置。

信号表示器种类较多,常见的有道岔表示器(图 7-2-8)、车挡表示器(图 7-2-9)、发车表示器(图 7-2-10)。

图 7-2-8　道岔表示器　　　图 7-2-9　车挡表示器　　　图 7-2-10　发车表示器

三、认识道岔及转辙设备

(一)什么是道岔

道岔是一种使机车车辆从一股道转入另一股道的线路连接设备,通常在车站、编组站大量铺设,有了道岔,才可以实现机车车辆的转向,发挥线路的通过能力。道岔在铁路线路上起着重要的作用。在城市轨道交通系统中,正线情况下相对单纯,列车就是朝一个方向走和停。大多数车站没有配线,没有道岔。城市轨道交通系统中,道岔多见于车辆段。

(二)什么是道岔转辙设备

道岔转辙设备用于完成道岔的转换和锁闭,转辙设备由转辙机、锁闭装置以及各类杆件组成。其中,转辙机是转辙装置的核心和主体。转辙机对于保证行车安全、提高运输效果、改善行车人员的劳动强度起着非常重要的作用。图 7-2-11 为道岔及转辙装置。

(三)认识转辙机

转辙机是道岔转换、锁闭的主要执行部件。

1. 转辙机的作用

(1)转换道岔的位置,根据需要将道岔转换至定位或反位状态。

(2)道岔转换至所需位置而且密贴后,实现锁闭,防止外力转换道岔。

(3)正确地反映道岔的实际位置,道岔的尖轨密贴于基本轨后,给出相应的表示。

(4)道岔被挤或因故处于"四开"位置时,及时给出报警及表示。

图 7-2-11　道岔及转辙装置

2.转辙机的分类

根据分类标准的不同，转辙机可以分成很多种类。通常，按转辙机动作能源和传动方式，转辙机可分为电动转辙机、电动液压（电液）转辙机、电空转辙机。电动转辙机由电动机提供动力，采用机械传动方式实现道岔转换，目前现场使用较多的电动转辙机有ZD6系列和S700K型电动转辙机；电动液压转辙机由电动机提供动力，采用液力传动的方式实现道岔转换，目前现场使用的电液转辙机多为ZYJ7型电液转辙机；电空转辙机由压缩空气提供动力，由电磁换向阀控制实现道岔转换，目前现场使用的电空转辙机多为ZK系列。电空转辙机转换道岔速度快，通常大量铺设于驼峰编组场用于完成列车组、解编作业。

目前，ZD6系列电动转辙机多用于普速铁路的非提速区段以及提速区段的侧线，ZYJ7电液转辙机（图7-2-12）多用于提速区段，S700K型电动转辙机（图7-2-13）多用于高速铁路的道岔转换。

图 7-2-12　ZD6-A 电动转辙机

图 7-2-13　S700K 电动转辙机

图 7-2-14　ZYJ7 电液转辙机

图 7-2-15　ZK4 电空转辙机

四、认识轨道电路

(一)什么是轨道电路

　　轨道电路是利用一段铁路线路的两根钢轨作为导体,用引接线连接电源和接收设备所构成的电气回路。多用于监督铁路线路是否空闲,也用于传输列车控制信息。轨道电路是铁路信号的重要基础设备,它的性能直接影响到行车安全和运输效率。

　　在城市轨道交通系统中,轨道电路也同样是重要的信号基础设备。由于城轨线路与铁路线路不同,城轨的轨道电路与大铁的轨道电路也就有所不同。城轨用轨道电路采用单轨条作传输,其抗干扰性能好、设备简单、维修方便,在城市轨道交通的车辆段、停车场及正线道岔区得到了广泛的应用。

(二)轨道电路的作用

1. 监督列车的占用情况,反映线路的空闲状况

　　轨道电路最基本的作用就是监督列车在区间或列车、车列在站内的占用情况。利用轨道电路还可反映线路是否空闲。

2. 传递行车信息

　　除了监督列车占用情况外,轨道电路还可以传递与行车有关的各种信息。例如:通过轨道电路向机车传递报文等信息,实现列车自动控制。通过轨道电路传递移频信息,实现站内电码化。图 7-2-16 为最简单的轨道电路。

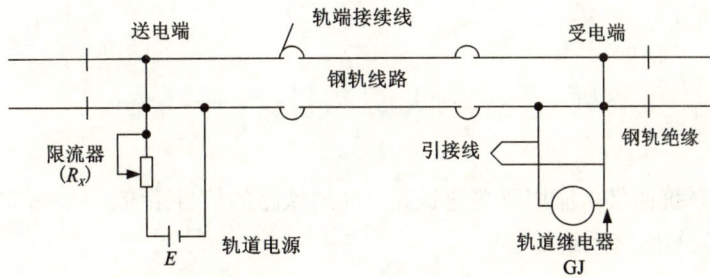

图 7-2-16 最简单的轨道电路

(三)认识几种常用轨道电路

1. 交流连续式轨道电路

交流连续式轨道电路又称为交流闭路式轨道电路。采用工频 50 Hz 交流电源连续供电,利用钢轨作为传输导体。送电端设轨道变压器和限流电阻;受电端设中继变压器与轨道继电器 GJ。在无断轨状况下,GJ 吸起代表该区段线路空闲,无车占用;GJ 落下代表该区段线路有车占用。交流连续式轨道电路仅适用于非电力牵引区段。

2. 25 Hz 相敏轨道电路

在我国铁路电气化区段,由于轨道中有强大的牵引电流,轨道电路就不可能运用与牵引电流频率相同的 50 Hz 交流制式。为了防止干扰,目前在铁路车站内多采用 25 Hz 相敏轨道电路。

25 Hz 相敏轨道电路由 25 Hz 轨道电源和局部电源、轨道变压器、送电端限流电阻、送电端扼流变压器、受电端轨道变压器、受电端扼流变压器、25 Hz 防护盒、防雷补偿器、交流二元轨道继电器等组成。

虽然,25 Hz 相敏轨道电路多用于铁路电气化区段,但由于交流二元轨道继电器具有可靠的频率选择性,实际该轨道电路不仅可用于交流电气化区段,也可用于非电气化区段。

3. 移频轨道电路

交流连续式轨道电路和 25 Hz 相敏轨道电路都是采用 50 Hz 或 25 Hz 单一频率的电流来驱动轨道继电器,虽然电路简单,但只能检查列车的占用/出清情况,无法传递列车运行的信息。移频轨道电路则在实现检查列车占用/出清情况下,还能实现传递行车信息的作用,符合铁路提速和高速铁路的发展需求。目前,ZPW-2000 系列移频轨道电路在我国得到了广泛的应用。

4. 50 Hz 相敏轨道电路

随着城市轨道交通的快速发展,单轨条 50 Hz 相敏轨道电路,以其抗干扰性能好、设备简单、维修方便,以及在直流电力机车牵引区段安全可靠等特点,在城市轨道交通的车辆段、停车场及正线道岔区得到了广泛应用。

项目三　认识铁路信号系统

铁路信号系统通常指应用于普速铁路、高速铁路的信号系统。铁路信号系统包括车站联锁系统、区间闭塞系统等。

一、认识车站联锁系统

车站联锁系统用于完成车站内建立进路、转换道岔、开放信号以及解锁进路等作业，实现道岔、信号、进路之间的联锁关系，保证行车安全，提高作业效果。通过技术手段对车站内信号机、道岔、轨道电路等基本信号设备进行实时控制，以保证列车或调车车列在车站内的作业安全。

二、了解联锁的基本概念与相关术语

(一)什么是进路

车站内的众多线路用道岔联结，同时，列车和调车车列在站内运行所走行的径路，称为进路。只有进路处于安全状态时，列车或调车车列才能进入进路。因此，在每条进路的始端都必须设置信号机来防护进路，列车和调车车列必须依据信号的开放才能通过进路。两条进路有相互重叠或交叉的部分，不能以道岔位置来区分时，这两条进路互为敌对进路；互为敌对进路的两条进路是不能同时建立、开通的。

(二)什么是联锁

信号、道岔、进路之间的相互制约关系，称为联锁关系，简称联锁。

联锁的基本条件如下。

(1)进路空闲时才能开放信号。如果进路上有车占用时，却能开放信号，则会引起列车或调车车列与原停留车冲突。

(2)进路上有关道岔在规定位置时才能开放信号，信号开放后，其防护进路上的有关道岔必须被锁闭在规定位置，而不能转换。

(3)敌对信号未关闭时，防护该进路的信号机不能开放，信号开放后，与其敌对的信号也必须被锁闭在关闭位置。

三、了解车站联锁的种类

目前，铁路现场广泛应用的联锁设备主要有两种，一是应用多年的以继电器为核心的继电集中联锁设备，二是以计算机为核心的计算机联锁设备。继电器集中联锁设备的代表是6502电气集中联锁设备，随着计算机联锁技术的发展，计算机联锁正在逐步取代继电器集中联锁，成为主流联锁设备。

(一)继电式联锁系统

以6502电气集中联锁为例。

6502电气集中联锁的信号设备分为室内设备和室外设备。室内设备放置在信号楼内，主要包括控制台、区段人工解锁按钮盘、继电器组合架、电源屏和分线盘。室外设备主要有信号机、转辙机、轨道电路和电缆线路。

6502电气集中联锁主要实现车站内的进路控制、道岔控制、信号控制，完成站内列车接发车或调车作业。图7-3-1为继电器组合架，图7-3-2为控制台。

图7-3-1 继电器组合架

图7-3-2 控制台

(二)计算机联锁系统

目前，我国铁路新建线和既有线改造时，计算机联锁系统成为主要的车站联锁设备。继电器集中联锁设备正在逐渐退出舞台。计算机联锁系统提升了铁路信号技术装备的自动化、信息化水平，是保证铁路运输安全、高效的关键设备。

计算机联锁对车站内信号设备的联锁控制主要经过3个环节，分别为信息输入、联锁运算和信息输出。以信号机、转辙机、轨道电路、区间闭塞的状态为联锁条件，以信号机、转辙机为驱动对象，运用计算机强大的逻辑运算能力完成对车站信号设备的控制，保证车列行进过程的安全，实现车站信号设备控制自动化。图7-3-3为联锁机柜，

图 7-3-4 为电脑操作台。

图 7-3-3　联锁机柜

图 7-3-4　电脑操作台

四、认识区间闭塞系统

区间信号自动控制是铁路区间信号、闭塞及区段自动控制、远程控制技术的总称。

五、了解区间的基本概念与相关术语

(一)什么是区间

区间就是两个车站之间或车站与线路所之间的铁路线路。为了保证列车运行的安全，在同一区间、同一时间内只准许一列列车占用。

(二)什么是闭塞

闭塞是指用信号或凭证，保证列车按照空间间隔制运行的技术方法。区间闭塞是指两分界点间，办理完闭塞手续的区间状态。

完成闭塞作用的设备称为闭塞设备，闭塞设备是用来确保列车在区间内运行安全，提高区间通过能力的信号设备。

六、了解区间闭塞的种类

区间闭塞的方式有很多种，可以分成半自动闭塞、自动站间闭塞、自动闭塞。

(一) 半自动闭塞

以 64D 半自动闭塞系统为代表，曾被广泛地应用于单线区间。半自动闭塞是以出站信号机或线路所的通过信号机显示作为列车占用区间凭证，发车站的出站信号机必须经两站同意并办理闭塞手续后才能开放信号，列车根据信号指示进行区间后，区间自动关闭。在此期间，两个车站都不能向该区间开放信号，这就保证了两站间的区间在任意时刻最多只会有一列列车运行。

(二) 自动站间闭塞

自动站间闭塞介于半自动闭塞与自动闭塞两种制式发展的中间阶段提出的一种闭塞方式。相比半自动闭塞与自动闭塞，自动站间闭塞没有全线大规模地推广使用。可以说，自动站间闭塞在区间闭塞方式的发展过程中起着过渡的作用。

自动站间闭塞是采用轨道检查装置(轨道电路或计轴设备)自动检查区间空闲，当办理发车进路后自动构成站间闭塞，列车凭出站信号进入发车进路后，出站信号机关闭信号，直到列车出清区间后才自动解除闭塞的一种区间闭塞方式。

(三) 自动闭塞

自动闭塞是根据列车运行及有关闭塞分区状态，自动变换通过信号机显示，而司机通过信号机的指示行车的闭塞方法。自动闭塞又分为固定自动闭塞和移动闭塞两种。

固定自动闭塞的核心思想就是把区间划分成若干个固定长度的分区，列车在分区运行过程中，通过自动变换的通过信号机指示行车。目前，我国既有线上多采用 ZPW-2000 系列移频自动闭塞。

相比前者，移动闭塞不需要将区间划分成若干固定闭塞分区，而是在多趟列车间自动地调整运行间隔，使之保持一定距离即可。移动闭塞提高了区间的行车密度，大大提升了区间的通过能力。目前，移动闭塞是区间闭塞的发展趋势。

项目四　认识城市轨道交通信号系统

城市轨道交通信号系统是整个城市轨道自动控制系统的重要部分，是应用于城市轨道交通运输网络的信号系统，用于列车进路控制、列车间隔控制和调整、行车指挥、信息管理、设备监测和维护管理。城市轨道交通信号系统由正线信号系统(ATC)和车辆段信号控制系统组成。

一、认识正线信号系统(ATC)

城市轨道交通系统中，正线是列车完成客运行务的主要区域。大多数车站只设正线，没有配线。因此，车站通常不设道岔，甚至也不设地面信号机，只有在少数有道岔联锁的车站以及车辆段才会设置道岔和地面信号机。城轨信号系统、联锁设备的监控对象要远少于铁路车站的监控对象，联锁关系也没有铁路复杂。

正线信号系统(ATC)的主要作用是采用对列车实现空间间隔的控制技术，控制列车运行方向、运行间隔和运行速度，确保列车安全的追踪运行。

ATC系统包括列车自动防护系统ATP、列车自动监控系统ATS、列车自动运行系统ATO。ATC系统的信号设备分布在行车控制中心、沿线各车站、列车上。其中，ATP子系统负责安全相关类功能、实现列车运行间隔控制、列车超速防护、车站和站台屏蔽门/安全门联动和监督、控制和监督列车运行速度、缩短行车间隔。ATP子系统功能的优先级高于ATS子系统和ATO子系统，ATP子系统的设备根据设置位置不同，分成轨旁ATP设备和车载ATP设备。

ATS子系统的设备包括控制中心ATS设备、车站ATS设备、车辆段/停车场ATS设备。通过这些设备，可以实现列车的自动监控功能。

ATO子系统负责非安全类功能，以ATP为基础，实现地对车控制、执行车站间的列车运行、列车自动折返等功能。设备的设置位置分成轨旁设备和车载设备。

二、认识车辆段信号控制系统

在城市轨道交通系统中，车辆段/停车场设置有信号控制系统。信号系统的功能是通过联系电话实现与正线的接口、办理列车出、入段进路、控制车辆段/停车场内的调车作业、控制试车线的试车作业。

车辆段信号控制系统包括有ATS分机、联锁设备、微机监测设备、轨道电路(50 Hz相敏轨道电路)、信号机、转辙机、信号电源。相较于大铁的信号控制系统，城轨的正线功能较为单一，不需要进行复杂的联锁控制、接发车作业。城轨的车辆段类似于大铁的车站，需要完成列车的出、入段和调车作业，故信号控制系统的功能也与大铁的车站联锁类似。

模块八

知识图谱

了解轨道交通运输组织

概述导语

　　轨道交通运输包含铁路运输和城市轨道交通运输，其基本任务是合理地运用各种运输设备，安全、准确、迅速、经济、便利地运送旅客(铁路运输、城市轨道交通运输)及货物(铁路运输)，保证完成运输任务。旅客和货物的运送过程，就是轨道交通运输的生产过程。轨道交通运输系统的各个部门都应围绕运输生产开展工作，努力挖掘潜力，提高劳动生产率，不断降低成本，完成规定数量的客货运输任务，以取得最好的经济效益。

　　通过本模块的学习，了解铁路运输系统的根本任务，熟知铁路旅客运输、货物运输以及城市轨道交通客运生产过程，区分它们的异同点；掌握轨道交通行车组织工作的内容，了解列车运行图的作用、分类，熟知轨道交通运输调度指挥的原则，进而提高安全正点的责任意识，努力养成遵章守纪的良好习惯。

学习目标

1. 能力目标
(1)能够区分不同列车种类；
(2)能够判定列车的运行等级顺序；
(3)能够根据列车车次判别列车种类；
(4)能够区分铁路运输和城市轨道交通运输组织的异同点；
(5)能够识别列车运行图。

2. 知识目标
(1)了解铁路旅客运输组织的生产过程；
(2)了解铁路货物运输组织的生产过程；
(3)了解铁路行车组织工作的主要内容；
(4)了解城市轨道交通客运组织概念和生产过程；
(5)了解列车运行图、轨道交通运输调度指挥等基本概念；
(6)掌握轨道交通调度指挥的基本任务。

3. 素质目标
(1)具有严谨求实的工作作风；
(2)具有强烈的安全正点意识；
(3)具有良好的职业道德素养。

在线测评

项目一　了解旅客运输组织

一、认识铁路旅客运输

(一)铁路旅客运输的定义

铁路旅客运输是指利用旅客列车把旅客及其凭客票托运的行李从一个地方运送到另一个地方，是铁路运输的重要组成部分。其基本任务是最大限度地满足广大人民群众在旅行上的需要，安全、迅速、准确、便利地运送旅客、行李、包裹和邮件，保证旅客在旅行途中舒适愉快并得到文化生活上的优质服务。

(二)铁路旅客运输组织相关概念

1. 客流

客流是指在铁路某一方向上，一定时间内旅客的流量和流向。根据旅客乘车行程的远近，客流可以分为以下三种。

(1)直通客流：旅客乘车距离跨及两个及以上的铁路局集团公司的客流。如旅客乘坐高速列车从北京南站到上海虹桥站等。

(2)管内客流：旅客乘车距离在一个铁路局集团公司管辖范围内的客流。如旅客乘坐旅客列车从株洲站到长沙站等。

(3)市郊客流：旅客乘车距离在大城市与其邻近郊区之间的客流。如旅客乘坐列车往返上海南站与金山卫站等。

2. 旅客列车的种类及车次

(1)旅客列车的种类

旅客列车按照列车的编组、旅行速度和运行要求的不同，主要分为动车组旅客列车、特快旅客列车(含直达特快旅客列车)、快速旅客列车、普通旅客列车。

(2)旅客列车的车次

为便于旅客区分列车种类及考虑铁路人员的工作需要，需对每一列车编定一个识别码，即车次。在编车次时首先要区别列车运行方向，原则上规定以开往北京方向为上行方向，车次编为双数(如长沙南开往北京西站的 G84 次列车)；反之为下行方向，车次编为单数(如北京西开往长沙南站的 G83 次列车)。全国各线的列车运行方向，以国铁集团的规定为准，但枢纽地区的列车运行方向由铁路局集团公司规定。在个别区间，使用直通车次时，可与规定方向不符。一趟旅客列车在运行途中变换上下行方向时，其车次也随之变换，例如长沙站开往上海南站的 Z245、Z248 次列车，其在长沙站至株洲站间为下行方向，车次为 Z245 次，其在株洲站至上海南站间为上行方向，车次为 Z248 次。

3. 旅客运输计划

旅客运输计划主要依据客流调查资料和旅客运输统计资料而编制，编制旅客运输计划的目的是为了充分挖掘运输潜力，组织旅客均衡运输。根据执行期的不同，旅客运输计划可以分为以下三种。

(1)长远计划

长远计划一般为五年、十年或更长时期的规划，是铁路旅客运输的发展计划。

(2)年度计划

年度计划是旅客运输的任务计划，根据长远计划结合年度具体情况编制，是确定旅客列车行车量及客运运营支出计划的依据。

(3)日常计划

日常计划是日常旅客运输的工作计划，根据年度计划任务，结合日常和节假日客流波动而编制，是实现年度计划的保证计划。

4. 旅客运输合同

(1)铁路旅客运输合同的含义、履行期及凭证

铁路旅客运输合同是明确承运人与旅客之间权利义务关系的协议，从售出车票时起成立，至按票面规定运输结束旅客出站为止，为合同履行完毕。铁路旅客运输合同的基本凭证是车票。

(2)承运人、旅客的权利义务

承运人应为旅客提供良好的旅行环境和服务设施，文明礼貌地为旅客服务，确保旅客运输安全、正点；对运送期间发生的旅客身体伤害以及因承运人过错造成的旅客随身携带物品损失，应予以赔偿。

旅客应购票乘车，旅行中遵守国家法令和铁路运输规章制度，爱护铁路设备、设施，维护公共秩序和运输安全，听从铁路车站、列车工作人员的引导，按照车站的引导标志进、出站。对运送期间发生的身体伤害以及因承运人过错造成的随身携带物品损失，有权要求承运人赔偿。

二、了解铁路旅客运输生产过程

(一)旅客运输生产过程

根据旅客运输生产各环节的先后顺序，具体过程如图 8-1-1 所示。

1. 售票

(1)车票种类

铁路车票分为客票(图 8-1-2)和附加票两种。客票分为软座客票、硬座客票。附加票分为加快票、卧铺票、空调票。附加票是客票的补充部分，除儿童外，不能单独使用。

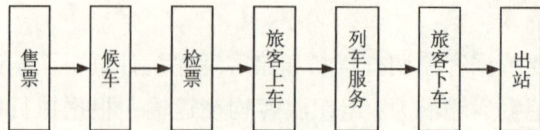

图 8-1-1 铁路旅客运输生产过程

为了方便旅客，简化发售手续，旅客可通过铁路12306网站（含手机客户端）购票，自行打印或下载"行程信息提示"；或者通过车站窗口、自动售票机购票，收到铁路部门提供的"行程信息提示"。"行程信息提示"仅作为乘车提示信息，不作为乘车凭证。

除车票外，有关人员还可以持铁路乘车证和特种乘车证乘车。

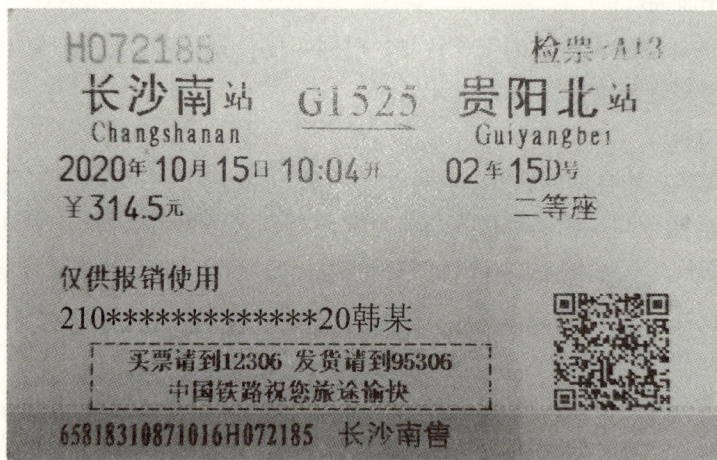

图 8-1-2 铁路车票

（2）车票的有效期

车票的有效期按下列规定计算：客票根据乘车里程计算，1000 km以内为2天，超过1000 km时，每增加1000 km增加1天，不足1000 km的尾数也按1天计算。例如，一张1600 km通票（中转换乘车票），其乘车里程为1000~2000 km，其有效期为3天。卧铺票按指定的乘车日期和车次使用有效，其他附加票随同客票使用有效。

2. 候车

候车室是旅客休息和等候乘车的场所。每一个成人旅客只可免费携带物品20 kg，儿童（包括免车标儿童）10 kg，外交人员（持外交护照者）35 kg；旅客携带的外部尺寸，每件长、宽、高之和不得超过160 cm；对杆状物品不得超过200 cm，重量不超过20 kg。残疾人旅行时代步的折叠式轮椅可免费携带，不计入上述范围。

3. 检票

为维护站车秩序，保证旅客安全，防止旅客乘错车，车站对进站的旅客和人员要进行身份及购票信息检验，确保票、证、人一致。检票时遵循"先重点（老、弱、病、残、孕等旅客)、后团体、再一般"的原则。

4. 旅客上、下车

客运人员应有秩序地组织旅客上、下车,做好进出站引导工作,派人坚守检票口、天桥口、地道口及进站或出站通路交叉地点,严禁旅客钻车和横跨股道。对老、弱、病、残、孕等行动不便的旅客应提供帮助,督促旅客及时上车,保证旅客安全。

5. 列车服务

列车服务工作由列车乘务组担当。列车乘务组包括客运人员(列车长、列车员、广播员、行李员、餐车服务员等)、公安乘警(乘警长、乘警等)和车辆乘务员(检车长、检车员、车电员等)三类人员。列车乘务组在列车长的统一领导下,相互密切配合,共同做好列车服务工作。

6. 出站

旅客到达车站出站时,车站客运工作人员核验旅客乘车信息,验证无误后方可出站。旅客如需报销凭证,可于开车前或乘车日期之日起 30 日内,凭购票时使用的有效身份证件原件,到车站售票窗口(含自动售取票机、代售点窗口)打印办理。

(二)行李、包裹运输

1. 行李、包裹的范围

(1)行李范围

行李是指旅客自用的被褥、衣物、个人阅读的书籍、残疾人车和其他旅行必需品。行李每件最大重量为 50 kg,体积以适于装入行李车为限,但最小不得小于 0.01 m^3。

(2)包裹范围

包裹是指适合在旅客列车行李车内运输的小件货物。包裹可分为四类。

① 一类包裹:自发刊日起 5 天以内的报纸,中央、省级政府宣传所用非卖品,新闻图片和中、小学生课本。

② 二类包裹:抢险救灾物资、书刊、鲜或冻鱼介类、肉、蛋、奶类、果蔬类。

③ 三类包裹:不属于一、二、四类包裹的物品。

④ 四类包裹:一级运输包装的放射性同位素、油样箱、摩托车;泡沫塑料及其制品;国务院铁路主管部门指定的其他需要特殊运输条件的物品。

2. 行李、包裹的运送

(1)托运

旅客或托运人向车站要求运输行李或包裹称为托运。

旅客托运行李时,必须提出有效的客票(市郊定期客票除外)和行李托运单。旅客凭客票、在乘车区段内,可从任何营业站托运至另一营业站,但每张客票仅限托运一次(残疾人用车除外)。旅客托运包裹时,应提出包裹托运单。

行李、包裹运输方式分为保价运输和不保价运输,旅客或托运人可选择其中一种运输方式,并在托运单上注明。参加保价运输的行李、包裹,需交纳保价费。

（2）验货

车站在受理时，必须对下列项目认真检查核对。

① 物品名称、件数是否与托运单记载相符，物品状态是否完好，是否夹带危险品及国家禁止或限制运输的物品。

② 包装是否符合运输要求。

③ 货签、安全标志是否齐全，填写是否正确。

（3）承运

车站行李员应对要求托运的行李、包裹进行必要的检查。当检查完后，认为符合运输条件，即可办理承运手续，填制行李或包裹票及中国铁路小件货物快运运单（票据一式 5 页，其中丙页为领货凭证），收运杂费。

（4）运送

运送行李、包裹时，应先行李、后包裹，做到行李随人走、人到行李到。所以，行李应随旅客所乘列车装运或提前装运，包裹应按其类别的顺序及性质统筹安排运输，保证行李、包裹在一定期限（即行李、包裹运到期限）内运至到站。

行李、包裹运到期限以运价里程计算，从承运日起，行李 600 km 以内为 3 天，超过 600 km，每增加 600 km 增加 1 天，不足 600 km 也按 1 天计算。包裹 400 km 以内为 3 天，超过 400 km，每增加 400 km 增加 1 天，不足 400 km 也按 1 天计算。快运包裹的运到期限另有规定。

由于不可抗力等非承运人责任发生的停留时间加算在运到期限内。

逾期运到的行李、包裹，承运人应按逾期日数及所收运费的百分比向收货人支付违约金，违约金最高不得超过运费的 30%。

3. 运送到达、保管、交付

行李随旅客所乘坐的列车运至到站，旅客即可领取。包裹由托运人在发站办理托运手续后，告知收货人按时领取，同时承运人在包裹到达后也应及时通知收货人领取。铁路对到达的行李、包裹免费保管 3 天（行李从运到日起，包裹从发出通知日起）；逾期到达的行李、包裹免费保管 10 天。超过免费保管期限时，按超过日数核收保管费。

旅客或收货人领取行李、包裹时，凭行李、包裹领取凭证领取。如领取凭证丢失，必须提出本人身份证、物品清单和担保人的担保书，承运人对上述单、证和担保人的担保资格认可后，由旅客或收货人签收办理交付。

三、认识城市轨道交通客运组织

（一）城市轨道交通客运组织的定义

城市轨道交通客运组织是指通过合理布置客运有关设备、设施，对客流采取有效的分流或引导措施来组织客流运送的过程。城市轨道交通主要通过合理的客运组织来完成其大容量的客运任务。

(二)城市轨道交通客运组织的特点

(1)客运组织服务的对象为市内交通乘客,不办理行李包裹托运服务。

(2)城市轨道交通车票票种相对单一,售票自动化程度更高。

(3)全日客流分布在时间上有较为明显的高峰(一般为早晚高峰)和低谷之分。

(4)全年客流分布在时间上按季、月、周、节假日有较大起伏。

(三)城市轨道交通客运组织的基本原则

(1)合理进行售检票岗位的设置,各种客流流动线简单、明确,尽量减少客流交叉、对流。

(2)增强乘客换乘其他交通工具的便利性。

(3)完善导向系统,快速分流,减少客流聚集及拥挤现象。

(4)满足换乘等客流的方便性、安全性和舒适性等基本要求。

(四)城市轨道交通客运组织的基本要求

1. 站容整洁

车站内外应明亮、整洁,各种设备和设施应摆放整齐、有序;站台、站厅、通道及出入口的墙壁需光洁,地面无痰迹和废物;卫生间清洁、卫生。

2. 导向标志清晰、完备

车站内外应有清晰、完备的导向标志系统,能为乘客全过程、不中断地提供导向信息。车站外应有明显标志引导乘客进站,在车站出入口处应设置醒目的标志;乘客进站后应有指示客服中心、进站方向、紧急出口等各方向的引导标志;在站台上应设置列车运行方向、换乘方向等导向标志。此外,还应设置示警性和服务性导向标志,如地铁运营线路图、列车运行时刻表、票价信息、厕所、车站周边公交线路与公共设施指南等。

3. 遵章守纪

客运服务人员应认真执行各项客运规章制度,服从命令、听从指挥。执行客运工作任务时,客服人员应按规定着装并佩戴标志,仪表整洁,体现良好的精神风貌。

4. 优质服务

客运服务人员应遵守职业道德,文明礼貌,规范地为乘客提供服务;对老、弱、病、残、孕等需要帮助的乘客应主动、热情地提供协助,耐心、正确地回答乘客提出的问题,帮助乘客解决疑难问题;应经常征询乘客的意见,及时完善服务细节,不断提高客运服务水平。

5. 与其他部门紧密配合

客运作业人员应与控制指挥中心、故障维修部门、公安部门、消防部门等加强联系,密切配合,协同工作,确保按图行车,保障行车安全与乘客安全。

6. 掌握客流规律

分析客流统计资料，掌握车站客流在时间、空间上的分布与变化，对可预见发生的大客流做好充分的准备工作，及时有效应对。

(五) 城市轨道交通客运生产过程

城市轨道交通客运生产过程，即利用城市轨道交通运输设备将乘客从一个地点运送到另一个地点，具体如图 8-1-3 所示。

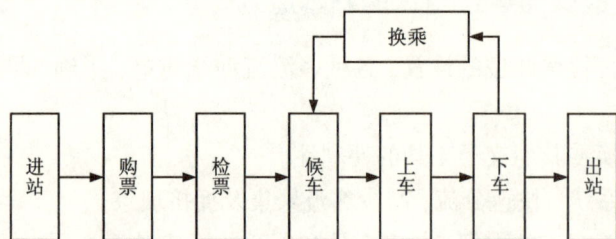

图 8-1-3　城市轨道交通客运生产过程

1. 购票与检票

与铁路运输相比，城市轨道交通票种相对单一，定价方式相对简单。目前，全国各城市轨道交通车站均设有自动售票机(TVM)，方便乘客购买车票。在正常情况下，车站闸机进行检票。特殊情况另有规定。

2. 候车

与铁路运输相比，城市轨道交通列车运距短，发车频率高，并且不办理行李包裹托运服务，因此不设专门的候车室。

3. 换乘

换乘是指乘客在不同路线之间，在不离开车站付费区及不另行购买车票的情况下，进行跨线乘坐列车的行为。具体来说，就是乘客在某个车站下车，无须另行购票，即可由原本乘坐的路线，转换至另一条路线继续行程，而车费则按总乘坐里程计算。

换乘大致可分为同站换乘和异站换乘，具体又细分为同站台换乘、结点换乘、楼梯或电动扶梯换乘、站厅换乘、通道换乘、出站换乘以及混合换乘等多种换乘方式。其中，同站台换乘及跨站台换乘都是较便捷的换乘方式，通道换乘以及站外换乘的换乘便捷度较低。

项目二　了解货物运输组织

一、认识铁路货物运输

(一)铁路货物运输的定义

铁路货物运输是指货物经由铁路实现有目的变更或位移其空间或场所的运输。即铁路作为承运人接受托运人委托,将货物从始发地经由铁路运至目的地交付给收货人。铁路货物运输的基本任务如下。

(1)根据国民经济计划、社会经济发展需求及铁路运输能力,贯彻实行计划运输,制订货运工作方案,组织合理运输、直达运输、联合运输,提高货运组织工作水平。

(2)实行负责运输,严格遵守货物运输法规,正确确保货物运输条件,正确划分和履行铁路与托运人、收货人在货物运输过程中的责任,确保货物运输的安全和完整。

(3)采用新型货运设备,推广先进的货物运输方法和科技成果,挖掘既有设备能力,加速货车周转,提高运输效率。

(4)加强货场管理,加强专用线和专用铁路的作业管理,提高货物作业能力,改进货物运输生产过程的作业组织,推行作业标准化,提高作业质量和作业效率。

(5)正确分析和妥善处理货运事故,建立安全防范体系,不断提高货运质量和铁路信誉。

(6)对职工进行经常性的政治思想、职业道德和技术业务教育,不断提高职工素质,更好地为货物运输服务。

(二)铁路货物运输组织相关概念

1. 货物运输计划

铁路运输计划是国民经济计划的一个组成部分,按照计划时间的长短,可以分为长期计划、年度计划和月度计划三种。

(1)长期计划

长期计划是指五年以上的运量规划,它是根据国民经济发展的远景规划而制订的,表明了相应时期内全路的运量规划和预期达到的目标。

(2)年度计划

铁路的年度运输计划是根据长期计划规定的轮廓任务和下一年度国民经济生产发展、商品供应流转情况编制的,用以保证长期计划的实现。

(3)月度计划

由于国民经济各部门都是按月安排生产任务的,所以铁路也需要按月编制月度货物运输计划。它是以计划月份国民经济各部门的生产计划、供应计划和销售计划对运输的需要，并根据铁路运输能力和国家运输政策进行安排而编制的。

根据以上各种计划规定的任务和要求，铁路运输部门还要制订运输工作日常计划，组织日常的运输生产活动。在周密的计划指导下，铁路运输部门各项工作有序开展，不仅具有明确的奋斗目标，而且还能进一步提高运输工作的质量，在一年、一月、一旬，以至一昼夜间组织均衡运输，提高铁路技术设备的利用效率。同时，铁路还可以根据计划的要求，做到有预见地补充设备，以提高运输能力，更好地保证国家工农业生产和人民生活的需要。

2. 铁路货物运输合同

（1）铁路货物运输合同概述

铁路货物运输是利用铁路运输工具将货物从发站运往到站的运输生产过程，在法律上体现为铁路运输合同关系。铁路货物运输合同是承运人与托运人、收货人之间为明确铁路货物运输中的权利、责任、义务而签订的协议，即承运人根据托运人的要求，按约定将托运人的货物运至目的地，完好无损地交与收货人的合同。

铁路货物运输合同具有如下特点。

① 货物运输合同的基本条款和主要内容是依据铁路法规、规章确定的，承托双方不能协商或商定。

② 一批货物的运输过程，通常不是由一个承运人完成，而是由多个承运人共同完成的。

③ 铁路货物运输合同的履行具有阶段性，货物运输合同的履行都要经历承运、运送和交付三个阶段。

（2）铁路货物运输合同的签订与履行

托运人利用铁路运输货物，应与承运人签订货物运输合同。整车大宗货物可按季度、半年、年度或更长期限签订运输合同并提出月度要车计划表，其他整车货物应提出月度要车计划表。整车货物交运时还需向承运人递交货物运单，作为铁路货物运输合同的组成部分；零担货物和集装箱货物运输使用货物运单作为运输合同。

3. 货物的分类

经由铁路运送的货物包括国民经济各部门所需要的原材料及其产品，种类繁多，性质各异，运送条件也不尽相同。

（1）按货物性质和特点分

① 普通货物：煤炭、矿石、木材、粮食等。

② 危险货物：炸药、起爆器材、放射性物品等。

③ 鲜活易腐货物：鲜鱼、鲜蛋、冻肉、蜜蜂、水果、蔬菜等。

④ 阔大货物：超限、超长、集重货物。

后三种（危险、鲜活、阔大货物）又统称为按特殊条件运送的货物。

（2）按状态分

① 成件货物：不论有无包装，均须按件数办理的货物。

② 散装货物：应有包装而未加包装的货物，如粮谷、盐、水泥等。

③ 堆装货物：不易或不能计算件数的货物，如煤、砂石等。

④ 罐装货物：需要用罐车来装运的液体、压缩气体。

（3）按运送条件分

① 一般运送条件：一般货物。

② 特殊运送条件：危险、鲜活、阔大货物均需要特殊运送条件运送。

4. 货物运输的种类

根据托运人托运货物的数量、性质、形状和运输条件等，结合铁路技术设备条件，铁路货物运输可分为整车、零担和集装箱运输三类。

（1）整车运输

一批货物的重量、体积或形状需要以一辆及其以上货车来装运，或者由于货物的性质或运送条件等原因，必须单独使用一辆货车装运时，就要按整车办理托运，这种货物就叫整车货物。整车货物运输运输费用较低，运送速度较快，安全性能好，承担的运量也较大，是铁路的主要运输方式。

（2）零担运输

一批货物的重量、体积或状态，不够整车运输条件的，应按零担托运。这种货物称为零担货物。按零担托运的货物，一件体积不得小于 0.02 立方米（一件重量在 10 公斤以上的除外），每批不得超过 300 件。

（3）集装箱运输

托运人托运的货物符合集装箱运输条件的，使用铁路集装箱或自备集装箱装运，可按集装箱托运。集装箱运输只能在铁路开办集装箱业务的车站间办理。集装箱运输具有保证货运安全、简化货物包装、提高装卸效率、加速车辆周转、便于组织"门到门"运输等优点，是一种现代化的运输方式，是铁路运输的发展方向。

"一批"货物的含义：铁路上按"一批"托运的货物，必须是托运人、收货人、发站、到站和装卸地点及运送条件均相同的货物。缺一不可，否则不能按"一批"办理托运。整车运输以一车为"一批"，零担和集装箱运输以一张货物运单为"一批"。

5. 货物运输的期限

货物运到期限从承运人承运货物的次日起算，由货物的发送时间、运输期间和特殊作业时间三部分组成。其中发送期间为 1 天，运送期间为每 250 km 运价里程或未满为 1 天，特殊作业时间按相关规定（如需要中途加冰货物，每加冰一次，另加一天）确定。

承运人应在规定的运到期限内将货物运至到站交付给收货人，逾期到达就要承担违约责任，支付违约金。货物运到期限既是对承运人的要求和约束，也是对托运人或收货人合法权益的保护，它有利于托运人和收货人据以安排经济活动。

货物运到期限从承运人承运货物的次日起算，由货物的发送时间、运输期间和特殊作业时间三部分组成。其中发送，期间为 1 天，运送期间为每 250 km 运价里程或未满为 1 天，特殊作业时间按相关规定（如需要中途加冰货物，每加冰一次，另加一天）确定。

承运人应在规定的运到期限内将货物运至到站交付给收货人，逾期到达就要承担违约责任，支付违约金。

6. 铁路货物损失处理

（1）货运事故的概念

货物在铁路运输中（含交付完毕后点回保管）发生灭失、短少、变质、污染、损坏以及严重的办理差错，在铁路内部均属于货运事故。

（2）货运事故的分类

货运事故可分为七类：

① 火灾；

② 被盗（有被盗痕迹）；

③ 丢失（全批未到或部分减少，没有被盗痕迹的）；

④ 损坏（破裂、变形、磨伤、摔损、部件破损、湿损、漏失）；

⑤ 变质（腐烂、植物枯死、活动物非中毒死亡）；

⑥ 污染（污损、染毒、活动物中毒死亡）；

⑦ 其他（整车、整零车、集装箱车的票货分离和误运送、误交付、误编、违编记录以及其他造成影响而不属于以上各类的事故）。

（3）货运事故的等级

① 重大事故。

由于货物染毒或危险货物发生事故，造成人员死亡 3 人或死亡重伤合计 5 人以上的；货物损失及其他直接损失（以下同）款额 30 万元以上的。

② 大事故。

由于货物染毒或危险货物发生事故，造成人员死亡不足 3 人或重伤 2 人以上的；损失款额 10 万元以上未满 30 万元的。

③ 一般事故。

未构成重大、大事故的人员重伤事故；损失款额在 2000 元以上未满 10 万元的。

二、了解铁路货物运输生产过程

铁路货物运输生产过程可分为发送作业、途中作业和到达作业三部分。

（一）发送作业

1. 托运

托运人向车站按批提出货物运单和运输要求，称为货物的托运。托运人托运的货物分为保价运输与不保价运输两种，按哪种方式运输由托运人确定，并在货物运单托运人记载事项栏内注明。

2. 受理

托运人提出的货物运单经车站审查，符合运输要求后，车站在货物运单上签证，指定进货日期或装车日期，即为受理。

3. 进货与验货

托运人凭车站签证后的货物运单，按运单上指定的日期将货物搬入货场指定的货位，即为进货。

对搬入货场的货物，为了保证货物运输安全、完整，划清承运人与托运人之间的责任，货运员应按照货物运单记载认真检查现货。货物验收完毕后，货运员应在货物运单上签证，注明货物堆放货位和验收完毕日期。

4. 制票

货运员将签收的运单移交货运室填制货票，向托运人核收运杂费。货票是铁路运输货物的凭证，也是一种财务性质的票据。货票一式四联，分别是发站存查联、报告联、报销联和运输凭证。

5. 承运

填制货票，核收运杂费后，发站在货物运单和货票上加盖车站日期戳(另须在领货凭证及货物运单与领货凭证接缝处加盖车站日期戳)时起，即为承运。

6. 装车

(1)装车前，必须对货车进行技术检查和货运检查，确保行车安全和货物运输安全。

(2)装车时，必须核对运单、货票、实际货物，保证运单、货票、货物"三统一"，努力提高装车质量，巧装满载，充分利用车辆的载重量和有效容积。

(3)装车后，要认真检查重车、运单、货位，保证装车质量。

(二)途中作业

1. 货物的交接、检查

为了保证行车安全和货物的安全、完整，明确各自的责任，列车和车站(车务段)各工种之间对运输中的货物(车)和运输票据应进行交接检查，并按规定处理。

2. 货物的换装整理

货物的换装整理是指装载货物的车辆在运送过程中所进行的更换货车或货物的整理作业。

3. 货物运输合同的变更和合同解除

托运人或收货人由于特殊原因，对已经装车挂运的货物，可按批向货物所在的中途站或到站提出变更到站、变更收货人，即为货物运输合同的变更。

托运人对承运后装车前(整车货物和大型集装箱在承运后挂运前)的货物可向发站提出取消托运，经承运人同意，货物运输合同即告解除。

4.运输阻碍的处理

因不可抗力的原因致使行车中断、货物运输发生阻碍时,铁路局对已承运的货物可指示绕路运输;或者在必要时先将货物卸下,妥善保管,待恢复运输时再行装车继续运输。因货物性质特殊,绕路运输或卸下再装可能造成货物损失时,车站应联系托运人或收货人提出处理办法。

(三) 到达作业

1.重车和票据的接收

重车到达到站后,车站应按规定接收重车及票据。车站有关人员检查核对无误后,将到达票据送交货运室。

2.卸车作业

(1)卸车前,要认真检查货位、运输票据和现车,做好卸车的准备工作。

(2)卸车时,必须核对运单、货票、实际货物,保证运单、货票、货物"三统一",认真监督卸车。

(3)卸车后,进行车辆、线路的清扫,卸后货物的登记、货物安全距离检查等工作。并将卸完时间通知货运室,并报告货调,以便取车。

3.货物的催领和保管

承运人组织卸车的货物,到站应在不迟于卸车完了的次日内,用电话、电报、登广告或书信等通知方式,向收货人发出催领通知。当然,收货人也可与到站商定其他通知方式。

货物运至到站,收货人应及时领取,及时领取货物是收货人应尽的义务。承运人组织卸车的货物,收货人应于承运人发出催领通知的次日(不能实现催领通知或会同收货人卸车的货物从卸车的次日)起2天内将货物搬出货场,否则核收保管费。

4.交付

收货人在到站领取货物时,须提出领货凭证,如领货凭证未到或丢失,须拿出其他相关证明。承运人在收货人办完货物领取手续和支付完费用后,应将货物连同运单一并交给收货人。

项目三   了解轨道交通行车组织

一、认识铁路行车组织工作

车站除办理各项客货运输业务以外,还要完成各项行车组织工作。车站行车组织工作的内容主要包括接发列车、调车作业、列车和车辆的技术作业,以及车站工作的日常计划和调度指挥。

（一）列车的定义及分类

1. 列车的定义

铁路运输是以列车方式输送旅客和货物的。列车是指铁路车辆按《铁路技术管理规程》《列车编组计划》和列车运行图规定的重量、长度及编挂条件编成车列，并挂有机车及规定的列车标志。发往区间的单机、动车及重型轨道车也按列车办理。

2. 列车分类和等级

列车按运输性质的分类和运行等级顺序如下。

（1）按运输性质分类

① 旅客列车（动车组列车，特快、快速、普通旅客列车等）；

② 特快货物班列；

③ 军用列车；

④ 货物列车（快速货物班列、快运、重载、直达、直通、冷藏、自各车、区段摘挂、超限及小运转列车等）；

⑤ 路用列车。

（2）列车运行等级顺序

列车运行等级顺序原则上按速度等级从高到低排序，同速度等级的列车原则上按以下等级顺序。

① 动车组列车；

② 特快旅客列车；

③ 特快货物班列；

④ 快速旅客列车；

⑤ 普通旅客列车；

⑥ 军用列车；

⑦ 货物列车；

⑧ 路用列车。

开往事故现场救援、抢修、抢救的列车，应优先办理。

特殊指定的列车或列车种类，其等级应在指定时确定。

3. 列车车次编号

为了判明列车的性质和等级、便于列车运行组织和管理，每类列车都规定给予一定范围的编号，这种编号统称为车次编号。按照规定的编号范围，每一列开行的列车都应有具体的车次编号，也就是确定的列车车次。

表 8-3-1　旅客列车车次编号规则

列车名称		车次编号	跨局	管内
高速动车组旅客列车		G1~G9998	G1~G4998	G5001~G9998
城际动车组旅客列车		C1~C9998	C1~C1998	C2001~C9998
动车组旅客列车		D1~D9998	D1~D4998	D5001~D9998
直达特快旅客列车（160 km/h）		Z1~Z9998	Z1~Z4998	Z5001~Z9998
特快旅客列车(140 km/h)		T1~T9998	T1~T3998	T4001~T9998
快速旅客列车(120 km/h)		K1~K9998	K1~K4998	K5001~K9998
普通旅客列车（120 km/h）	普通旅客快车	1001~5998	1001~1998（跨三局及以上） 2001~2998（跨两局）	4001~5998
	普通旅客慢车	6001~7598	6001~6198	6201~7598
通勤列车		7601~8998	—	—
临时旅客列车(100 km/h)		L1~L9998	L1~L6998	L7001~L9998
旅游列车(120 km/h)		Y1~Y998	Y1~Y498	Y501~Y998

表 8-3-2　其他列车车次编号规则

列车种类			车次范围	列车种类		车次范围
特快货物班列（160 km/h）			X1~X198		煤炭直达列车	82001~84998
军用列车			90001~91998		石油直达列车	85001~85998
单机		补机	53001~54998		始发直达列车	86001~86998
		客车单机	50001~50998		空车直达列车	87001~87998
		货车单机	51001~51998		技术直达列车	10001~19998
		小运转单机	52001~52998		直通货物列车	20001~29998
试运转列车			55001~55998	货物列车	区段货物列车	30001~39998
轻油动车、轨道车			56001~56998		摘挂列车	40001~49998
路用列车			57001~57998		小运转列车	45001~49998
救援列车			58101~58998		重载货物列车	71001~77998
货物列车	快运货物列车	快速货物班列（120 km/h）	X201~X398		自备车列车	60001~69998
		货物快运列车（120 km/h）	X401~X998（管内） X201~X398（直通）		超限货物列车	70001~70998
		中欧、中亚集装箱班列，铁水联运班列	X8001~X9998		保温列车	78001~78998
		普快货物班列（普通货车标尺）	80001~81998			

4. 主要货物列车的分类

（1）直达列车

在装车站或技术站编组、通过一个及以上的编组站不进行改编的货物列车，即为直达货物列车。

① 装车地直达列车：在装车站编组，通过一个及以上编组站不进行改编作业的货物列车。

② 技术直达列车：在技术站编组，通过一个及以上编组站不进行改编作业的货物列车。

（2）直通货物列车

在技术站编组，通过一个及以上区段站不进行改编作业的货物列车。

（3）整列短途列车

在装车站编组，运行距离较短且不通过编组站到达某一卸车站的列车。

（4）区段货物列车

在技术站编组，不通过技术站且在区段内不进行摘挂车辆作业的列车。

（5）摘挂列车

在技术站编组，在区段内各中间站进行车辆摘挂作业，服务于区段管内车流输送的列车。

（6）小运转列车

在技术站与中间站之间或在枢纽内各站间开行的列车，用于短途车流输送。

（7）五定班列

铁路开行的发到站间直通、运行线和车次全程不变、发到日期和时间固定、实行以列、组、车厢为单位的报价包干办法，即以"定点、定线、定车次、定时、定价"为特征的快运货物列车，又称为"五定班列"。

（8）行包快运专列

按旅客列车运输方式组织，可以使用货运站场、设备、整列装载包裹的列车。

（二）接发列车工作

铁路行车过程中，列车的会让和越行必须在车站上进行，因此要办理接发列车作业。保证不间断地接发列车、严格按列车运行图行车是对车站接发列车工作的基本要求。

1. 接车作业

（1）当接车站接到发车闭塞请求（双线为发车预告）时，车站值班员在确认区间空闲后，与邻站办理闭塞手续并填写"行车日志"。

（2）确定接车线路及将接车计划通知有关人员和指示检查接车线路。列车由邻站出发后，车站值班员应复诵发车站开车通知并填写"行车日志"，及时通知信号员或扳道员（长）停止影响接车进路的调车作业，而后发布准备接车进路的命令。

（3）经确认接车线路空闲、进路道岔位置正确、影响接车进路的调车作业已经停止后，方可开放进站信号。

（4）当接到关于列车接近的报告后，车站值班员应通知有关人员出务接车，在确认列车整列进入（通过）接车线后，填记"行车日志"并向列车调度员报点。

2. 发车作业

（1）发车站车站值班员在确认区间空闲后，向接车站请求闭塞（双线为预告发车），办完闭塞手续后填记"行车日志"。

（2）进行准备发车进路工作，首先通知信号员或扳道员（长）停止影响发车进路的调车作业，而后发布准备发车进路的命令。

（3）经确认影响发车进路的调车作业已经停止后，方可开放出站信号，指示助理值班员发车。

（4）助理值班员确认发车条件具备后，方可显示发车信号。列车起动后，车站值班员及时将发车时刻通知接车站并填写"行车日志"，在确认列车整列出站后向列车调度员报点。

（三）调车工作

除了列车在车站到、发、通过及在区间内的运行之外，凡是机车车辆在站线或其他线路上进行的一切有目的的移动，统称为调车。调车工作是列车解编、摘挂、车辆取送过程中不可或缺的重要环节，对编组站来说，调车工作更是它的主要生产活动。

车站的调车工作，由车站调度员（未设调度员时由车站值班员）统一领导，每个调车组由调车长单一指挥。

1. 调车工作分类

按作业目的的不同，调车工作可分为5大类。

（1）解体调车

将到达解体的车列或车组，按其车辆的去向或其他需要分解到调车场各固定线路上去的调车。

（2）编组调车

按列车编组计划、列车运行图以及有关规章的规定和要求，将车辆选编成车列或车组的调车。

（3）摘挂调车

对部分改编中转列车进行补轴、减轴、车辆换挂以及摘挂列车在中间站进行摘挂车辆的调车。

（4）取送调车

将待装、待卸的车辆由调车场送至装卸作业地点以及从上述地点将作业完了的车辆取回调车场的调车。

（5）其他调车

因工作需要对车列或车组进行转场、转线，对调车场内的停留车辆进行整理，以及机车出入段等调车作业。

车站由于作业性质的不同，完成各种调车工作的比重也不一样，如编组站有大量的解体和编组调车，而中间站一般只进行摘挂和取送调车。

2. 调车作业方法

按使用设备的不同，调车作业方法可分为两大类。

（1）牵出线调车

牵出线调车是一种最基本的调车作业方式，通常有推送调车法和溜放调车法两种。推送调车法是利用机车将车辆从一股道调送到另一股道的指定地点，停妥后再摘车的调车作业方法。这种调车作业方法安全可靠，但调车效率较低。溜放调车法是利用机车推送车列达到一定速度，并在行进中将计划摘下的车组提钩，司机根据调车长的信号指示减速制动，被摘下的车组借所获得的动能溜向指定地点，由制动员用手制动机使之停车或与停留车安全连挂的调车作业方法。

（2）驼峰调车。

驼峰调车是利用车辆本身的重力，辅以机车的一定推力，使摘下的车辆由峰顶自行溜入峰下调车场指定线路，由制动员使用铁鞋或车辆减速器、减速顶、加减速小车等使之停车或与停留车安全连挂的调车作业方法。这是编组站解体车列采用的主要方法。

① 挂车（牵出）：调车机车由峰顶驶往到达场入口端连挂车列（牵出）。

② 推送：将车列推上峰顶。

③ 溜放：经由峰顶分解车列。

④ 整理：分解几个车列后，驼峰调车机车下峰整理场内存车（消灭天窗），送禁溜车。

二、认识列车运行图

（一）列车运行图的定义

列车运行图是列车运行的图解，用以表示列车在铁路区间运行及在车站到发或通过时刻的技术文件，规定了各次列车占用区间的次序，列车在每个车站的到、发或通过时刻，列车在区间内的运行时间和在车站的停站时间及机车交路，列车的重量和长度标准等，是全路组织列车运行的基础。

（二）列车运行图相关基本理论

1. 列车运行图的表示方法

列车运行图运用坐标原理对列车运行时间、空间关系进行运行时空过程的图解表示。在列车运行图上，以横坐标表示时间，纵坐标表示距离，这时，列车运行图上的水平线表示分界点(车站中心)的中心线,水平线间的间距表示分界点间的距离,垂直线表示时间。用斜线表示列车运行线,其与车站中心线的交点就是该列车在区段内有关车站的到、发或通过时的时刻。

在列车运行图中,从左向右看,向上斜的斜线代表上行列车,车次为双数;向下斜的斜线代表下行列车,车次为单数。

在十分格列车运行图上,在列车运行线与车站中心线相交的钝角内(通过时,在出站一端的钝角内)应标明10分钟以下的具体数值,如图8-3-1所示。

为了区别每一列车的不同性质和用途,在列车运行图中用不同颜色和符号的运行线来表示不同种类的列车,并对每条运行线冠以相应的车次。

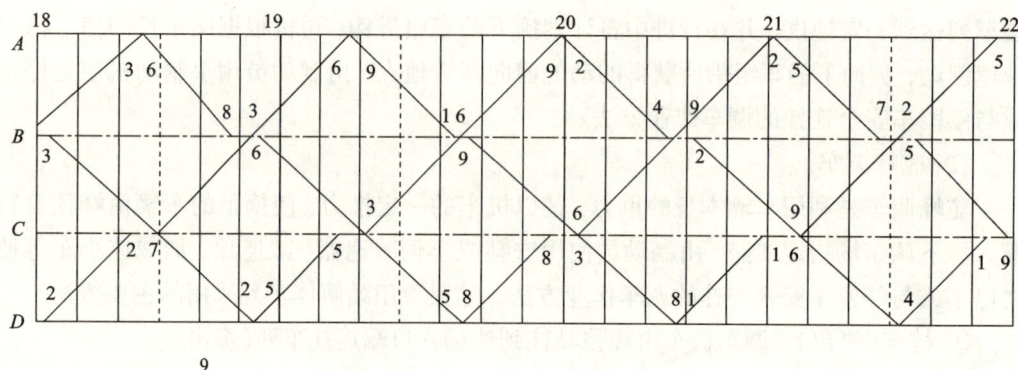

图8-3-1　十分格列车运行图

此外,在列车运行图上还应标明区段名称、各站站名、区间公里、闭塞方式、车站股道数、机车类型、列车速度、列车重量标准和换长等必要的信息。

由于区间正统数目、闭塞设备等条件的不同,列车运行的要求也不一样,所以铁路上不同区段采用不同的列车运行图。

2. 列车运行图的分类

根据铁路线路的技术设备(如单线、双线)、同方向列车运行速度、上下行列车数量和列车的运行方式等条件,列车运行图可以分为以下几种类型。

(1)按区间正线数目的不同可分为单线运行图、双线运行图和单双线运行图。

① 单线运行图:由于区间只有一条正线供上下行两个方向的列车共用,因此,对向列车的运行线只能在站名线上交叉。

② 双线运行图:因上下行列车分别占用一条区间正线,因而不同方向列车的运行线除了在站名线上交叉外,也可以在区间交叉。

③ 单双线运行图:有部分双线的区段上铺画出的运行图。相当于单线运行图与双线运行图的组合。

(2)按同方向列车运行速度的不同,可分为平行运行图和非平行运行图。

① 平行运行图：特点是同向列车在同一区间内具有相同的速度，因而运行线互相平行，且区段内无列车越行。

② 非平行运行图：特点是同向列车因种类和等级不同，它们的运行速度也不完全相同，因而同向列车的运行线是不平行的。我国铁路以采用非平行运行图为主。

(3)按上下行列车数目的不同可分为成对运行图和不成对运行图。

① 成对运行图：区段内上行方向和下行方向列车数目相等的运行图。

② 不成对运行图：区段内上下行方向列车数不相等的运行图。

(4)按同方向列车运行方式的不同，可分为连发运行图和追踪运行图。

① 连发运行图：在实行非自动闭塞、半自动闭塞或自动站间闭塞的单线（或双线）区段上，同方向列车以站间区间为间隔，实行连发，在连发的同一级列车之间，不能有对向列车的运行图。

② 追踪运行图：在实行自动闭塞的双线（或单线）区段上，以闭塞分区为间隔，实行追踪运行的运行图。

(5)按时间分格的不同，可分为小时格运行图、十分格运行图和两分格运行图。

① 小时格运行图：将时间等分格确定为1小时的运行图。

② 十分格运行图：将时间等分格确定为十分钟的运行图。

③ 两分格运行图：将时间等分格确定为两分钟的运行图。

(6)按铺画时期的不同，可分为计划运行图、实绩运行图和调整运行图。

① 计划运行图：国铁集团统一制订并下发，要求严格执行的标准列车运行图。

② 实绩运行图：列车调度员根据实际运行情况，在标准运行图上重新铺画出的，反映列车实际运行轨迹的运行图。

③ 调整运行图：前二者不一致时，则说明实际运行中列车出现了早点或晚点。这时，调度员就必须根据列车实际运行情况，用铺画运行图的方法，临时拿出力争尽快恢复正常的行车秩序的调整方案。这种在计划运行图和实际运行图的基础上，铺画出的对列车计划运行图进行调整的运行图，就叫作调整运行图。

以上的分类方法都是针对运行图的某一特征而加以区分的，实际上每张运行图可能同时具有这几个方面的特征。

三、了解轨道交通运输调度指挥

(一)轨道交通运输调度的含义

轨道交通运营调度是轨道交通日常运输组织的指挥中枢，负责轨道交通运营的行车组织工作，以安全运送旅客和货物、满足设备维护的需要，按列车运行图的要求，实现安全、准点、舒适、快捷的运营服务为宗旨。各单位、各部门必须在集中领导、统一指挥的原则下，紧密配合、协调动作，确保行车和乘客安全，完成各项工作任务。

(二)轨道交通调度指挥的基本原则

1. 安全生产的原则

列车调度指挥工作必须坚持安全生产的原则，正确指挥列车运行。当得到有关危及行车安全的信息时，要正确、及时、妥善处理。以保证列车安全为重点，组织列车安全运行。

2. 按图行车的原则

列车正点率是运输产品质量的重要技术指标，也是运输组织管理水平的综合反映。只有按图行车，才能保持正常的运输秩序，进而保证列车的正点率。

3. 单一指挥的原则

轨道交通的行车工作是一个由互相联系、互相影响的多部门、多单位、各工种所组成的完整系统，系统中各部门、各单位、各工种间紧密联系和协调一致。行车调度员是为适应轨道交通行车特点而设置的行车工作的统一指挥者。在列车运行调整工作中，与行车有关的人员必须服从所在区段当班行车调度员的集中统一指挥。

4. 下级调度服从上级调度的原则

在列车运行组织与调整过程中，相邻调度台之间应保持紧密联系，以保证列车的正常交接。对出现的问题，双方要主动协商解决，当出现意见不一致的情况时，要由上一级调度进行仲裁。一经上级调度决定，有关人员必须执行。

(三)轨道交通调度指挥机构

1. 铁路调度指挥机构

铁路运输具有点多线长，各部门、各环节紧密联系的特点，一点不通影响一线，一线不畅影响一片。为使铁路不间断的正常运转，必须对日常生产实行分级管理、集中统一指挥。为此，国铁集团设调度部、各铁路局集团公司设调度所，车站(主要是编组站、区段站、大货运站)设调度室，具体如图8-3-2所示。

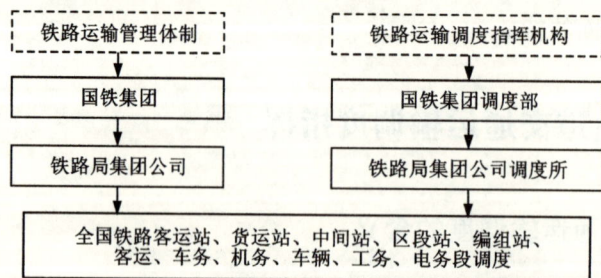

图8-3-2 铁路调度指机构图

2. 城市轨道交通调度指挥机构

城市轨道交通运营指挥执行层次如图8-3-3所示。

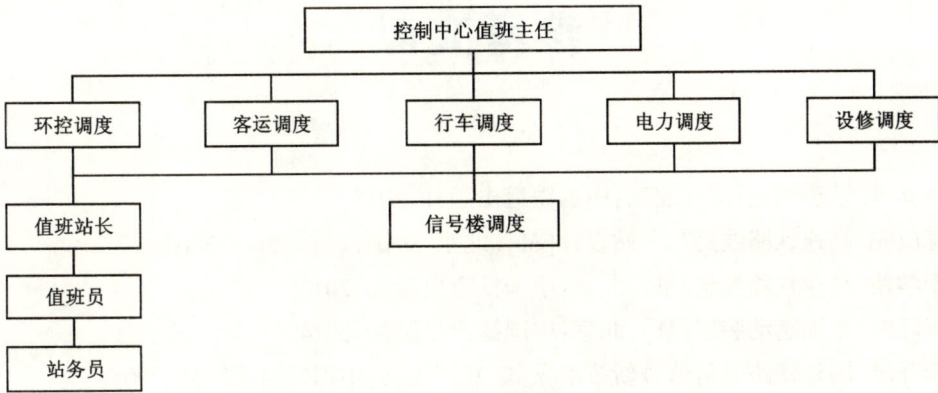

图8-3-3　城市轨道交通运营指挥执行层次图

（1）运营指挥分为一级、二级两个指挥层级，二级服从一级指挥。

（2）一级指挥为行车调度员、供电调度员、环控调度员、客运调度员和设修调度员。

（3）二级指挥为值班站长、信号楼调度。

（4）各级指挥要根据各自职责任务独立开展工作，并服从运营控制中心值班主任总体协调和指挥。

（四）轨道交通调度指挥的基本任务

1. 铁路调度工作的基本任务

（1）认真执行国家运输政策，完成国家规定的旅客和货物运输任务。

（2）正确地编制和执行运输工作日常计划。

（3）科学地组织客流、货流、车流，做好均衡运输，经济、合理地使用机车车辆和运输设备。

（4）坚持"一卸二排三装"的运输原则，按列车运行图行车；在确保安全的基础上努力提高运输效率。

2. 城市轨道交通调度工作的基本任务

（1）负责城市轨道交通系统的日常行车组织、指挥工作，按照列车运行图的要求组织行车，实现安全、准点和优质的运营服务。

（2）负责监督控制全线客流变化情况，调集人力物力和备用车辆，疏导突发大客流。

（3）负责组织、实施正线、辅助线范围内的行车设备检修以及各种施工、工程车运输作业。

（4）负责正确及时地组织、处理在运作过程中发生的各种故障、事件、事故。

参考文献

[1]佟立本.铁道概论[M].北京:中国铁道出版社,2018.

[2]陈应先.高速铁路线路与车站设计[M].北京:中国铁道出版社,2001.

[3]李学伟.高速铁路概论[M].北京:中国铁道出版社,2012.

[4]张旺狮.车辆制动装置[M].北京:中国铁道出版社,2014.

[5]李开成.国外铁路通信信号新技术纵览[M].北京:中国铁道出版社,2005.

[6]袁清武.车辆构造与检修[M].北京:中国铁道出版社,2006.

[7]徐啸明.列控车载设备[M].北京:中国铁道出版社,2007.

[8]钱仲侯.高速铁路概论[M].北京:中国铁道出版社,2003.

[9]沈尧星.铁路数字调度通信[M].北京:中国铁道出版社,2004.

[10]郭进.铁路信号基础[M].北京:中国铁道出版社,2010.

[11]牛红霞.城市轨道交通概论[M].北京:化学工业出版社,2011

[12]李一龙.列车调度指挥[M].北京:中国铁道出版社,2015.

[13]于万聚.高速电气化铁路接触网[M].成都:西南交通大学出版社,2003.

[14]李一龙.铁路行车规章教程[M].北京:中国铁道出版社,2012.

[15]江利国.电力机车构造[M].成都:西南交通大学出版社,2016.

[16]解宝柱.铁路路基施工与维护[M].北京:中国铁道出版社,2012.

图书在版编目(CIP)数据

轨道交通概论／刘剑飞，戴联华主编. —长沙：
中南大学出版社，2020.9(2023.1 重印)
ISBN 978-7-5487-4177-0

Ⅰ.①轨… Ⅱ.①刘… ②戴… Ⅲ.①城市铁路－轨
道交通－高等职业教育－教材 Ⅳ.①U239.5

中国版本图书馆 CIP 数据核字(2020)第 176746 号

轨道交通概论
GUIDAO JIAOTONG GAILUN

主编 刘剑飞 戴联华

□责任编辑	韩 雪	
□责任印制	唐 曦	
□出版发行	中南大学出版社	
	社址：长沙市麓山南路	邮编：410083
	发行科电话：0731-88876770	传真：0731-88710482
□印 装	湖南蓝盾彩色印务有限公司	

□开 本	787 mm×1092 mm 1/16	□印张 14	□字数 311 千字
□互联网+图书	二维码内容 图片 8 张		
□版 次	2020 年 9 月第 1 版	□印次 2023 年 1 月第 3 次印刷	
□书 号	ISBN 978-7-5487-4177-0		
□定 价	46.00 元		